本书得到四川轻化工大学经济学院学科建设、企业管理特色学科培育工程、产业转型与创新研究中心资助

亚洲新兴经济体
国际资本流动管理研究

冯艳红 著

Yazhou Xinxing Jingjiti
Guoji Ziben Liudong Guanli Yanjiu

中国社会科学出版社

图书在版编目（CIP）数据

亚洲新兴经济体国际资本流动管理研究/冯艳红著.—北京：中国社会科学出版社，2019.6
ISBN 978-7-5203-4713-6

Ⅰ.①亚⋯　Ⅱ.①冯⋯　Ⅲ.①国际资本—资本流动—资本管理—研究—亚洲　Ⅳ.①F831.7

中国版本图书馆 CIP 数据核字（2019）第 144957 号

出 版 人	赵剑英
责任编辑	卢小生
责任校对	周晓东
责任印制	王　超

出　　版	中国社会科学出版社
社　　址	北京鼓楼西大街甲 158 号
邮　　编	100720
网　　址	http：//www.csspw.cn
发 行 部	010-84083685
门 市 部	010-84029450
经　　销	新华书店及其他书店
印　　刷	北京明恒达印务有限公司
装　　订	廊坊市广阳区广增装订厂
版　　次	2019 年 6 月第 1 版
印　　次	2019 年 6 月第 1 次印刷
开　　本	710×1000　1/16
印　　张	15
插　　页	2
字　　数	231 千字
定　　价	80.00 元

凡购买中国社会科学出版社图书，如有质量问题请与本社营销中心联系调换
电话：010-84083683
版权所有　侵权必究

前　言

国际资本流动管理是当前国际经济领域研究的热点问题,但关注点始终局限于某一具体政策,尤其是资本管制领域。实际上,国际资本流动管理是一项系统性工作,除资本管制外,还涉及宏观领域和金融领域,即世界上并没有一项政策能够单独成为应对资本流入激增的灵丹妙药。本书选择国际资本流动管理的政策框架作为新视角,结合亚洲各新兴经济体的具体情况,分别从宏观经济政策调整、金融体系改革以及资本管制等方面,考察1997年亚洲金融危机后亚洲各国的国际资本流动管理措施,以期为亚洲以及我国在未来制定国际资本流动管理政策时提供借鉴。

首先,国际资本流动管理是有其理论支撑的,那就是对国际资本流动的影响机制以及产生风险的认识。国际资本流入对东道国经济的影响机制包括汇率机制、资产价格机制、财富效应机制、声誉机制和政策效应机制。国际资本流入在给东道国带来了各种经济利益的同时,也给东道国宏观经济和金融稳定带来了诸多风险。如果风险没有得到恰当管理,那么经济体系的风险会不断积聚,一旦外部冲击到来或者仅仅是由于预期的突然改变,积累于经济体系内的风险会集中释放,最终引发系统性的金融危机。

其次,结合亚洲各新兴经济体的具体情况,分别从宏观经济政策调整、金融体系改革以及资本管制等方面,考察1997年亚洲金融危机后亚洲各新兴经济体的国际资本流动管理措施,并着重探讨各项治理措施的成效。在国际资本大规模流入时,各新兴经济体在短期内都优先进行冲销干预,长期依靠推行更有弹性的汇率制度、加强宏观经济政策和完善金融体系等。但是，由于冲销干预的成本会不断攀升，而且容易陷入内外均衡的两难选择——选择稳定利率还是选择稳定汇率，而汇率制度、完善金融体系等改革往往需要较长的时间才能收到效果，因此，各新兴经济体会在中短期内使用资本管制措施以弥补以上两种措施的不足。亚洲新兴经济体的经验表明，资本流动管理并没有"放之四海而皆准"的一成不变的固定模式，而且几乎每一项资本流动管理政策都有其局限性。资本流动管理要想达到预期效果，就必须要根据各国的具体情况（包括政策目标、资本流入的原因和持续性、资本流动管理工具使用的政治及其他局限性）进行适当权衡，以决定应对资本流入的合适的政策体系。亚洲新兴经济体的经验还告诉我们，资本流动管理要想达到预期效果，不仅仅需要对各种政策工具的开发和利用，更需要政策制定者的智慧与勇气。

最后，本书对国际金融危机后国际资本流动管理的挑战及其未来努力方向做了分析。国际金融危机对亚洲进出口贸易造成冲击，进而影响其经济增长，再加上外部经济条件的不确定性给亚洲国际资本流动管理带来了挑战。亚洲各新兴经济体除继续强化前期措施外，还应积极利用财政政策和努力推动经济增长，在全球和区域层面推动集体合作。

目　　录

第一章　绪论 …………………………………………………… 1
　　第一节　选题背景和意义 ……………………………………… 1
　　第二节　基本概念界定 ………………………………………… 2
　　第三节　文献综述 ……………………………………………… 4
　　第四节　研究思路与研究方法 ………………………………… 28
　　第五节　本书的创新之处 ……………………………………… 29

第二章　国际资本流动管理理论分析 ………………………… 31
　　第一节　国际资本流动管理的原因 …………………………… 31
　　第二节　国际资本流动管理政策框架 ………………………… 47
　　第三节　国际资本流动管理政策选择及困境 ………………… 62

第三章　1997 年亚洲金融危机后亚洲国际资本流动管理
　　　　　背景 …………………………………………………… 64
　　第一节　1997 年亚洲金融危机后亚洲新兴经济体
　　　　　　资本账户开放程度 …………………………………… 64
　　第二节　1997 年亚洲金融危机后亚洲新兴经济体
　　　　　　国际资本流动的历史考察 …………………………… 67

第四章　亚洲新兴经济体国际资本流动管理：宏观经济
　　　　　政策 …………………………………………………… 82
　　第一节　亚洲新兴经济体国际资本流动管理：汇率制度
　　　　　　调整 …………………………………………………… 82

第二节　亚洲新兴经济体国际资本流动管理：冲销干预……90
　　第三节　亚洲新兴经济体国际资本流动管理：货币政策……96
　　第四节　亚洲新兴经济体国际资本流动管理：财政政策…101

第五章　亚洲新兴经济体国际资本流动管理：金融
　　　　稳定措施…………………………………………107
　　第一节　亚洲新兴经济体银行部门改革及成果分析………107
　　第二节　亚洲新兴经济体资本市场改革及成果分析………123
　　第三节　亚洲新兴经济体金融市场的审慎监管措施………143

第六章　亚洲新兴经济体国际资本流动管理：资本管制　156
　　第一节　1997 年金融危机后亚洲新兴经济体资本管制
　　　　　　态势………………………………………………156
　　第二节　1997 年金融危机后亚洲新兴经济体资本管制
　　　　　　经验………………………………………………160
　　第三节　亚洲新兴经济体资本管制实施效果的经验
　　　　　　研究………………………………………………168

第七章　亚洲新兴经济体国际资本流动管理效果分析…………172
　　第一节　国际资本流入的宏观经济风险分析………………172
　　第二节　国际资本流入的金融风险分析……………………184
　　第三节　国际资本流入逆转风险分析………………………189

第八章　亚洲金融危机后亚洲新兴经济体国际资本流动
　　　　管理经验总结……………………………………196
　　第一节　宏观经济政策………………………………………196
　　第二节　金融市场改革………………………………………199
　　第三节　资本管制……………………………………………201

第九章　国际金融危机后亚洲新兴经济体国际资本流动
　　　　管理………………………………………………205
　　第一节　国际金融危机对亚洲新兴经济体国际资本流动

　　　　　管理的挑战与考验 ………………………………… 205
　　第二节　2010年以后亚洲新兴经济体国际资本流动
　　　　　管理 ……………………………………………… 208
　　第三节　亚洲新兴经济体资本流动管理的努力方向 ……… 211

参考文献 ……………………………………………………… 219

后　记 ………………………………………………………… 231

第一章 绪论

国际资本流动管理既是一个理论问题，也是一个实践问题。我们只有通过对国际资本流动管理成效的检验，才能总结出相对成熟的国际资本流动管理经验。尽管亚洲各新兴经济体经济金融制度各异，国际资本流入的原因和形式也不完全相同，但是，各新兴经济体资本流动管理的基本内容还是大致相同的。

第一节 选题背景和意义

不论一国经济发展程度如何，伴随着经济全球化与金融一体化进程的加快，其大规模的资本双向流动格局正逐步显现。无疑，这不仅会给一国经济发展提供新的机遇，而且也会给各国资本流动的监管带来新的挑战。这是因为，国际资本自由流动除了使国际投资与国际贸易的交易成本得以降低、实现资本与生产要素的配置的最优，也会导致各国国际收支波动，催生经济泡沫并加速金融风险的传递。

根据国际货币基金组织的估计，新兴经济体在过去 20 多年中已经历了三次大规模的资本流入。其中，首次大规模资本流入是从 1996 年第四季度到 1998 年第二季度，接着是从 2006 年第四季度到 2008 年第二季度，第三次是从 2009 年第三季度至今。对于大规模的资本流入，国际货币基金组织与新兴市场国家之所以如临大敌，是因为尽管资本流入可带来巨大的好处，但是，大规模资本流动如果管理不当，也将会为接受国带来各种风险。随着资本的大规模流入，资本流向容易突然发生逆转，并因此而产生国际金融危机。我们可以发现，1997年东南亚金融危机就是由于这期间的首次大规模资本流入引爆的，2008年国际金融危机紧随第二次资本大规模流入。因此，面对大规模资本流入，亚洲新兴经济体均积极采取政策措施以有效地管理国际资本流动。

亚洲新兴经济体经历过1997年亚洲金融危机后对此认识更是深刻，在面对2000—2007年大规模资本流入时，亚洲新兴经济体积极采取措施对资本流动进行管理。结果是，虽然亚洲新兴经济体在2007—2008年国际金融危机之前普遍经历了大量的资本流入，但是，大部分亚洲经济体并没有像东欧和波罗的海国家一样遭受资本流出的严重损害。国际金融危机之后，亚洲新兴经济体率先实现复苏并正在经历新一轮的资本涌入，因此，如何应对跨境资金流入再次成为亚洲新兴经济体宏观调控的重要内容，也是其面临的现实难题。在此大背景下，有关国际资本流动风险管理的探索、研究及应用受到各国政府前所未有的高度重视。

第二节 基本概念界定

在本书中，将主要涉及亚洲新兴经济体与国际资本流动管理两个基本概念，因此，本节将对其进行界定。

一 亚洲新兴经济体

首先，对于新兴经济体，这一概念最早是在1981年由世界银行（WB）的安托万·阿格塔米尔（Antoine Van Agtmael）提出来的，它是指由欠发达经济体中涌现的、经历过改革且经济增长较快的国家或地区。目前，关于新兴经济体的定义和范围界定较多①，各种定义的侧重点有所不同，范围界定也存在一定的差异。然而，在相关具体理论研究中，我们需要具体问题具体分析。新兴经济体多为发展中国家，但却可以单列出来，这是因为，这些国家无论是在国内经济制度建设还是在经济增长速度等方面，均与其他发展中国家有着显著差别。尽管新兴经济体与新兴工业化国家、转型国家所含范围有相同的地方，然而，新兴工业化国家更强调这些国家已经形成比较合理的经济结构、工业化也基本完成，经济发展水平已接近或赶上发达国家；转型国家更多的是强调这些国家的经济体制由计划经济向市场经济的转变；但对于新兴经济体这一概念，还强调了这些国家或地区的整体经济增长潜力，因此不可通用。

亚洲新兴经济体（EAEs）一般包括以下 14 个经济体：中国、中国香港、韩国、柬埔寨、印度、老挝、印度尼西亚、马来西亚、缅甸、菲律宾、新加坡（SIN）、中国台湾、泰国、越南。由于韩国、泰国、马来西亚、印度尼西亚 4 个国家在 1997 年亚洲金融危机中受到重创，并且在危机后汲取教训，积极对国际资本流动进行管理，因此，本书会对这 4 个国家给予特别关注。20 世纪八九十年代，在经济自由化和资本流动自由化的背景下，亚洲很多国家为了获得金融全球化的利益，加快解除资本管制的步伐，导致国际资本大量涌入。在亚洲国家快速解除资本管制的同时，并没有及时采取相应的国际资本流动管理措施，这直接导致大量跨境"热钱"和巨额对冲基金涌入亚洲。最终在 20 世纪 90 年代末期，亚洲金融危机爆发，泰国、马来西亚、韩国、印度尼西亚饱受国际资本的巨额波动和投机冲击。为此，在应对 21 世纪新一轮资本流动浪潮时，泰

---

① 比较有代表性的主要包括以下几种：美国商务部（1996）认为，新兴经济体主要包括中国、印度、东盟、韩国、墨西哥、巴西、阿根廷、南非、波兰和土耳其 10 个国家和地区；国际金融公司（IFC, 1999）认为，新兴经济体主要包括亚洲、拉丁美洲、非洲和中东的 51 个发展中国家；美国高盛（2003）认为，新兴经济体主要是指"金砖四国"（中国、印度、巴西和俄罗斯）。

国、马来西亚、韩国、印度尼西亚吸取1997年亚洲金融危机的教训，积极对国际资本流动进行管理，期待能够通过各种资本流动管理措施来调整资本流入结构，防范国际资本流动带来的冲击。本书拟通过对这4个国家近十年国际资本流动管理措施的梳理，总结出一般性政策框架。

二 国际资本流动管理

在本书中，国际资本流动管理具体指的是一国在面临巨额资本流入的情况下，采取措施防止国际资本流入超过东道国吸收能力，同时降低国际资本流入给东道国带来的风险。换言之，本书主要研究东道国为控制国际资本流入的风险所采取的措施。

为了清楚地说明本书中国际资本流动管理的概念，必须厘清资本流动管理政策、资本管制在分析上的一些区别。资本流动管理政策（CFMs）是国际货币基金组织（IMF）提出的新概念[①]，国际货币基金组织将资本流动管理措施定义为以影响资本流动为目标的所有措施，将资本管制定义为所有应用于资本账户交易的且以经济的居民和非居民进行区分的规则和条例。总体而言，资本管制属于国际资本流动管理措施的一种，国际资本流动管理的内涵大于资本管制。一切能够影响国际资本流动的措施都被称为国际资本流动管理措施。而资本管制则仅仅是指应用于资本账户交易的且以经济的居民和非居民进行区分的规则和条例。

第三节 文献综述

本节主要是对国际资本流动管理的文献进行简单回顾，重点放在发展中国家和新兴市场经济体。

---

① International Monetary Fund (IMF), "Managing Capital Inflows: What Tools to Use?" *IMF Discussion Note SDN*. 11/06, April 5, 2011.

一 国际资本自由流动的收益和风险

（一）国际资本自由流动的收益

在理论上说，资本会从回报率低的国家流向回报率高的国家，资本的自由流动可以通过更有效的资源配置、提高国内储蓄以及技术知识的转移提高两国福利（Fischer，1998）。

现实世界中，关于资本自由流动益处的观点并不统一。艾肯格林等（Eichengreen et al.，1998）、库珀（Cooper，1999）和斯蒂格利茨（Stiglitz，2000）认为，资本自由流动并不是最优的选择，原因有三个：（1）现实世界中信息存在不完善且不对称的特点，这个特点在金融交易中表现得尤为明显。比如，投资者不可能知道确切的投资回报率，借款方肯定比贷款方知道更多的还款信息（还款可能性）等。（2）现实经济中可能存在一定程度的人为扭曲，比如，一国极有可能出于某种政治原因而保护某种不具有比较优势的行业，在这种行业中，资本的过多流入只会降低福利，而不利于一国竞争力的提高。（3）资本的边际税率因国家不同而不同，所以，资本，无论其生产效率如何，都会从高税率国家流向低税率国家。席玺（2004）认为，国际资本流动具有正反两方面的作用，一方面，资本流入可以解决发展中国家的资金不足这一难题，促进生产发展与基础设施建设，以提高资源配置效率；另一方面，大量以短期投机获利为目的的资本流入或流出，必将带来金融危机风险并对经济产生冲击。

关于资本自由流动好处的研究大部分都关注于资本自由流动和资本账户自由化对经济增长的贡献问题。一些学者（如张艳艳，2006）指出，国际资本的自由流动可以提升一国或地区的经济效率。基于对自由市场的信仰，持该观点的学者多认为，若解除资本管制将会缓解对市场自由运行的扭曲，从而提高市场对资源配置的效率。因此，根据该观点，我们可以得出，在同等条件下，与那些对国际资本流动限制多的国家相比，限制少的国家的经济表现会更优。然而，李山（2001）指出，这种观点不仅不符合简单的经验观察，更无法通过严谨的经验研究检验。比如，中国、中国台湾、日本、智利等经济体在不允许国际资本自由流动的状况下经济都获得了高速增长。在资本项目没有自由兑换的情况下，西欧国家经济也保持了较快增长。通过对多个国家经济状况的具体分析，哈佛大学德赖·罗德里克（Dnai Rodrik，1998）指出，资本项目货币的自由兑换与经济增长没有必然联系。埃迪森等（Edison et al.，2002）通过文献梳理指出，虽然从理论上说，资本自由流动有助于实现经济快速增长，但是，其经验证据却非常不足。比如，虽然奎因（Quinn，1997）发现资本账户自由化与经济增长之间存在正相关关系，但是，Grilli 和 Milesi – Ferretti（1995）、罗德里克（1998）却没有发现这种关系。普拉萨德等（Prasad et al.，2003）将对外金融资产和负债存量总额占国内生产总值的比重作为资本账户自由化的指标，得出如下结论：金融一体化既不是经济增长的充分条件，也不是经济增长的必要条件。洛杉矶加州大学塞巴斯蒂安·爱德华兹（Sebastian Edwards，2001）也认为："只有当一国经济达到一定的发展水平后，资本项目的开放与经济效率之间的积极关系才有可能显现。只有当国内形成较先进的金融市场之后，该国才能利用增大资本流动性的条件。当国内金融市场处于较低发展阶段时，加大资本项目的开放可能不利于经济发展。"

Masahiro Kawai（2010）认为，关于资本自由流动好处的实证研究没有明确的结论可能是源于资本账户自由化益处的基本假设出现了错误。亨利（Henry，2007）称直接测试资本账户政策离散变化导致的一次性收益的方法为政策实验方法。通过这种方法所进行的一系列研究所得出的关于股票市场自由化[①]对经济增长和投资有明显促进的结论都是模糊的。比如，亨利（2000）通过事件研究的方法证明主要新兴经济体私人投资的临时性增加导致股市自由化，而

---

① 很多学者都将视角集中于股票市场自由化，这是因为，相较于其他资本账户自由化类型，股票市场自由化的政策更容易识别，其理论预测也更加清晰。

贝克特等（Bekaert et al.，2005）则提供证据证明在大多数国家股市自由化对实际人均 GDP 的影响只有 1%。

资本自由流动对经济增长的促进作用还表现在外国直接投资（FDI）方面。赖森和索托（Reisen and Soto，2001）运用 1986—1997 年 44 个国家的面板数据发现外国直接投资（包括股票直接投资）流入与其后发生的经济增长存在正相关关系。当然，普拉萨德等（2003）、阿蒂塔等（Arteta et al.，2001）、艾肯格林和莱布兰（Eichengreen and Leblang，2002）认为，关于资本流入，各国存在"阈域效应"，即一国对资本流入的吸收能力必须达到一定程度，才能充分利用资本流入所带来的好处。比如，Borensztein 等（1998）认为，一国必须具备一定的人力资源以将资本流入转化为生产能力，或者具有良好的法制和治理的国家才能够吸引像外国直接投资这样的优良资本。

对于资本自由流动的收益，现代经济理论对其少有论及。而对于现有理论所基于的分析框架，对货币、各种金融工具以及金融机构的存在甚至都无法合理解释。但现有的证据似乎表明，与理论预测相反，发展中国家拥有更大的资本流动，且其消费具有更大的波动性。科斯等（Kose et al.，2003）通过研究证明 20 世纪八九十年代，金融一体化程度深的发展中国家，消费相对于收入的波动性上升，而金融一体化程度浅的发展中国家和工业国家，消费相对于收入的波动性下降。这意味着资本流动的风险分担作用对发展中国家效用有限。正如艾肯格林等（2003）、卡明斯基等（Kaminsky et al.，2004）指出的，资本账户开放的有限风险分担作用可能与发展中国家进入国际资本市场的顺周期性相关，即经济越繁荣，资本流入越多；而经济越萧条，则资本越容易出现枯竭。在极端情况下，比如金融危机期间，资本流入极容易发生中断，这会对宏观经济造成严重影响。

（二）国际资本流入的风险

在探讨资本流入风险及应对策略之前，我们先对资本流入的两种类型做出明确区分。第一种流入资本是由经济基本面因素（比如国家间资本劳动比率的差异）导致的，所以，预计这部分资本会随着时间的流逝而持续流入。开放资本账户的新兴经济体，因其国内高利率的存在，向世界提供了有利可图的投资机会。再者，这些新兴经济体现存的金融资产也对外国投资者充满了吸引力。在这种情况下，新兴经济体必须接受国际资本流入的回升以及实际汇率的上升（Grenville，2008）。第二种流入资本并不是由经济基本面导致的，在未来有逆转的可能。从某种意义上说，相对于可持续、理想的资本流入类型和水平，第二种资本类型通常被合理地认为是"过渡"的。

无论是哪种资本类型，资本流动管理的原因在于风险或问题的存在，而不管这种风险指的是资本接收者的吸收能力问题，还是流入资本类型本身的问题。最近的经验表明，如果一国监管框架薄弱，大量资本流入会超过国家银行系统的吸收能力，导致不适当的贷款决定以及随后的金融系统的脆弱性。如果资本流入主要是由经济基本面导致的且国家吸收能力有限，那么对于政策制定者而言，并不是阻止资本流入或防止实际汇率升值，而是应该尽量使资本流入量与经济吸收能力相一致，具体措施包括基础设施建设、金融机构风险管理技能的提高等。如果资本流入主要是由投机和"羊群效应"导致，那么政策制定者的挑战就比较大。政策制定者必须以某种方式阻止资产价格泡沫和资本流动逆转的出现，以避免受到外部冲击（Masahiro Kawai，2010）。

虽然对于测量资本流入的风险仍然是一个很复杂的问题，但是，至少在概念上，我们可以考虑以下三种类型风险：

（1）宏观经济风险。资本流入可能会加速信贷增长（甚至是货币自主权的丧失），引起实际汇率升值、通货膨胀，或影响其他宏观经济变量，使其与即时国内政策目标（比如价格稳定、汇率稳定和促进出口等）不一致（Fernandez‐Arias and Montiel，1995）。然而，格伦维尔（Grenville，2008）认为，近期资本流入的宏观经济后果（包括货币自主权和通货膨胀等）其实并没有那么严重。谢德勒（Schadler，2008）认为，资本流入确实对实际汇率造成了巨大的影响。王喜平（2008）通过实证研究，对中国资本流动历史数据进行分析，认为国际资本流动导致了国内通货膨胀和人民币汇率升值。

（2）金融稳定风险。资本流入会推高股票和其他资产价格，降低资产质量，对部门（特别是银行和公司）资产负债表的期限和货币组成部分造成不利影响。这些都会造成金融体系的脆弱性。格伦维尔（2008）和谢德勒（2008）对最近国家资本流动经验的研究表明，资本流入对资产价格的影响是特别显著的。赵成斌（2006）指出，资本流动与金融风险同时存在。吴颂（2011）以货币主义的汇率决定模型——汇率超调模型为例，分析国际游资流动对一国资产价格产生的影响及影响方式。张艳艳（2006）认为，国际资本流动会使银行体系脆弱性上升，金融市场波动性增加。

（3）资本流动逆转风险。资本流入可能会突然发生逆转，造成储备枯竭和货币大幅贬值。谢德勒（2008）指出，在过去的20年里，大规模资本流入大部分都以危机①而终结。亚洲国家大量积累外汇储备，以作为应对资本流入逆转风险时自我保护的工具。

现有文献多讨论第三种风险，且认为，长期资本流入投机可能性很低，所以，风险小于短期资本（Claessens et al.，1995；Carlson and Hernandez，2002）。例如，罗德里克和维拉斯科（Rodrik and Velasco，1999）提供证据证明，短期债务与储备的比率会提高货币危机发生的可能性。长期资本中，学界和主流政策层普遍认为，外国直接投资比较理想，这不仅仅是因为经验证明外国直接投资很少发生逆转，而且还因为外国直接投资和实体（实际）经济密切相关（Chuhan et al.，1996；Lipsey，1999；Schadler，2008）。Athukorala（2003）发现，亚洲金融危机发生时，外国直接投资并没有发生大

---

① 谢德勒（2008）认为，危机的定义基于以下三个指标：（1）货币贬值20%以上；（2）政府开支下降国内生产总值的20%以上；（3）产出下降。

规模逆转（只是有一个短暂而温和的衰退），只是在危机极其严重时，外国直接投资有限流出。

亚洲金融危机后的政策讨论集中在新兴经济体资产负债表的固有脆弱性上，特别是"期限错配"和"货币错配"问题（Allen et al.，2002）。"期限错配"是指债务和资产期限结构的不一致问题，而"货币错配"是指资产和负债以不同货币计价而产生的问题。当资产是长期而负债是短期，或者当资产以国内货币计价而负债以外国货币计价时，经济脆弱性就会产生。[①] 如果国家能够多进行长期借款，少进行短期借款，且能够少以外币进行借债，那么资产负债的风险将会降至最低。艾肯格林等（2003）强调，全球金融市场的不完善是造成新兴经济体"货币错配"的原因，因为不完善的全球金融市场限制了新兴经济体以本币在全球市场进行借贷的能力。伯格和沃诺克（Burger and Warnock，2006）建议，新兴经济体应尽快发展本地货币债券市场。

确定资本交易实践中确切的风险特性不是一件容易的事情，尤其是在一个经济开放、金融自由化的经济体中。最终决定相关危机风险的是工具的流动性[②]，不一定是期限和计价货币。只要有足够的流动性，外国投资者可以在二级市场上轻易出售国内货币计价的债券（或股票、外国直接投资），所得收益可在外汇市场上兑换为外币。Detragiache 和 Spilimbergo（2001）发现，1971—1998 年，债务违约概率并不受短期债务量的影响。Jomo（2003）指出，1997 年大批外国投资者的离去使市值下降到其峰值时期的 25%。伯西尔和马尔德（Bussiere and Mulder，1999）提供的证据证明，在 1997—1998 年危机中，外国直接投资占国内生产总值较高的比重并没有显著减少危机的脆弱性，在巨额经常账户赤字和汇率高估的情况下更

[①] 资产负债表脆弱性的另一个来源是国内债务美元化，这会增加新兴经济体资本流入突然逆转的可能性。

[②] 在危机的时候，流动性资产可能会变得流动性非常差，使投资者出售资产时产生大量资本损失。

是如此。

总之，资本流入的风险因资本交易类型的不同而不同。每一个资本交易都有其特点，所以，测量资本流入的风险要根据每一个资本交易类型进行详细调查，即使是外国直接投资也是如此。Doraisami（2007）根据马来西亚的经验，指出外国直接投资的宏观经济风险，即大量的外国直接投资会产生一个庞大的出口部门，使国家经济增长对出口更加敏感。决策者可通过进行一系列的模拟练习来追踪资本流入的运作过程以及其在突然逆转时会造成什么影响，通过这样的观察，可以确定资本流入的宏观经济、金融和逆转风险，并制定相应的对策。

二 关于资本账户自由化的研究

实际上，对资本项目自由化是否明智，尤其是对发展中国家有利与否，众多学者仍心存疑虑。1978年，托宾（James Tobin）提出，通过对外汇交易征税（托宾税），可以抑制投机资本对国际金融市场的冲击。1998年，巴格瓦蒂（Jagdish Bhagwati）、库珀（Richard N. Cooper）指出，在信息不完全的条件下，资本的自由流动将会制造道德风险，加大市场扭曲，鼓励过度投机，并最终导致成本高昂的重大危机。同年，罗德里克认为，经验证据并不能证明资本项目自由化可以推动经济增长。1999年，克鲁格曼（Paul Krugman）曾预言，对于既不适于货币联盟又不适于浮动汇率的国家，它们迟早将恢复对资本流动的限制。同年，斯蒂格利茨认为，市场波动不可避免，因此，发展中国家应对此进行管理，包括对资本流动加以某种限制。

对于还处在开放资本账户进程中的国家，如何最好最快地开放其资本账户仍然是一个悬而未决的问题。目前，理论界并没有这样的假设，即资本账户快速开放所需要的资源小于或大于长时间开放所需资源（Nsouli et al.，2002）。虽然制定有效的监管框架需要一定的时间，但是，漫长的自由化过程又可能会产生错误的激励和扭曲。资本账户自由化不仅是一个经济问题，它还涉及政治方面（宋林峰，2003）。考虑到长期渐进式过渡可能会有来自既得利益者的阻力，或者是如果现有系统的不同元素之间相互依赖以致改革产生显著的扭曲，那么激进的方法可能就是适当的。另外，如果资本账户自由化需要时间以达成共识，或如果一个渐进的过程更有利于最大限度地减少调整成本，那么渐进的方式可能是适当的。

　　早期的学术文献建立在对20世纪70年代阿根廷、智利和乌拉圭的经验研究的基础上，强调在资本账户开放前实现宏观经济稳定、金融自由化和贸易自由化的重要性（McKinnon，1982；Edwards，1984）。然后，在20世纪90年代初期，学术界转向支持激进式改革方法，特别是在经济转型国家，改革可信度的缺乏使这些国家更适于迅速采取行动（Funke，1993）。在将激进式改革方法扩展至非经济转型国家时，有学者认为，达到建设有效金融部门的最佳途径是迅速开放资本账户，因为这一改革会促进市场规则（纪律）应用到银行系统（Guitian，1996）。还有部分学者运用资本管制的无效性来支持应快速开放资本账户的观点（Mathieson and Rojas-Suarez，1993）。

　　20世纪90年代的亚洲金融危机是资本账户自由化步伐思想演变的转折点。虽然亚洲金融危机是多方面原因造成的，但是，有部分学者认识到资本账户过快开放是导致危机的重要原因。艾肯格林等（1998）认为，资本账户开放会使市场主体有可能做出轻率的决策，以致承担更大的风险，所以，为保障资本账户自由化带来的好处，必须运用良好的审慎政策以确保个人激励适当（邓敏，2012）。正是在这一背景下，资本账户开放顺序作为操作性概念出现在政策导向文献中，特别是出现在国际货币基金组织（IMF）的文献中。

　　这些文献强调"整合"做法在资本账户自由化过程中的重要性。他们认为，资本账户自由化作为一个更全面的经济改革计划的一部分，应当与适当的宏观经济政策、汇率政策以及有关金融体系政策相协调（Johnston et al.，1999）。在"整合"做法中，大部分学者都强调开放顺序，即在资本账户的各个组成部分实现自由化前，需要满足必要的前提条件，包括经常账户自由化、宏观经济稳定、金融部门自由化以及建立有效的审慎监管制度。国际货币基金组织的工作人员基于一些国家的经验，建立了一个操作框架，此框架揭示资本账户自由化应与其他密切相关的政策相协调（Ishii et al.，2002）。

以上"整合"的做法确认资本账户开放并不存在简单的规则，将资本账户自由化与其他政策相协调的详细计划应以具体情况为基础做出判断（Ingves，2003），即资本账户开放的速度与秩序必须依照各国国情确定（宋林峰，2003）。其大原则是追求宏观经济稳定和金融部门稳定，同时逐步开放资本账户。健全的宏观经济政策包括明确的财政纪律、审慎的外债管理、灵活的汇率制度以及具有透明度的货币政策和汇率政策实施过程等。金融政策必须以强大的资本基础和严格的披露制度为支持，促进审慎风险管理。当这些条件得到满足时，应该首先解除对外国直接投资的限制，其次是组合证券资本。与传统的观点一致，长期资本与短期资本比较，应该先解除对长期资本的限制。

虽然几乎所有人都很赞同这种方法，但是，各国经验已经证明，这种方法的可操作性很差，很难在实际中应用。一国在逐步开放资本账户的同时，还能兼顾实施适当的宏观经济政策、汇率政策以及有关金融体系政策，而且能控制随着资本账户自由化而来的风险，这几乎是不具有可操作性的政策指南，特别是当无法测量资本流入的风险以及没有明确的政策实施标准时（亚洲政策论坛，2002）。正如已经指出的那样，测量资本流入的风险是一项很复杂的任务。只要风险不能正确识别，资本账户自由化的方法就是根据直觉和猜测而得来的。

还有一个问题，就是资本交易开放可行性的问题。传统的观点认为，在某些资本流入类型开放不具有可行性的情况下，可以先开放其他类型的资本流入。例如，韩国在开放长期组合证券资本前，先开放短期银行资本交易，很多学者认为，这是"错误"的开放顺序（Cho，2001）。但是，不同的短期资本交易类型彼此之间不仅具有替代性，而且与长期资本交易也具有替代性。1995年泰国的经验表明，当政府加强对短期曼谷国际银行融资（BIBF）[①]资本的管制时，外国资本通过其他渠道（如贷款、证券投资和非居民银行存款）流入的数额大幅上升，最终，资本流入总量并没有受到影响（Siamwalla et al.，2003）。

尽管关于资本账户自由化的新的正统的观点并不赞同快速实现资本账户自由化，但是，已经部分开放资本账户的国家通常没有足够的时间建立所有正确的前提条件。随着经济的自由发展，维持全面的资本管制开始变得愈加困难。然而，全面的资本管制本质上讲是扭曲的。此外，随着资本交易的增多，资本管制体制的漏洞也会越来越多，这为投资者规避资本管制提供了更多的方法，任何资本管制都会随着时间的流逝而丧失效力。例如，跨国公司以非常低的记账价格将商品和服务出售到海外母公司，即将真正价值转移出去，而外国投资者可以与国内居民的海外资产交换资本以达到规避管制的目的。因此，资本账户自由化基本上没有一个普遍适用的步骤和顺序。

三　新兴经济体国际资本流动管理的相关研究

（一）新兴经济体国际资本流动管理宏观经济政策工具的相关研究

Masahiro Kawai 和 Shinji Takagi（2008）通过对新兴经济体国际资本流动管理经验的总结，得出结论认为：如果一国大量的资本流入主要是由其良好的经济基本面所引致的话，那么该国当局必须接受实际汇率将会不可避免地升值的事实。事实上，实际汇率升值也是应对资本流入增加的唯一具有持续性的政策。不管资本流入的原

---

① 曼谷国际银行融资（BIBF）成立于1993年，旨在通过向国际银行提供税收利益使曼谷成为国际金融中心。为应对随后而来的短期资本流入激增，1995年，政府采取各种措施：对非居民财务公司的短期借款且期限不超过一年的征收7%的存款准备金；限制开放的短期和长期外币仓；银行外汇风险报告措施（Johnston et al.，1999）。

因是什么，汇率升值也是应对资本流入最有效的政策。因为它能够克服其他政策的局限性，避免使用其他政策随之而来的负效应。汇率升值是大多数工业化国家应对大量资本流入的方法。

然而，政府决策人员通常都不愿汇率升值。与工业化国家相比，许多新兴经济体在金融市场深度、产业多元化、风险承受能力方面都颇有局限，所以，在允许汇率大幅波动以应对资本流入突然（或临时）激增方面也很受限。格伦维尔（2008）指出，在新兴经济体向成熟经济体过渡过程中，其货币尤其会突然波动，这是因为，这些国家的货币随着时间推移的升值过程中没有可以引导汇率路径的锚。

再者，当新兴经济体拒绝汇率升值时，汇率升值会导致国家价格竞争力下降是这些国家最为关心的问题。但是，从长远来看，阻止实际汇率升值并不是一个可持续的政策。资本流入作用于经济系统，对通货膨胀产生影响，进而导致实际汇率升值，这需要一段时间。然而，名义汇率升值会导致实际汇率的即时调整。

一般而言，如果新兴经济体面对资本流入激增，不愿意汇率升值，那么有三大类的宏观经济措施可以应用：（1）冲销干预；（2）增强汇率弹性；（3）财政紧缩政策（最好是通过缩减开支）。在早期几次资本流入激增事件中，各国都不同程度地运用过这些措施，措施的效果也依具体情况不同而不同（Schadler et al.，1993；Fernandez - Arias and Montiel，1995；IEO，2005；IMF，2007；Grenville，2010；Schadler，2010）。

1. 冲销干预

冲销干预是最常用的工具。宋林峰（2003）通过对20世纪90年代巴西、智利和哥伦比亚资本流动管理政策的梳理，发现各国在开始时均实施了冲销政策。莱因哈特（Reinhart，1998）更是将冲销干预称作"第一求助政策"。Masahiro Kawai 和 Shinji Takagi（2010）通过梳理文献，分别从狭义和广义两个角度为冲销干预下了定义。就狭义而言，冲销干预就是进行买入外国资产卖出本国债券的公开市场操作。Masahiro Kawai 和 Shinji Takagi（2010）还指出，许多新兴经济体的政府债券市场并不发达，所以，中央银行通常都是通过创造它们自己的债券工具以完成冲销目的。通过冲销干预，经历资本流入激增的国家在能够保持名义汇率稳定的情况下，能够阻止资本流入。就广义而言，冲销干预就是试图抵消因资本流入而导致的货币总量增长的任何措施，比如，提高存款准备金要求、中央银行向商业银行借贷、政府存款从商业银行向中央银行转移等。但是，如果国内有对信贷的真实需求，那么紧缩货币政策相反会刺激经济主体从国外进行借贷。如果为了紧缩货币政策而提高存款准备金，那么最终可能会提高金融中介的成本，使资源配置扭曲。冲销干预在抑制实际汇率升值方面同样是无效的，因为使用冲销干预，最终会发生通货膨胀（IMF，2007；Schadler，2008）。

卡尔沃（Calvo，1991）阐述了冲销干预要想发挥作用必须满足的两个条件：第一，国内资产和国外资产必须是不完全替代的。只有这样，一种资产在交换另一种资产时，才能够改变资产的相对回报率。第二，操作的利息成本必须是可管理的。冲销干预是用本国高收益的资产交换外国低收益的资产，所以，必然产生财政成本。有一个广泛的共识是，第一个条件在工业化国家是不成立的。所以，冲销干预的效果在工业化国家是有限的。但是，在工业化国家资产和新兴经济体资产之间的替代性很小，以致能使冲销干预发挥一定的作用。Ishii 等（2006）对墨西哥和土耳其的冲销干预政策进行实证研究，试图对此结论做出验证。Ishii 等基于日度数据的分析显示，墨西哥的干预对汇率水平的影响虽然很小，但统计上却是显著的。土耳其的干预没有表现出这种特征。另外，随着可替代性的下降，经济体间的利息差正在上升，所以，冲销干预的效果越好，则意味着可持续性发展更有限。

2. 增强汇率弹性

Masahiro Kawai 和 Shinji Takagi（2010）指出，增强汇率弹性是应对资本流入激增的另一种方法。Masahiro Kawai 和 Shinji Takagi

(2010)认为,增强汇率弹性并不意味着当局完全放开名义汇率升值;相反,政府首先会试图避免名义汇率升值。增强汇率弹性意味着一国为阻止投机性资本流入,会引入双向风险。增强汇率弹性是指在事实上盯住和严格管理浮动的背景下,引入较宽的汇率浮动区间。增强汇率弹性的有效性取决于政府在多大范围内允许汇率浮动。如果浮动区间设置过窄,对投机性资本流入所造成的阻碍是有限的。如果浮动区间设置过宽,那么名义汇率升值的潜在性将会很大。莱因哈特(1998)关于增强汇率弹性抑制短期资本流入效果的实证研究的结果并不明确。刘立达(2007)认为,为应对短期国际资本流动,中国应增强长期人民币汇率弹性,有序推行资本账户开放,以此来增强中国经济抗击资本冲击的能力。

3. 财政紧缩政策

Masahiro Kawai 和 Shinji Takagi(2010)认为,在应对资本流入激增的政策中,财政紧缩无疑是最让人放心的。这是因为,财政紧缩可以降低公共部门对实际资源的吸收,从而能够抵消从国外转移到国内的资源对国内经济造成的影响。如果财政紧缩能够起到遏制通货膨胀的压力,以阻止货币真正升值的作用,那么在这一程度上而言,它就是应对资本流入激增的一个真正的回应。此外,财政紧缩还有可能降低利率的压力,从而能够直接降低利率引致的资本流入激增。财政紧缩还可以通过限制非贸易品的相对价格的提高以抑制利率上升压力(Schadler, 2008)。如果政府一贯较密集地使用非贸易品,那么财政紧缩就会导致国内需求从贸易品转向非贸易品,国内生产从非贸易品转向贸易品。事实上,2007 年,国际货币基金组织关于一组新兴经济体和发达经济体的实证报告显示,财政紧缩有助于抑制实际汇率升值。

但是,谢德勒(2008)指出了财政紧缩在应对资本流入激增时的三个局限性。第一,财政紧缩往往需要政府采取行动,所以其缺乏灵活性;第二,财政政策紧缩的程度有局限,特别是在民主社会,或是在一开始时,只有很小的财政空间;第三,因为财政紧缩会给投资者提供一种信号——政府正在追求一个良好的、有纪律的宏观经济政策，这会吸引更多的资本流入。但是，这一信号的影响可能是短暂的，随着时间的推移，可持续的财政政策有助于吸引最稳定和最具有诚信的资本。

（二）新兴经济体国际资本流动管理微观经济政策工具的相关研究

应对资本流入激增的微观政策工具或结构性措施有很多。但最常用的措施有三种：（1）金融部门改革；（2）放宽对资本流出的限制；（3）进一步促进贸易自由化（Schadler et al., 1993; IEO, 2005）。

1. 金融部门改革

金融部门改革包括完善审慎监管制度和发展资本市场。金融部门改革并不是要减小资本流入总量，而是消除资本流入的消极影响，防止危机发生。如果银行的资本充足且多样化，那么其在面对资本流动逆转以及与之相关的宏观经济冲击时，表现得会更富有弹性。如果经济中有银行融资的替代品，那么必然会促进风险分担（即使银行受到不利影响，保证公司部门能够进行公司融资）。所以，金融部门的改革将有助于降低资本流入所带来的金融稳定风险（Masahiro Kawai and Shinji Takagi, 2010）。格伦维尔（2008）认为，限制金融机构作为资本流入媒介的作用以及对经济主体进行审慎审查将有助于遏制货币危机的不利影响。格伦维尔还认为，资本流动管理除实行以交易为基础的资本管制外，或许最让人信赖的政策就是审慎监管政策。审慎监管以宏观经济和金融稳定为目标。与资本管制比较起来，审慎监管能更好地被政府监测和执行。审慎监管措施包括报告和审批制度、建立符合资本交易的机构、限制短期对外借债以及限制外币风险。虽然审慎监管的覆盖范围很有限，但是，其仍然能够控制一部分重要的资本流入。

刘立达（2007）提出，应对国际短期资本流动的根本是要进行金融体制的改革。然而，这将是一个漫长的过程。监管良好的金融机构以及富有效率的资本市场是不可能在一夜之间完成的。杨琳

(2008）分析了在国际资本流动过程中金融风险产生的原因以及存在的问题，并提出，要积极建立完善的金融风险预警指标体系。除此之外，还要加强国际监管合作，并制定金融监管政策。窦祥胜（2005）指出，应正确看待国际资本流动，审慎对待金融国际化与金融自由化；同时，在吸收国际资本以弥补本国资金不足时，应建立健全融资监管制度，以防范国际资本流动所带来的风险。

2. 放宽对资本流出的限制

放宽对资本流出的限制有两个目的。第一，使国内金融市场更广泛地参与到国际竞争中，并且国内居民能够实现风险分担；第二，通过鼓励资本流出降低净资本流入（Schadler et al., 1993）。这项措施的影响取决于国内是否存在潜在的外国资产需求。如果没有，放宽对资本流出的限制会给市场一个积极的信号——更容易回笼资金，这会导致更多的资本净流入（Bartolini and Drazen, 1997）。

3. 进一步促进贸易自由化

莱因哈特（1998）提出，进一步促进贸易自由化（如通过降低关税等），通过鼓励更多的进口将会有助于遏制外汇储备的增加，至少暂时如此。贸易自由化可以提高非贸易部门的竞争力，所以，可以减缓实际汇率的升值压力。然而，随着时间的推移，贸易改革可能会通过减少进口投入的价格而改善出口竞争力，但是，对减少净进口不会有很大作用。然而，这样的政策会显示这样的信号，就是政府承诺将会是在一个自由和开放的国际经济和政策框架下，鼓励更多的资本流入。

（三）新兴经济体国际资本流动管理的资本管制政策相关研究与评价

20世纪90年代，国际资本开始大规模流向新兴经济体。为了防范国际资本流动给本国带来的风险，智利（1991—1998）、巴西（1993—1997）、马来西亚（1994）、哥伦比亚（1995—1997）和泰国（1995—1997）等新兴经济体陆续采取资本管制措施，尤其是对短期资本流动加以限制（Ariyoshi et al., 2000）。多数经济体采取以市场为基础的管制措施，比如，对资本流入进行直接或间接征税，并配合其他监管措施的使用。此外，面对国际资本流动，马来西亚、智利和巴西还采取了直接的行政性管制，比如，禁止本国居民与外国居民从事非贸易掉期交易，禁止外国居民购买本国货币市场证券。此外，巴西针对特定类型的外汇交易还要征收明确的进口税，哥伦比亚和智利还通过无息准备金制度（URR），对资本流入进行间接征税等（Ariyoshi et al.，2000）。需要注意的是，这一时期，各个国家实行资本管制的宏观经济背景是有差异的。比如，泰国自1984年以来实行了14年的盯住美元的汇率制度，然而，其他国家多采取有管理的汇率制度。又如，在泰国、马来西亚和哥伦比亚等国家，金融机构处理大量资本流入的能力存在不确定性。另外，在智利等国家，政府已发现，传统的政策工具在限制大规模资本流入方面并不是有效的，需要结合资本管制措施，才能有效地防范大规模资本流入所带来的风险。

目前，有大量的实证研究文献考察了20世纪90年代智利资本管制（无息准备金）的效果。但是，这些实证研究的结果仍然是不确定的[①]，这不仅仅是因为其结果对采用的方法很敏感，还因为无息准备金与资本流动之间具有内生性。然而，对于无息准备金，学界的共识是：（1）无息准备金在短期降低资本流入总量方面是有效的，但随着时间的流逝，其逐渐丧失效果；（2）无息准备金能够延长资本流入期限；（3）无息准备金在抑制实际汇率升值方面无效，但在提高国内相对利率方面有效；（4）无息准备金对中小公司造成的不利影响比对大公司造成的影响大，这是因为，中小公司多依赖于银行融资，而大公司拥有广泛的融资渠道（Nadal‐De Simone and Sorsa，1999；Gallego et al.，2002；Le Fort and Lehmann，2003；Ffrench‐Davis and Tapia，2004）。在金融脆弱性方面，爱德华兹

---

① 智利的无息准备金（URR）经常根据资本流入的强度，从覆盖面和准备金要求上进行修订。

(1999)提供的初步证据证明，无息准备金使智利金融市场免受来自国外的冲击，如1997年的金融危机。

杜利（Dooley，1996）在对一系列国家的研究后认为，实证文献一般是对资本管制影响经济变量（私人资本流动总量和组成部分、国际储备、汇率水平）的能力持怀疑态度的，尤其从长远来看更是如此。马古德和莱因哈特（Magud and Reinhart，2007）根据对近期实证文献的考察得出结论，认为资本管制能够改变国内相对利率和延长资本流入期限，但不能降低资本流入总量，资本管制对汇率的影响不确定。虽然宏观经济的影响比较有限，但是，微观经济的影响比较明确。德赛等（Desai et al.，2006）提供证据证明，资本管制会提高跨国公司子公司的借贷成本，会产生经济主体规避管制的成本，这些都会阻碍外国直接投资的流入。

谢德勒（2008）根据新兴经济体国际资本流动管理的经验得出如果持续使用资本管制，则资本管制将会失去其有效性的结论。因为时间会使经济主体找到逃避管制的方法。谢德勒还指出，在资本账户已经开放条件下重新引入资本管制已经是一种必然选择，但是，其效果要低于资本账户未开放条件下覆盖所有资本交易的广泛资本管制。在一个高度开放、承诺实现透明度和责任感的经济体中，资本管制的覆盖范围和严格执行的程度都是有限的。所以，有一些资本交易将不会受到资本管制的限制，那么这也使仅有的资本管制失去其效力，因为被豁免的资本交易类型会成为经济主体规避资本管制的途径。福布斯（Forbes，2007）通过回顾资本管制微观经济效应的实证研究得出如下结论：资本管制的实行将会扭曲资源配置。

除了以交易为基础的资本管制，以投资者为基础的资本管制是其又一选择，至少其可以作为管理资本账户自由化进程的一种工具。例如，中国使用的合格境外投资者措施和印度使用的境外机构投资者分类，在管理资本账户开放过程方面似乎是有效的。这样的措施之所以有效，大概是因为它使追查谁是投资者和资本通过哪种途径流入变得更容易（Masahiro Kawai and Shinji Takagi，2010）。

机构执行能力是任何资本管制措施、审慎监管措施和其他措施有效的先决条件。约翰斯顿和瑞安（Johnston and Ryan，1994）根据1985—1992年55个国家样本的研究，得出结论认为，工业国家的资本管制比发展中国家的资本管制更有效果，这一结论反映了资本管制在实行过程中行政机构执行力方面的差异。Kawai和Takagi（2004）研究新兴经济体——智利和马来西亚——资本管制有效性时，将行政机构执行力作为一个影响因子纳入实证研究。

对于国际短期资本流动的管理问题，我国学者也进行了相关研究。宋文兵（1999）提出，在现阶段，中国将资本管制作为一项次优的制度安排是必要的，但是，在金融全球化背景下，试图仅仅依靠传统的资本管制来实现货币政策与汇率稳定的组合正受到越来越大的冲击。通过加大汇率的管理区间引入不确定性，是减轻这一压力的最优选择。

四 亚洲新兴经济体国际资本流动管理的相关研究

亚洲开发银行在2008年发布一系列讨论报告对亚洲新兴经济体（包括新加坡、韩国、菲律宾、马来西亚、印度、泰国、中国和印度）的国际资本流动管理现状做了总结与分析。同时，国内也有部分学者对国际资本流动管理政策进行论述。

（一）亚洲新兴经济体国际资本流动管理宏观经济政策工具的相关研究

莱因哈特（1998）研究了马来西亚和印度尼西亚的冲销干预政策，最终得出结论认为，不管在任何情况下，冲销干预都可能会弄巧成拙，因为它会提高利率，进一步刺激资本流入。Soyoung Kim和Doo Yong Yang（2008）总结了韩国政府为应对国际资本流动风险采取的宏观经济政策，包括为缓解货币升值压力而进行冲销干预、允许汇率升值、预付外债、通过提高贷款利率和法定存款准备金紧缩信贷增长等。Ira S. Titiheruw和Raymond Atje（2008）研究了印度尼西亚的国际资本流动管理。印度尼西亚政府为应对国际资本流动风险，持续改良宏观经济基本面。印度尼西亚在亚洲金融危机期间遭受最大跌幅，国内投资持续低迷，虽然印度尼西亚政府积极改善国内投资环境，以试图提高投资率。但是，Ira S. Titiheruw 和 Raymond Atje 认为，其效果目前并没有显现出来。此外，Ira S. Titiheruw 和 Raymond Atje 还总结了印度尼西亚 2005 年危机的应对与处理。Kanit Sangsubhan（2008）对泰国国际资本流动管理的宏观经济政策进行了介绍。Yunyong Thaicharoen 和 Nasha Ananchotiku（2008）运用泰国的数据，形象地阐述了出口导向型国家在面对大规模资本流入时汇率制度选择的两难境地。K. K. Foong（2008）介绍了马来西亚面对大规模资本流入采取的宏观经济政策，包括汇率制度改革、财政政策以及为减少对动荡的外部部门的依赖加强国内消费和投资等。Gochoco - Bautista（2008）指出，资产泡沫问题在东亚经济体很重要，因为它直接影响亚洲新兴经济体不利的宏观经济发生的概率。他坚持在该地区应该采取先发制人的货币政策应对资产价格上升。此外，最近美国、英国、澳大利亚和新西兰的经验表明，采用温和、逐步收紧的货币政策应对资产泡沫并没有引起金融和经济崩溃。

叶辅靖（2002）研究了 20 世纪 90 年代新兴经济体的国际资本流动管理经验，认为在资本流入的前期，货币政策的效果最好，然后是名义汇率政策，最后，作者认为，新兴经济体的资本流入如果是由结构性因素引致的，那么财政政策才是最优选择。王喜平（2005）以部分亚洲新兴经济体以及我国为例，详细阐述了国际资本流动冲击宏观经济稳定的内在机制，最后得出结论认为，多元政策组合效果一般优于单一政策实施，但不同政策可能相互抵触，因此，需注意不同政策的时机与次序选择。

（二）亚洲新兴经济体国际资本流动管理金融稳定政策工具的相关研究

国内外关于国际资本流动管理金融稳定措施的研究相对比较多。对于资本流动与金融稳定的相关性，鄂志寰（2000）以亚洲新兴经济体为例，从银行体系脆弱性上升、金融市场波动性增加、金融市场与国外市场关联性加强和金融危机频繁爆发四个方面加以阐述。最后，鄂志寰得出结论认为，要最限度地发挥国际资本流动的积极作用而破坏程度最低，只有在金融机构拥有更大经营空间、金融监管更加严密有效的市场，才可能实现。

在加强金融监管方面，Soyoung Kim 和 Doo Yong Yang（2008）阐述了韩国在亚洲金融危机后加强金融监管、积极将金融监管措施应用到股票和房地产市场。Ira S. Titiheruw 和 Raymond Atje（2008）介绍了印度尼西亚为应对资本流入风险，不断加强金融部门监管，且持续推进银行部门改革。银行部门的改革涉及信贷供应、资本充足率和外汇风险等方面。Kanit Sangsubhan（2008）对泰国加强审慎监管、加强外汇市场管理等措施进行了介绍与分析。姜爱林（2008）对1997年亚洲金融危机后的亚洲五国（日本、新加坡、韩国、泰国、印度尼西亚）金融监管历程做出了总结与分析。

在银行部门改革方面，菲利普·特纳（Philip Turner，2007）认为，1997年亚洲金融危机之所以重创亚洲国家是因为亚洲银行系统不健康，所以，亚洲国家在1997年亚洲金融危机后采取了多种措施以加强银行系统并取得了实质性进展。但是，作者认为，这些进展地区分布不均且有新的风险正在产生，所以，亚洲国家对于已取得的进展不应该自满。莫汉蒂和特纳（M. S. Mohanty and Philip Turner，2010）认为，过去亚洲银行业系统的改革取得了很大进展，但是，要说亚洲银行业的改革已经完成则为时尚早。作者指出，未来亚洲银行系统仍应继续深化改革，监管当局需加强监管，防止银行系统中非常宽松的流动性状态造成市场风险和信用风险的过度积累。高安健一（2006）指出，目前东亚银行市场结构出现了私人金融部门的扩大这一重大变化，作者从面向私人部门的贷款市场、金融资金运用市场和富裕阶层市场三个层面，阐明东亚各国的私人金融市场的动向。高安健一（2007）梳理了东亚各国银行部门所发生的变化，并指出，金融监管当局应该比以往更加致力于银行体制的稳定性和效率性。陈璐（2005）从与欧美国家对比的角度，阐述了亚洲新兴经济体银行并购重组的经验。

在深化和发展资本市场方面，亚洲开发银行每年发布《亚洲资本市场监控》报告，对亚洲资本市场的现状做出总结与分析。（1）股票市场。李艺娜（2009）运用计量分析方法，对东盟五国的股票市场一体化程度进行实证分析，分析了东盟五国股票市场一体化所面临的障碍和前景，并对进一步加强东盟股票市场一体化提出了相应的政策建议。刘璐（2011）运用 GARCH 模型，对后危机时代中国、日本、印度和韩国的股票市场风险进行研究，最后得出结论认为，发达国家股票市场的波动性显著大于发展中国家。（2）债券市场。郑文力（2008）在阐述亚洲债券市场发展的进程、现状与催化剂的基础上，分析亚洲债券市场发展的动力机制，剖析亚洲债券市场发展中存在的问题，并提出了发展亚洲债券市场的对策和措施。邹欣（2009）从亚洲债券基金角度探讨了亚洲债券市场的合作机制问题，回顾了亚洲债券基金启动的背景、发展进程以及面临的制约因素等，阐述了亚洲债券基金发展的对策措施。陈旭峰（2012）总结了亚洲债券市场的发展进程以及目前所面临的挑战，并对推动亚洲债券市场发展的因素以及未来努力方向进行了归纳。

（三）亚洲新兴经济体国际资本流动管理的资本管制政策的相关研究

亚洲金融危机后，亚洲新兴经济体出现了大量的资本流入，这引起了人们对于资本流入波动对宏观经济以及金融稳定影响的关注。部分已开放资本账户的国家尝试运用资本管制来管理资本流入（Ariyoshi et al., 2000）。2006 年 12 月，泰国为应对资本流入激增和抑制通货膨胀而引入资本管制[①]（Kanit Sangsubhan, 2008）。2007 年，韩国重新引入资本管制（Soyoung Kim and Doo Yong Yang,

---

[①] 2006 年 12 月 18 日，引入 30% 无息准备金要求后，泰国股市、汇市大幅下跌。第二天，泰国当局宣布，资本管制不适用于泰国股票交易。

2008)。

最近对资本流入管制的形式一般都采取无息准备金（Unremunerated Reserve Requirement，URR）① 形式：要求将资本流入的一定比例以无息的形式存入中央银行。但是，这些管制措施往往是暂时的，因为这些国家在过去都是大量资本流入的受益者，且不再有将本国与世界其他各国家永久隔离的选择。当资本流入激增的情况得到缓解时，各国政府就会取消资本管制（Masahiro Kawai and Shinji Takagi，2008）。费希尔（Fischer，1998）认为，无息准备金（URR）至少在三个方面不同于其他传统管制措施。第一，无息准备金是管理而不是阻止资本流入。第二，无息准备金起作用并不是通过行政手段，而是对国际投资者采取价格激励。第三，对资本流入的征税与资本流入的期限呈负相关关系，即资本流入期限越长，则征税越少；反之则越多。所以，与基本经济因素导致的长期资本流入相比，无息准备金对短期资本流动（一般认为更具有投机性）更有效果。出于这些原因，无息准备金被认为是给经济带来更少扭曲性的管制工具，这项措施甚至是获得坚持资本流动自由的学者的大力支持。

在亚洲，尽管实行资本管制的各个国家的宏观经济背景不相同，但其所实行的资本管制政策却有许多类似之处。比如，亚洲新兴经济体普遍采取更加灵活的汇率制，普遍采用外汇直接干预和对冲严格限制国际资本流入，普遍更加重视资本流出自由化（Mccauley，2008），并且注意使用审慎监管政策以配合资本管制。与仅采用资本管制相比，亚洲新兴经济体在应对资产泡沫与货币升值时更倾向于采取政策组合（Maria Socorro Gochoco - Bautista et al.，2010）。

关于资本流出自由化，莱因哈特（1998）指出，在20世纪90年代资本流入激增时，马来西亚和泰国放宽对资本流出限制的措施

---

① 无息准备金已经是工业化国家早期资本管制体制中的先例，比如20世纪70年代的澳大利亚和日本。日本政府改变非居民的自由日元账户的边际存款准备金率以应对资本流入激增。

给予市场一个积极的信号,即投资者更容易回笼资金,结果这项措施导致更多的资本净流入。

关于资本管制有效性,早期的实证研究结论是复杂的。在20世纪90年代,一些新兴经济体采取资本管制的主要目的在于减少汇率压力,保持国内外利率差。早期的研究表明,资本管制运用初期有效,但这两个目标却难以同时实现,即当保持国内外利率差时,汇率就必须做出调整。同时,早期的研究还显示,资本管制可以延长国际资本流入的期限,但并不能有效地减少国际资本流动总量。

近几年,关于资本管制有效性的研究结论与早期的研究结论基本上是一致的。许多文献对最初已研究过的早期经验运用新的研究方法进行重新研究,还有部分文献对一个或多个国家的最近经验进行了研究。总体而言,我们可以得到的主要结论是,相对于减少国际资本流入总量,在保持国内外利率差和改变国际资本流入结构方面,资本管制效果更加显著。国内学者多是对中国资本管制的有效性进行研究,但也有部分学者对经典国家资本管制有效性进行研究,比如,马超(2000)对马来西亚资本管制有效性进行了客观全面的分析,冯晓明(2001)对智利模式的资本管制有效性进行了评析等。

五 对已有研究的评述

通过对国内外关于国际资本流动管理相关研究的梳理,我们可以发现,研究在以下几个方面存在不足:

第一,相关学者缺乏对政策组合的系统研究,而是侧重于对单一政策研究。直到目前为止,仍没有一部文献针对亚洲新兴经济体各项国际资本流动管理政策措施进行详细分析、归纳、比较的系统研究。现有的对亚洲新兴经济体国际资本流动管理的研究文献,或者仅介绍资本管制政策,或者只阐述金融稳定政策,或者只分析宏观经济政策,在对政策组合的对比分析方面存在不足。然而,无论是针对国际资本流动的宏观经济政策,还是金融稳定政策抑或资本管制,其影响国际资本流动的机制是不尽相同的,因而在国际资本流动管理政策框架中的定位也是不同的。因此，要想取得国际资本流动管理的良好效果，就需要各种相关政策有机配合。相反，如果缺少对资本流动管理政策措施的组合分析而仅强调某一项具体政策的作用，这容易形成误导，造成以偏概全、以点概面，不利于国际资本流动管理政策的制定。

其次，相关研究缺少对国际资本流动管理理论的深入剖析，而是侧重于政策操作层面的建议。国际资本流动管理是有其理论支撑的，那便是对国际资本流动的影响机制及其产生风险的分析。已有文献大多只就某一项具体政策提出建议，并没有阐述原因，因此，研究深度不足。而这种深层的机理分析又是政策制定的基础，对政策制定至关重要。

最后，相关文献缺少亚洲新兴经济体的系统研究，而是侧重于对新兴经济体和个别国家层面的研究。目前，还没有一部关于亚洲新兴经济体国际资本流动管理的宏观政策、金融稳定政策和资本管制政策的文献。

第四节　研究思路与研究方法

目前，关于亚洲新兴经济体国际资本流动管理的文献大多是独立的，相对而言，比较散，所以，不能看出亚洲各国的管理措施及其产生作用的过程，但实际上这一过程对研究国际资本流动管理是至关重要的。

本书的研究思路是：以亚洲新兴经济体为研究对象，重点考察亚洲金融危机期间受到严重冲击的泰国、马来西亚、韩国和印度尼西亚，以梳理国际资本流动管理理论为支撑，以历史回顾为线索，运用理论分析与实证分析相结合、历史与逻辑相统一的研究方法，以1997年亚洲金融危机后亚洲新兴经济体采取的国际资本流动管理政策措施及其效果为重点展开研究。国际资本流动管理是有其理论支撑的，那便是对国际资本流动的影响机制以及产生的风险的认识。面对21世纪的资本流入浪潮，理论界对如何进行有效的资本流动管理的研究很多，这方面的成果包括国际成功经验的借鉴以及国际货币基金组织出台国际资本流动管理框架。依据这些相关研究，我们可以发现，国际资本流动管理政策框架大致包括宏观经济政策、金融稳定政策和资本管制。本书通过对亚洲新兴经济体的治理措施及其效果的考察，可以检验亚洲各国的资本流动管理措施是否恰当。

鉴于此，本书与国际资本流动管理的政策框架相对应，结合亚洲新兴经济体的具体情况，依次从宏观经济政策调整、金融体系改革和资本管制三个重要方面，考察了亚洲新兴经济体对国际资本管理政策措施的改革和整顿，并进一步着重探讨了各项资本管理措施的有效性。

第五节 本书的创新之处

国际资本流动管理是当前国际经济领域研究的热点问题，也是我国资本账户在走向开放进程中无法回避的现实问题。本书从国际资本流动管理政策框架出发，在现有文献的基础上，着重研究了亚洲新兴经济体在1997年亚洲金融危机后的国际资本流动管理。本书的主要工作和创新点如下：

第一，系统地研究了国际资本流动管理的政策框架。目前，国内外关于国际资本流动管理文献大多只针对某一项具体政策，如资本管制。但实际上，国际资本流动管理是一项系统性工作，除资本管制外，还涉及宏观领域和金融领域，即世界上并没有一项政策能够单独成为应对资本流入激增的灵丹妙药。本书选择以国际资本流动管理的政策框架作为新视角，依次从宏观经济政策调整、金融体系改革和资本管制三个重要方面，考察国际资本流动管理措施。

第二，分析了各种政策对国际资本流动的影响及其影响机制，并指出了各种政策在整个政策框架中的定位。这为制定国际资本流动管理政策确定了工作重点和方向，对未来亚洲新兴经济体以及我国国际资本流动管理都具有较强的指导意义。

第三，率先对1997年亚洲金融危机后亚洲新兴经济体国际资本流动管理进行系统性研究。当前，对国际资本流动管理的研究多局限于新兴经济体层面，而对亚洲这一层次的区域性政策研究不足，因此，选择亚洲的国际资本流动管理政策作为研究对象，具有一定的创新性，对推动亚洲及我国的国际资本流动管理工作具有较强的指导意义。

第二章 国际资本流动管理理论分析

第一节 国际资本流动管理的原因

国际资本流动管理的依据是基于其在给东道国带来各种经济利益的同时，也会给东道国宏观经济和金融稳定带来诸多风险。国际资本流动犹如一把"双刃剑"。对于新兴经济体和发展中国家而言，资本自由流动不仅可能在促进东道国经济增长、技术进步、降低消费波动性和提高效率等方面产生各种潜在利益，同时也会给东道国带来诸多风险，这种风险主要集中体现在三个方面：一是大规模资本流入容易导致国内经济过热、通货膨胀上升等宏观经济风险；二是在东道国金融体系不健康以及监管不完善的情况下，大规模资本流入容易冲击东道国的金融稳定；三是一旦存在外部冲击，国际资本流入突然停止或逆转，容易爆发金融危机。20 世纪 70 年代拉美南锥体国家的金融动荡以及 20 世纪 90 年代末爆发的亚洲货币金融危机就是国际资本流动风险的集中爆发。

一 国际资本流入的宏观经济风险

国际资本过度流入通常会导致国内宏观经济过热，即在总供给相对稳定的情况下，由于总需求的持续扩大而导致的宏观经济失衡现象。这种失衡（过热）通常表现为国内总需求扩张（消费和投资过快增长）、实际有效汇率升值、外汇储备增加、货币扩张、通货膨胀压力增大等。

(一) 国际资本流入对宏观经济体系的影响机制

国际资本流入通过汇率机制、资产价格机制、财富效应机制、声誉机制和政策效应机制作用于东道国宏观经济。

1. 汇率机制

汇率是一国经济的重要变量之一。国际资本流入将会引起一国或地区汇率或上或下的浮动，并进一步通过影响国际贸易、银行体系对其实体经济产生冲击。不同汇率制度的作用机制也存在差异。一般而言，如果一国或地区实施稳定的汇率政策，那么，国际资本流入会导致其货币政策失效，抑或货币当局被迫增加货币供给，从而引起经济过热；但一国或地区如实施自由浮动汇率政策，那么国际资本流入将会使其本币升值，从而导致其进口增加，出口减少，总需求下降。

2. 资产价格机制

对于资本市场而言，无论是房地产市场还是股票市场都是国际资本的重要活动场所。比如，美国、日本、泰国、中国香港等国家或地区的房地产市场以及股票市场都吸引了大量的国际资本。不难发现，房地产市场之所以受到国际资本的青睐一个主要原因，就是房地产市场不但规模庞大，易于容纳大量的国际资本流入，更为重要的是房地产市场有着非常高的利润率。大规模国际资本流入一国或地区房地产市场将会导致该国或地区房地产市场"虚假"需求的上升。但是，由于房地产市场生产供给周期长，因此，短期内房地产市场上的供给量很难迅速增加，这样，"虚假"的过量需求就会导致房地产价格泡沫，国际资本却能从中获得高额利润。就股票市场而言，一个长期趋势向上的股票市场会吸引大量的国际投机资本，市场价格被一再狂炒，上市公司的股权收益率一再地被扭曲。股票市场的规律在于：人们对上升趋势中股票内在价值的非理性预期，使市场价值观一直向上，这种预期收益率的不断提高将推动股价不断上扬，市场间的均衡收益早已打破，直至泡沫破裂，股市下挫进入下降趋势，国际投机资本自然离去。

大规模国际资本流入通过资产价格的剧烈波动影响实体经济中的货币供求结构，削弱货币供应的可控性、可测性及其与实体经济的相关性，增加货币政策中介目标的实现难度，并对货币政策促进实体经济稳定增长和保持物价稳定最终目标的实现产生严重冲击。

3. 财富效应机制

财富效应是指由于货币政策实施引起的货币存量的增加或减少对社会公众手持财富的影响效果。人们资产越多，消费意愿越强。这一理论的前提是：人们的财富及可支配收入会随着股价上升而增加。因此，人们更愿意消费。国际资本大规模流入在导致东道国货币供给增加的同时，还会导致证券市场价格的快速上升。这样，一方面，股票价格上升将影响到投资。通过托宾Q理论[①]我们不难知道，托宾Q上升，企业投资扩张，从而国民收入也会扩张。另一方面，股票价格上升会影响到消费。除即期收入外，影响消费支出的因素还包括其他形式的财富。所以，随着股票价格上升，金融财富将增加，这样，消费者的财富也相应增加，其消费支出也随之增加。总之，无论是企业的投资行为还是居民的消费行为都会随着股票价格的涨跌而发生相应的变化，并进一步影响实体经济。

4. 声誉机制

当国际资本流入一国或地区时，其多借助于国际金融机构的著名声誉，同时，运用西方国家适用的相关理论大造舆论，及时发布各种预测报告或评估报告，进而影响东道国居民的消费或投资心理，甚至是对东道国政府直接推行政策建议，企图让东道国政府按其要求标准调控经济。

5. 政策效应机制

根据"三元悖论"理论，在国际资本流动的条件下，货币政策的独立性与固定汇率两者无法共存。当一国以汇率稳定为政策目标

---

① 经济学家托宾于1969年提出了一个著名的系数，即"托宾Q"系数（也称托宾Q比率）。该系数为企业股票市值对股票所代表的资产重置成本的比值。

时，国际资本流入会影响该国货币政策的自主性。通常国际资本流入容易引起经济过热和通货膨胀。当一国为抑制通货膨胀以采取紧缩银根提高利率的货币政策时，高利率就会形成本外币利差，这将吸引更大规模的国际资本流入，结果是该国中央银行干预的货币政策失效。同理，当一国为刺激经济增长以增加货币供给时，这将导致国内利率下降，进而引起资本外流，本国货币存量下降，这样，该国中央银行增加货币供给的政策同样失效（见图2-1）。

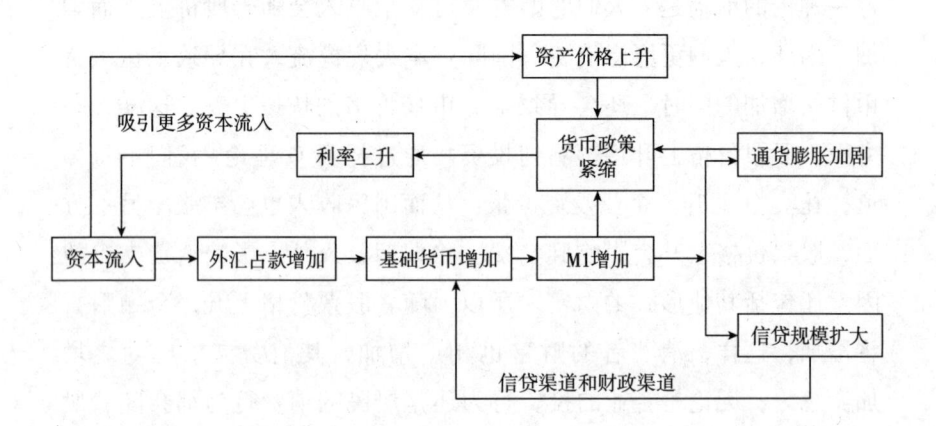

图2-1 国际资本流入对经济体系的影响机制：政策效应机制

（二）国际资本流入的宏观经济风险的具体表现

国际资本流入的宏观经济风险通常具体表现为国内总需求扩张（消费和投资过快增长）、实际有效汇率升值、外汇储备增加、货币扩张、通货膨胀加剧等。

1. 国内总需求扩张

根据开放经济下的标准宏观经济模型分析，在有管理的浮动汇率制度下，当国际资本大规模流入一国时，会导致总需求扩张。国际资本流入对国内总需求的影响渠道包括三种：一是为应对大规模资本流入，一国中央银行为吸收外汇市场的超额外币供给以增加外汇储备，进而被迫投放基础货币，这将使东道国货币供给扩张，增加东道国消费和投资，促使总需求膨胀。二是国际资本流入导致资产泡沫，进而导致总需求扩张。国际资本的逐利性和投机性正是形成资产泡沫的一个重要原因，资产价格上扬所带来的财富效应将推动居民消费升级，从而使社会总需求随之增加。三是国际资本流入增加了公共部门和私人部门的收入，使对资本品投资需求和消费品购买需求增加，进而导致社会总需求增加。

2. 实际有效汇率升值

理论表明，国际资本过度流入将提高国内支出水平，提高对国内非贸易品的需求，导致一国货币的实际有效汇率升值。但汇率制度不同，其作用机制也有所不同。首先，在固定汇率制度下，一国中央银行通过干预外汇市场维持了名义汇率的稳定，引起贸易顺差加大，且该干预将引起本币供应量的增加，进而产生通货膨胀压力，最终将引起实际有效汇率的升值。其次，在自由浮动汇率制度下，国际资本流入将同时引起一国名义和实际汇率升值。与商品市场调整相比，金融市场的调整更为迅速，因此，大规模的国际资本流入很容易导致汇率超调，即在自由浮动汇率制度下国际资本流入所引起的汇率升值很可能是突发性的，而且其升值幅度还可能会超出人们的预期。最后，在有管理的浮动汇率制度下，国际资本流入会引起一国名义汇率上浮，然而，中央银行的冲销干预政策将限制其名义汇率上升幅度的进一步加大。同时，在其他实体经济因素和市场"噪声交易"的干扰下，这将强化国外市场对东道国货币的升值预期，从而引起更大规模的国际资本流入，最终将迫使东道国货币保持单边升值态势。

3. 外汇储备增加

外汇储备是宏观经济内部平衡和外部平衡的一个重要宏观金融变量指标。随着国际资本的大规模流入，在有管理的浮动汇率制度下，东道国通过对外汇市场的干预使大部分外汇流入其中央银行而成为官方储备。同时，国际资本流入导致的汇率升值预期会进一步吸引国际资本大规模流入，从而导致官方储备积累继续上升。然而，大规模的国际资本流入还会引起出口部门效率提升，促进贸易顺差增加，从而进一步增加外汇储备。虽然外汇储备的积累对于保持经济持续快速健康发展具有十分重要的现实意义，但是，过多的外汇储备会积累通货膨胀，降低中央银行的货币政策独立性，还会产生高额的机会成本。在金融一体化不断加深的背景下，由于国际资本迅速大规模地流动，使金融市场的利率与汇率瞬息万变，汇率风险极大。规模庞大的外汇储备资产必然会使国家财富时刻处于巨大的风险之中，给外汇储备资产的保值增值带来巨大的难度和挑战。

4. 货币扩张

由一般货币供给理论可知，在开放经济条件下，一国国内的货币供给量取决于基础货币和货币乘数两大因素。根据一国中央银行的资产负债表，基础货币包含国内信贷和国外净资产两部分。所以，货币供给量最终是由国内信贷、货币乘数和外汇储备三因素共同决定。然又由于货币乘数短期内较为稳定，因此，国内信贷和外汇储备成为影响货币供给的重要渠道，国际资本流入正是通过影响国内信贷和外汇储备而影响货币供给。一方面，当国际资本大规模流入时，一国外汇储备增加，进而导致国内基础货币发行量增加，在货币乘数的作用下，导致该国货币供给量成倍增加。另一方面，国际资本流入还会通过财务杠杆作用"倒逼"中央银行改变货币政策。在国际资本流入一国后，通常以独立法人机构为依托，如以投资咨询公司的名义开展业务，或直接与国内企业合资。根据各国现行财务制度，独立法人可以以自身资产为抵押向银行申请贷款。假如一国规定独立法人资产负债率最高不超过75%，这就意味着杠杆比率高达4倍，金融资本每投入1个单位，可引起国内信贷资金增加3个单位。这将迫使一国中央银行继续增加信用以支持宏观经济目标的实现。

5. 通货膨胀加剧

目前，对于通货膨胀的定义和理解有很多种。其中，最普遍的标准经济学定义为:纸币的发行量超过商品流通中所需要的货币量而引起的货币贬值、物价上涨的状况称为通货膨胀。根据这种传统的定义,消费品价格指数(CPI)成为各国衡量通货膨胀高低的主要指标,然而,这种定义往往使我们忽略了另一个重要的方面,那就是资产价格的变化。"事实上,从我国以及世界各国经济运行周期来看,资产价格上涨正是通货膨胀初期的重要体现(资产价格已成为通货膨胀先行指标),我们将其定义为通货膨胀的第一阶段,而传统意义上的通货膨胀,即 CPI 的上涨则具有一定的滞后性,往往在资产价格上涨后才开始反弹,我们定义为通货膨胀的第二阶段。"① 大规模的国际资本流入导致通货膨胀的途径有以下三种:

(1)国际资本大规模流入导致国内货币扩张,进而产生通货膨胀的压力。以弗里德曼为代表的货币数量理论认为,通货膨胀本质上是一种货币现象,是由流通中的货币量超过了实际货币需求量而导致的。就这一意义而言,对通货膨胀成因的研究其实就是要考察经济中的货币供给量是否超过了实际货币需求量。因此,国际资本流入对通货膨胀的作用机制最重要的就是国际资本如何影响货币供给。

(2)国际资本大规模流入导致国内总需求扩张而产生通货膨胀压力。按照凯恩斯学派的观点,通货膨胀不仅仅是货币现象,而更是宏观经济失衡的表现,这是由在实际经济中总需求大于总供给所导致的,过度的总需求加剧了通货膨胀。正如前所述,当国际资本大规模流入一国时会导致总需求扩张。然而,在短期内总供给无法迅速增加,这导致物价上涨,直到增加的总供给正好等于增加的总需求。

(3)国际资本大规模流入导致部门的工资成本上升,进而拉动整体物价上涨。成本推动说认为,通货膨胀是由特殊的成本因素变

---

① 江帆、朱浩珉、周恺锴:《资产价格已成为通胀先行指标》,《上海证券报》2009年6月8日第6版。

动引起的。该理论认为，20世纪六七十年代的世界性通货膨胀源于工资成本的上升。

二　国际资本流入的金融稳定风险

国际资本流入对东道国所形成的金融稳定风险主要体现在商业银行体系和证券市场两个领域。

（一）国际资本流入对金融体系的影响机制

国际资本主要通过商业银行进行配置，商业银行是国际资本的重要中介机构；证券市场能够为国际资本提供丰富的投资工具和丰厚的投资利润，所以，国际资本将证券市场作为主要的活动场所；国际资本流动导致的东道国金融体系的变化最终将影响到该国企业的经营活动。

1. 国际资本流入对商业银行体系的影响机制

国际资本流入通过影响商业银行的资产和负债结构对银行系统的稳定形成冲击。无论国际资本是银行信贷的形式流入，还是以直接投资和证券投资的形式流入，都要通过一国的商业银行系统将资金进行划转。外资以银行信贷形式流入会直接增加商业银行系统的外币负债和可贷资金规模。非居民在东道国投资于非银行金融资产须先用一笔国内存款来支付。也就是说，非居民要先在东道国银行以外币的形式存款，然后再把外币存款兑换成国内货币存款，此过程也会导致商业银行系统的外币负债和可贷资金规模增加。

国际货币基金组织卡尔·约翰、林捷瑞恩认为，只有"大多数银行有偿付能力，而且可以持续具有这种能力"才可以认为银行体系是稳定的。银行信贷监管体系不同，国际资本流动对银行体系的影响机制也不相同。一国如果信贷体系监管得力且健全有效，银行在贷款发放时就能预期到资本流动对借款方还贷能力的影响程度。这样，银行就能相应地决定贷款价格，并能针对潜在的贷款损失来积累准备金，降低银行在对资本流动比较敏感部门的贷款集中程度，从而降低银行不良贷款比率，维护整个银行系统稳定。反之，对于信贷机构管理与监控不完善的国家，在对银行信贷分配不当和资产负债表管理不佳、处置不得力的情况下，资本流入会增加银行资源低效配置的可能性，这将导致银行体系风险增加，银行系统稳定也将遭受不同程度的冲击。

2. 国际资本流入对证券市场的影响机制

国际资本流入对证券市场的影响可以分为直接影响和间接影响两个方面。国际资本通过在东道国一级市场上认购新发证券，在二级市场上买卖已流通证券直接对证券市场价格、规模和稳定性造成冲击。间接影响是指国际资本通过影响宏观经济变量，进而影响证券市场。如前文所述，国际资本流入一国后会对利率、汇率、货币供应和物价水平等宏观经济变量产生影响，这些指标反过来又会影响证券价格的发展趋势。

国际资本对证券价格影响的汇率机制。在开放经济条件下，从长期来看，国际资本会将汇率作为两国经济发展实力对比的结果；从短期来看，国际资本大规模流入会导致汇率上升。汇率上升，国际资本则预期该国经济发展前景良好，外资大规模流入，证券价格上升。汇率下降，说明该国经济前景惨淡，国际资本撤出，证券价格下降。

国际资本对证券价格影响的利率机制。国际资本流入会引起国内利率降低，较低的利率对投资者的机会成本以及筹资人的财务成本所产生的影响不同。对于投资者来说，利率下降代表着投资的机会成本较低，增加对证券的需求，从而引起证券价格的上涨；对于筹资者来说，利率下降则意味着可以以较低的成本来募集资金，从而达到降低财务成本，盈利增加，企业投资价值提升，最终导致股票价格上涨。

国际资本对证券价格影响的货币供给机制。若非居民购买一国金融资产，就必须将外汇转换为本币，然而，该过程将增加商业银行系统负债，最终对该国货币供给产生影响。根据上文阐述的关于现代货币供给理论和国际收支理论可知，在国际资本净流入的情况下，通过外汇储备的增加而导致基础货币供给增加，一国名义货币供应量也因此增加。这一方面增加了证券市场上的资金供给量，这样，以更多的货币追逐有限的证券必将推动证券价格上升；另一方面充裕的资金也会对新发证券产生需求，从而导致新发证券价格提高。

国际资本对证券价格影响的物价机制。可以说，物价变化属于一种货币现象。国际资本流入将会引起货币供给的增加，这最终必然会导致物价上涨。而物价上涨则会改善企业业绩，并且会形成一种预期，即价格会一直上涨，因此便进行大规模固定资产投资，这将会使企业每股收益大幅提高，股价开始上升。

（二）国际资本流入后金融稳定风险的具体表现

1. 国际资本流动给银行体系带来的风险

克鲁格曼（Paul R. Krugman）基于20世纪80年代美国大批储蓄贷款协会倒闭事件以及1997年亚洲金融危机的教训，建立了道德风险模型。该模型认为，东亚危机国政府对银行存款隐含的担保造成了银行体系严重的道德风险问题，这导致了亚洲金融危机。东亚银行体系享受着政府担保，使其能轻而易举地从国际资本市场上借入资本，同时在利益机制驱动下，又给投资于房地产的企业和高风险股票过度放款。国际资本流入将给银行体系带来诸多风险，具体表现为国内信贷扩张、外币债务增加、不良贷款率上升、盈利能力减弱以及中央银行功能受限五方面。

（1）国内信贷扩张。一方面，国际资本流入使商业银行对外负债增加。如果一国对外负债增加只是导致国外资产的增加，即银行投资于国外市场，其信贷扩张效果会比较小。但是，综观新兴经济体的实际表现，这些资金大多流向了国内市场，而不是国外市场，所以，商业银行对外负债的增加将导致可贷资金规模迅速增加，国内信贷迅速扩张。另一方面，许多形式的国际资本流入都要求有相应的国内资金与之配套才能形成投资，由此必然引起国内货币供给增加，其最终结果必将使银行持有的超额储备金增加，从而促进银行信贷规模扩张。银行信贷规模扩张可能导致"过度借贷综合征"。为数不少的计量检验也指出，银行体系贷款与GDP的比例同银行危机发生的概率显著正相关。可见，国际资本大规模流入所导致的银行体系资产负债表的扩大和贷款的迅速增长，不利于银行体系的稳定，容易诱发银行危机。而且，"不论是发达国家还是发展中国家，金融危机前均普遍存在银行信贷迅速扩张的现象"。[①]

（2）外币债务增加。国际资本流入导致商业银行对外负债增加。银行的对外负债存在严重的"货币错配"问题。由于新兴经济体的本币"原罪"问题，即国内货币不能用于国际借款[②]，其银行进入国际金融市场时只能举借外币债务，但贷款投资项目通常以本币偿还。由于本国政府或明或暗地担保，银行等金融机构对大量举借外币债务行为进行激励，因此，整个银行体系过度负债进一步加剧了"货币错配"问题。如果一个国家短期外币债务与其外汇储备比例很高的话，那么，该国就很可能爆发金融危机。[③] 一国银行体系外币净负债的上升还会使银行的流动性呈现大幅度波动，银行贷款膨胀和收缩交替出现，进而引起系统风险，甚至引爆金融危机。

（3）不良贷款率上升。如前文所述，国际资本流入使商业银行体系可贷资金规模迅速增加。在监管机制不健全和利益机制的驱动下，银行缺乏强有力的外部监督，容易产生道德风险，即银行会在对安全性考虑不充分的情形下，将资金投放到事实上风险比较高的领域，如房地产融资、以股票或债券抵押贷款等，从而导致风险积聚。同时，由于多数享有较高信用等级的企业可以通过在国际市场直接发行股票或债券进行融资。因此，国内银行只能向信用等级较低而风险较高的客户贷款，同时，银行对于借款企业或个人的信用等级和利润要求相应下调。在经济能保持高速增长和外资持续流入的前提下，这种信贷投放策略通常还能维持；然而，一旦经济形势

[①] 马勇、杨栋、陈雨露：《信贷扩张、监管错配与金融危机：跨国实证》，《经济研究》2009年第12期。

[②] 曹荣湘：《风险与金融安排》，社会科学文献出版社2004年版，第14页。

[③] Jorge A Chan – Lau, "The Impact of Corporate Governance Structures on the Agency Cost of Debt", *IMF Working Papers* No. 01/204, December 2001.

急剧逆转及外资无以为继时，这种循环将会被迫中断，从而使一些行业出现周期性逆转，银行产生大量不良贷款。① 大量的不良贷款的产生会侵蚀该国银行部门的自有资本，使其银行部门的脆弱性增大。

（4）盈利能力减弱。若一国银行体系保持巨额对外净负债，则面临着巨大的汇率风险，有可能会因本币意外贬值而遭受损失。针对国际资本流入，一国中央银行实行的冲销性市场干预政策，往往会导致市场利率的突然上升，从而加大商业银行面临的利率风险。然而，当一国中央银行为了维持某一汇率水平而对外汇市场进行干预的情况下，短期利率可能上升至一个非理性的水平，该国银行盈利能力将被削弱甚至危及银行的稳定。

（5）中央银行功能受限。如外币存款在一国银行体系中占据相当大的比例时，一旦发生外币存款挤兑，中央银行仅能以有限的外汇储备来应付，不存在无限制的外汇最后贷款人功能。在极端情况下，一国居民和政府在对本币完全丧失信心后，将会放弃本币，转而以外币替代本币发挥货币职能。这将意味着该国中央银行完全放弃了货币发行权，完全丧失了本应具有的最后贷款人功能。如果本国银行发生各种经营危机而中央银行又无法给予银行贷款融资救助时，单个或局部银行危机将会演变为整个银行业危机。

2. 国际资本流动给证券市场带来的风险

国际资本流动给证券市场带来的风险主要包括证券价格波动频率和幅度加大以及规模过快膨胀且波动加剧，再加上新兴市场国家监管体系还不完善，所以，证券市场极易受国际投机资本的攻击。

（1）证券价格波动频率和幅度加大。由于国际资本的关联和溢出效应以及国际游资的不稳定性，国际资本大规模地在证券市场快进快出时，会给证券市场价格带来巨大冲击。首先，在国际资本的冲击下，证券市场价格容易与价值之间出现偏离。其次，证券市场

---

① 鄂志寰：《资本流动与金融稳定相关关系研究》，《金融研究》2000 年第 7 期。

价格波动频率和幅度加大，容易出现证券价格暴跌暴涨的现象。在国际游资大量涌入一个国家时，如果该国证券市场容量较小，证券价格会迅速膨胀，价格指数暴涨；在游资大量撤离时，由于国际游资在市场中占有相当大的份额，证券市场价格又会急剧缩水，价格指数暴跌。加之证券市场上普遍存在的"羊群效应"，市场波动和价格波动效应会更加明显。证券市场价格的剧烈波动，不仅会导致东道国金融财富的流失，还会加大证券投资的风险。

（2）证券市场规模过快膨胀且波动加剧。国际资本流入通过推动东道国证券价格上涨，使东道国证券市场存量规模扩张，通过带动更多新发证券上市，使东道国证券市场增量规模扩张。国际资本流入的大幅增加推动了东道国证券市场规模的不断扩大。在健全的金融体制下，证券市场规模的扩大可以促进金融深化。但在缺乏有效监管、道德风险充斥、信息披露不真实和各种规章制度不规范的市场体制中，证券市场规模的过快膨胀，会极大地冲击证券市场乃至整个金融体系的正常秩序，加剧证券市场风险，对证券市场的长久健康发展十分有害。

（3）极易受到国际投机资本的攻击。由于目前大部分新兴经济体的证券市场运行机制和监管体系还不完善，再加上证券市场所具有的高回报率和充分灵活性的特点，极易使新兴经济体的证券市场成为国际短期资本的肆虐之地。国际短期资本的套利交易和投机倾向浓厚，缺乏长期的理性投资理念。特别是当资本流入国的证券市场出现"泡沫"时，极易受到国际投机资金的攻击。当股票价格或外汇价格在投机的推动下已经过高时，国际投机资金直接攻击证券市场的成功率很高。通常的做法是：在市场上大规模地抛售股票或外汇迫使其价格暴跌，然后再回购股票或外汇以获取价差。国际投机资金也可以利用资本流入国多个金融市场间的不同金融资产价格间的内在联系，在各金融市场上进行立体式的间接投机。具体的做法是：一般先对外汇的现货及期货市场进行攻击，利用借入的该国货币资金卖出该国货币的现货、期货和期权，迫使该国货币贬值，引发人们对本币的信心危机。本币贬值促使银行利率大幅上扬,证券市场的资金供应大量减少,股票价格暴跌,投机资本进而对证券市场发动预设的攻击,引发证券市场的投资恐慌。如果国际投机资本对东道国证券市场攻击成功,被冲击的证券市场将会崩溃,严重时爆发金融危机。

三 国际资本流入风险的集中爆发:金融危机

一般来说,资本流动与金融危机的发展过程可以概括为三个阶段:其一,在危机前,危机国普遍出现大量资本流入。大规模资本流入给东道国带来诸多风险,如股票价格和房地产价格迅速攀升以及本币过快升值等。其二,由于对资本流动的风险没有进行恰当管理,导致经济体系的风险不断积聚。其三,一旦外部冲击到来或者仅仅是由于预期的突然改变,积累于经济体系内的风险集中释放,引发系统性的金融危机,而经济发展前景预期的改变则会导致国际资本流入的突然停止或逆转,加重金融危机对实体经济和虚拟经济的破坏。[①]

(一) 金融危机的含义与识别

金融危机是指一国或地区金融系统失控,造成金融秩序混乱和金融机构无法正常运转,从而对整个经济造成严重破坏的现象。一般而言,金融危机通常包括货币危机、证券市场危机、债务危机和银行危机四个方面。基于对20世纪80年代初拉美债务危机、1994—1995年墨西哥危机以及1997年亚洲金融危机的观察发现,当金融危机发生时,金融系统通常会出现银行呆坏账大量产生、银行储户挤兑存款、大量金融机构倒闭、信贷规模急剧缩减、股市萧条、汇率狂跌、大量资本外逃等现象;金融系统出现的这些问题必然对整个经济造成冲击,此时会连锁地造成企业效益下降甚至破产、经济衰退、失业上升、房地产价格下跌、整体经济秩序受到破坏、居民生活水平下降等方面的问题。可见,金融危机的危害是极

[①] 鄂志寰:《资本流动与金融稳定相关关系研究》,《金融研究》2000年第7期。

大的。当金融危机发生时，如果不及时地进行处理，或者处理不当，将会引发严重的经济危机，造成经济的长期衰退和萧条。

(二) 国际资本流入与金融危机的关系

1. 国际资本流入具有制造泡沫经济和诱发泡沫经济破裂的可能性

经济体市场国家泡沫经济是指那些由于经济投机活动而导致市场价格大起大落的现象。[①] 在部分新兴经济体，大规模的国际资本流入刺激了其经济增长，资本也随之增值，良好的示范效应进一步吸引了更多资本流入。一般来说，这些国家的国内市场容量相对狭小，国内工业体系也不是很完整，再加上资本流动的监管体系不完善，巨额资本流入后只能大量流向证券市场、房地产等非生产和贸易部门。由于国际资本特别是国际投机资本不仅聚集的速度很快，而且杠杆作用很强，所以极易形成泡沫经济。泡沫经济违反需求法则，只要泡沫经济发展链条中的任何一个环节出现问题，都会使泡沫经济破裂。流向泡沫经济部门的国际投机资本一旦遇到风吹草动就会大量抽逃，从而连锁地导致整个经济金融系统崩溃。虽然目前衡量泡沫经济很困难，且还没有衡量泡沫经济的准确指标，但是，一般都将实际价格偏离基础价值的程度作为判断泡沫经济的标准。至于宏观经济泡沫，一般采用金融资产价格与 GDP 比例的指标；股票市场一般采用市盈率[②]、Q值（公司净资产的股市价值与其重置价值之比）、国债收益率与红利率比值、股票市值增长率与名义 GDP 增长率比值等指标来判断。

2. 国际资本的流入与流出，会加剧经济波动

在市场经济条件下，由于市场体制存在固有的弱点，所以，经济总是在波动中发展的，只要波动的范围不超出一定的界限，经济就会正常运行。然而，国际资本（特别是国际投机资本）的流入与流出，常常会加剧经济波动。当一国经济过热时，本来应该紧缩经

---

① 窦祥胜、陈天慈：《国际资本流动与泡沫经济简析》，《金融与经济》2002 年第 1 期。

② 市盈率指在一个考察期（通常为 12 个月的时间）内，股票的价格和每股收益的比率。

济，减少投资，而这时国际投机资本却偏偏大量流入，因为该国经济的暂时繁荣对于国际投机资本来说正是大显身手的好时机，这样就使本来就过热的经济更加过热。相反，当一国经济出现衰退时，本来应该扩张经济，增加投资，而这时国际投机资本觉得前景不妙，于是大量撤出，这样又会造成经济更加衰退。近些年来，国际投机资本规模不断扩大，对于一些小国而言，它的大规模流入与流出足以造成该国的金融危机。即使是一个实力很强的大国，如果本身的经济基础薄弱，经济素质不高，隐含着较大的金融和经济风险，这时如果国际投机资本大规模流入与流出该国，也会导致该国的金融危机。

3. 国际资本流入导致金融脆弱性上升

金融脆弱性是指一种趋于高风险的金融状态，泛指一切金融领域中的风险积聚，包括信贷融资领域和资本市场融资领域。在金融自由化的条件下，大量资本流入会加剧金融体系脆弱性，具体表现为：加剧金融中介资产负债的不匹配（包括币种和期限的不匹配）；使金融中介（银行系统）过度承担风险，导致不良资产增加；资产价格泡沫等。银行短期债务与外汇储备的比例经常被作为显示金融脆弱性的一个最有效指标，这一指标大于100表明该国已经没有足够的外汇储备偿还到期债务，金融脆弱性较高。如前文所述，国际资本流入导致短期外债比例上升，还债压力增加。在经常项目逆差的情形下，新兴经济体可能面临着偿还到期债务的困境。为此，常常通过提高利率，吸引外资流入，保持资本项目顺差，但这反而又进一步提高了短期债务的比例，导致金融脆弱性继续上升。

4. 国际资本流入使东道国金融市场与国外市场的关联性加强

国际资本的流入和国际投资者积极参与新兴经济体市场，使新兴经济体市场与国际金融市场的联系潜在性地加强。这种联系主要表现在两个方面：第一，新兴经济体市场之间金融市场的表现具有很强的同步性。新兴经济体市场的宏观经济环境具有一定的相似性，且国际资本流入的周期和结构也基本相同，所以，新兴经济体市场之间的金融市场波动具有一定的同步性。在金融危机时期，这种同步性表现为危机传染的"龙舌兰酒"效应和"多米诺骨牌"效应。第二，由于主要发达国家机构投资者在新兴经济体资本流动中发挥主导作用，所以导致新兴经济体的金融市场与主要发达国家金融市场的相关性显著上升。这种相关性集中体现在发达国家金融市场对资本流入东道国金融市场的溢出效应明显上升。在金融危机期间，这种相关性主要表现为发达国家金融危机对资本流入国的危机传染效应。

5. 国际资本流入突然停止或逆转导致金融危机的总爆发

国际资本流入使经济体系的风险不断积聚。一旦外部冲击到来或者仅仅是由于国内外投资者预期的突然改变，积累经济体系内的风险集中释放，加剧经济环境的恶化。对东道国经济形势预期的改变使国际资本纷纷撤离东道国，银行不良贷款急剧增加，资产价格泡沫破裂，金融危机总爆发，而资本流动方向性逆转所附加的债务风险、流动性不足风险则会深化危机的破坏性影响。有实证研究表明，资本流动突然逆转的危机要比单纯的货币危机对产出有更大的破坏性影响。[①] 此外，在金融一体化条件下，资本的波动与逆转还会使危机迅速扩散、传播到其他国家或地区，导致危机的传染，严重时甚至会引发全球性金融动荡。

第二节 国际资本流动管理政策框架

由于国际金融危机后的国际资本流入速度较快以及风险较高的资产组合流入所占比例较高，新兴经济体普遍采取资本管制来抑制国际资本的进一步流入。但是，各新兴经济体实施管制的手段并不

---

① 王喜平：《国际资本流动与宏观经济稳定》，博士学位论文，天津大学，2005年，第17页。

相同，并可能会相互产生影响。为避免各新兴经济体采取资本管制政策的溢出效应，国际货币基金组织基于以往新兴经济体应对国际资本流入的经验，提出了管理资本流入政策框架，以期加强世界各国的政策协调。该政策框架适用于资本账户已开放或大部分开放的国家，包括两大类应对政策，一类是宏观经济政策，另一类是资本流动管理政策。而资本流动管理政策包括审慎监管措施和资本管制。此政策框架的特点有二：其一，详细梳理了为应对资本流入风险的审慎监管措施和资本管制措施，阐述了应采取何种审慎措施和管制措施组合来应对资本通过不同渠道大量流入而产生的不同风险，初步研究了资本管制政策框架的设计方式和要点。其二，强调应对资本流入政策的顺序性，即宏观经济政策、审慎监管，其次才是资本管制。国际货币基金组织提出的政策框架比较完整和系统地分析了管理国际资本流入的各种政策措施，但仔细分析后会发现其存在一定的问题。首先，此框架中所提到的顺序性受到一定的质疑，宏观经济政策尤其是财政政策具有一定滞后性，审慎监管政策则主要直接针对银行，对抑制资金流入只起到间接作用。按照国际货币基金组织的建议，等资本管制实施时，大规模资本可能已经流入，积累了较大风险。其次，对于金融市场发展并不完善的新兴经济体来说，发展、深化金融市场与加强金融监管同样重要。

　　本书以国际货币基金组织的国际资本流动管理政策框架为基础，结合亚洲国家国情，给出对亚洲新兴经济体的国际资本流动管理进行系统性分析的政策框架。在本书中，国际资本流动管理政策框架主要包括宏观经济政策、金融稳定政策和资本管制。与国际货币基金组织政策框架相比，其特点有二：其一，并不过度强调政策实施的顺序性；其二，并不过度强调工具与风险的对应性。政府一般使用宏观经济政策和微观经济政策应对经济冲击，而不管冲击与资本流动有关与否。只是当应对资本流入激增时，宏观经济政策和微观经济政策应进行适当调整以确保资本流入激增导致的宏观经济风险和微观经济风险得到有效管理。图 2-2 中虽然把宏观经济政策与宏观经济风险相对应，金融稳定政策与金融稳定风险相对应，但实际上，它们之间是相互影响、交互作用的。

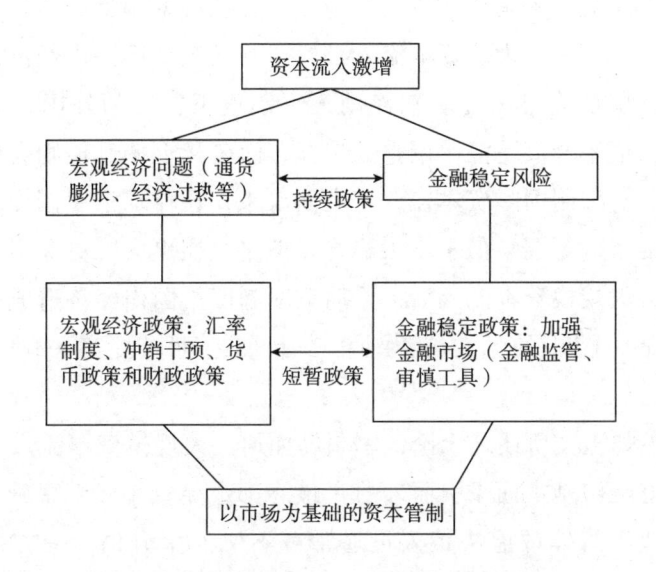

图 2-2 国际资本流动管理政策框架

一 宏观经济政策

国际资本流动管理的宏观经济政策主要包括增强汇率弹性、冲销干预、财政政策和货币政策。根据国际货币基金组织 2011 年提出的资本流动管理政策框架，宏观经济政策需要做出的调整包括：（1）如果资本流入国货币不存在高估，就要允许其随着资本流入而升值；（2）如果资本流入国货币已经走强，就要积累外汇储备以应对货币过度升值，如果通胀问题已经出现，就要进行冲销干预；（3）在国内经济允许的范围内降低利率；（4）在国内经济允许的范围内紧缩财政政策。

（一）增强汇率弹性

资本流入的影响会因汇率制度的不同而不同。虽然无论在浮动汇率制度下还是在固定汇率制度下，大规模资本流入都会导致实际汇率升值。但是，在浮动汇率制度下，资本流入引起的汇率调整会更直接，成本也更低。汇率制度不同，应对资本流入激增导致的汇率升值压力的措施也是不同的。在固定汇率制度下，巨额外国资本流入后，应对汇率调整的主要措施，或者说汇率调整的结果是通货膨胀上升。这是因为，资本流入必然会刺激东道国国内经济，进而导致通货膨胀自然发生。在浮动汇率制度下，巨额外国资本流入后，名义汇率升值是汇率调整的选择，而名义汇率升值则会通过降低本币收益抑制国际资本流入。表面看来，在浮动汇率制度下，利用名义汇率进行调整似乎不太稳定。但是，在更大、更深层次的金融市场，大规模资本流入后，浮动汇率制度给国内经济造成的负效应相对是比较小的。实施浮动汇率制度还可以提高一国货币自主权。

虽然如上文所述，无论汇率制度如何，大规模资本流入（特别是由良好经济基本面吸引而来的）最终都会导致实际汇率升值。但是，新兴经济体政府决策人员通常都不愿汇率升值。一方面是因为，与工业化国家相比，许多新兴经济体的金融市场发展并不完善，产业多元化和风险承受能力也颇有局限，因此，他们运用汇率大幅波动应对资本流入突然（或临时）激增的能力也很受限。另一方面，汇率升值会导致国家出口部门的价格竞争力下降。但是，从长远来看，阻止实际汇率升值并不是一个可持续的政策。一般来讲，如果新兴经济体面对资本流入激增，不愿意汇率升值，那么，有三大类宏观经济措施可以应用：（1）汇率需具备更大的灵活性；（2）冲销干预；（3）财政紧缩政策（最好是通过缩减开支）。

增强汇率弹性并不意味着货币当局完全放开名义汇率升值；相反，货币当局首先会试图避免名义汇率升值。增强汇率弹性意味着一国为阻止投机性资本流入，会引入双向风险。增强汇率弹性是指在事实盯住和严格管理浮动的背景下，引入较宽的汇率浮动区间。增强汇率弹性的有效性取决于货币当局在多大范围内允许汇率浮动。如果浮动区间设置过窄，对投机性资本流入所造成的阻碍是有限的。如果浮动区间设置过宽，那么名义汇率升值的潜在性将会很大。

在资本流动不稳定的条件下,富有弹性的汇率制度会增加货币当局的回旋余地,使货币当局有能力应对资本流动波动引致的货币总量的波动。此外,在资本流动发生逆转的情况下,中央银行还可以进行干预,中央银行可作为一个安全的净贷款人遏制金融不稳定。为了应对不断增加的国际资本流入,各国必须实行更加灵活的汇率制度。然而,只靠增加汇率灵活性也不能抑制经济过热,或阻止资产泡沫的发生。实施更加灵活的汇率制度是一种政策选择,但不是唯一的选择。韩国就是一个例子,虽然韩国已经允许汇率升值,但是,在21世纪初,韩国资本流入还是大幅增加。

(二)冲销干预

冲销干预又叫"中和干预",是指中央银行在外汇市场上进行各种干预,以期转嫁资本流入对汇率的影响的同时,又通过公开市场操作对国内市场进行反向操作,达到本币供应量不变的目的。

狭义而言,冲销操作是为抵消因资本流入而导致的本币供应量增加所进行买入外国资产卖出本国债券的公开市场操作。这种意义上的冲销干预要想发挥作用,必须满足两个条件。其一,国内外资产必须是不完全替代的。只有这样,国内外资产在交换时才能改变资产的相对回报率。其二,操作的利息成本必须是可管理的。因为冲销干预是用本国高收益的资产交换外国低收益的资产,所以,必然产生财政成本。[①] 因为第一个条件在发达国家之间是不成立的,所以,冲销干预在发达国家的效果有限。在发达国家和新兴经济体之间,资产替代性很小,所以,冲销干预在新兴经济体能起到一定的作用。

广义而言,冲销干预就是试图抵消因资本流入导致的货币总量增长所采取的任何措施,比如,提高存款准备金要求、中央银行向商业银行借贷、政府存款从商业银行向中央银行转移等。这种意义

[①] Guillermo A. Calvo, "The Perils of Sterilization", *IMF Staff Papers* No. 38/4, 1991.

上的冲销干预类似于紧缩性货币政策。然而，无论哪种情况，冲销干预都可能会弄巧成拙，因为其最终会导致利率上升，进一步吸引大规模资本流入，而且还会引起中央银行外汇储备持有增加①，以及政府财政负担加重。

货币当局干预外汇市场的重要目的之一是稳定汇率水平，当针对国际资本流入的冲销干预成本超过汇率稳定收益时，货币当局就应在冲销与否之间进行权衡；当冲销干预成本比较低时，可选择在维持汇率稳定的同时获得一定程度的货币政策自主权。反之，货币当局应选择适应国际资本流入的国内货币供给扩张政策，或者允许本国货币对外名义汇率浮动。

具体而言，在应对资本流入导致的货币总量增长方面，可供选择的冲销政策主要包括以下三种：

（1）公开市场操作。公开市场操作就是中央银行出售高收益国内资产换回低收益储备。其有两个突出优点：一是减缓了因购买外汇而造成的货币信贷扩张，同时又不增加银行体系的负担，因为它不需要增加银行准备金；二是限制了银行体系在资本流动方面的媒介作用，降低了因资本突然外流对银行体系的冲击。然而，公开市场操作会抬高国内利率。如果在实施公开市场操作中发行的国内资产是投资者想要持有的其他国内资产的不完善替代品，或者因为经济增长或通货膨胀降低，货币需求增加，就会迫使利率上调。因此，这种措施也有其不足：通过提升国内利率，进一步诱使资本流动；它改变了资本流动构成，降低了直接投资比例，提高了短期投资和证券投资的份额；扩大了国内外利差，增加了准财政成本。正是由于这些不足，公开市场操作只能是一种短期政策措施。不过，迄今为止，它仍是使用频率最高的政策工具。②

（2）准备金要求。准备金率的提高会降低货币乘数，也会抵消

---

① 有研究表明，在国际金融体系发展缓慢和国内金融市场发展不完善的情况下，积累外汇储备可以作为应对资本流入逆转风险时自我保护的工具。

② 叶辅靖：《新兴市场国家对资本流动的监管》，《经济研究参考》2002年第57期。

中央银行因为外汇市场干预而引起的货币扩张。该政策的优点在于，能够在不增加准财政成本的前提下，降低银行的贷款能力。但是，增加储备金也有其不足：首先，使发展中国家的金融自由化趋势发生逆转，阻碍了信贷资源的有效配置。其次，长期下去，会引起金融脱媒化。这样，资金将流向非银行金融部门，货币扩张局面无法避免。最后，同公开市场操作类似，该政策也将进一步刺激国际资本流入，因为它将迫使国外借款增加。尽管有这些缺点，但是，许多国家在资本流入期间为了降低货币乘数，仍会根据本国国情使用这一政策工具。

（3）公共部门存款管理。该政策措施是将公共部门存款或养老金存款从银行部门转至中央银行。如果政府存款被计入货币存量，这种政策实际上相当于100%的存款准备金政策。如果不计入货币存量，它又与公开市场操作类似，但区别在于中央银行不必对存款支付利息，从而避免了准财政成本。与存款准备金不同，公共部门存款管理不必对金融部门征税，但是，它的缺点在于，作为政策工具，可获资金对它的制约太大。另外，银行存款难以预测的变化，给银行现金头寸管理带来了不必要的麻烦。实际上，就各国资本流动管理经验来看，这种政策措施运用并不广泛。

（三）财政政策

如前文所述，资本过度流入会使国内总需求扩张，进而对资本流入国经济体系造成影响。那么，资本流入是通过总需求的哪一部分导致总需求的扩张呢？实证结果表明，投资（包括私人投资和政府投资）在其中发挥了重要作用。[①] 因此，为防止资本流入激增导致的宏观经济局部过热演化为全局性的经济过热，应防止过度投资倾向，特别是防止政府过度投资，即财政紧缩应成为应对资本流入激增的政策之一。财政紧缩可以减少公共部门对实际资源的吸收，

---

① 王喜平：《国际资本流动与宏观经济稳定》，博士学位论文，天津大学，2005年，第144页。

进而能够抵消从国外转移到国内的资源对国内经济造成的影响。而且如果财政紧缩能够遏制通货膨胀，并且阻止货币真正升值，那么财政紧缩作为国际资本流动管理工具就真正发挥了作用。事实上，国际货币基金组织2007年关于一组新兴经济体和发达经济体的实证报告显示，财政紧缩有助于抑制实际汇率升值。

但是，财政紧缩作为国际资本流动管理工具，至少有三个方面的局限性。第一，财政紧缩往往需要政府采取行动，所以其缺乏灵活性。第二，财政政策严重滞后性。第三，财政紧缩会给国内外投资者提供一种信号：政府正在追求一个良好的、有纪律的宏观经济政策，这一信号会吸引更多的资本流入，效果适得其反。但是，这一信号的影响可能是短暂的，随着时间的推移，可持续的财政政策有助于吸引最稳定和最具有诚信的资本。

（四）货币政策

降低利率是应对资本流入激增的方法之一。较低的利率会降低套利交易的吸引力，从而降低资本流入量，减小升值压力。然而，降息可能会进一步提高国内流动性，增加通货膨胀压力。如果通货膨胀率已经上升，那么此项政策就更没什么吸引力了。同时，如果资产价格也在上升的话，那么降低利率还可能会催生资产泡沫。如果资产价格继续上升，中央银行可能还会考虑提高利率以防止资产泡沫的产生。而高利率反过来又会刺激组合证券资本流入，进而使流动性扩张。所以，在亚洲新兴经济体，货币政策在国际资本流动管理方面是一个具有局限性的政策选择。目前，无论是从学术角度还是从政策角度看，货币政策作为应对资本流入激增和资产价格上升的工具都极具争议。

（五）外汇储备

外汇储备是指一国政府保有的以外币表示的债权，是一国货币当局持有并可随时兑换外币的资产。一定数量的外汇储备是一国实现内外平衡、进行经济调节的重要工具。当一国国际收支逆差时，动用外汇储备可促进国际收支平衡；当一国国内宏观经济不平衡，出现总需求大于总供给时，可以动用外汇组织进口，从而调节总供给与总需求的关系，促进宏观经济平衡。同时，当汇率波动时，可动用外汇储备干预汇率，使其趋于稳定。一般而言，一国外汇储备数量的增加不仅能增强其宏观调控能力，而且有利于维护该国及其企业在国际上的声誉，有助于降低国内企业融资成本、吸引外国投资、拓展国际贸易、防范和化解国际金融风险。

1997—1998年亚洲金融危机期间，为拯救持续贬值的货币，亚洲各国仅有的外汇储备很快就消耗殆尽，这次危机见证了一国外汇储备不足的弊端（杯水车薪）。虽然东盟国家本来存在一些双边货币互换协议可以利用，但是，在协议各方自身难保的情况下，东盟双边互换协议根本就没有派上用场。正如Lau（2001）所言，如果一国短期外币债务与其外汇储备比例很高的话，那么，该国很可能爆发金融危机。[①] 所以，亚洲金融危机后，亚洲各国为增强抵抗外汇冲击能力，持续积累外汇储备。

二　金融稳定政策

下面探讨一下以金融稳定为目标的资本流动管理政策。国际资本流动管理的根本措施是要进行金融体制改革。1997年爆发的亚洲金融危机充分表现出亚洲国家国内金融体系的脆弱性：对银行体系的过度依赖，以及过多的以外币计值的短期外债。为解决这些国家对外债务中存在的"期限错配"和"币种错配"问题以及减少对银行业的过度依赖，亚洲国家货币当局必须加快发展和深化金融市场，积极建设金融市场基础设施，加强金融部门监管，持续推进银行部门改革。金融体制改革并不是要减小资本流入总量，而是要消除资本流入对经济体系的消极影响，防止危机发生。这方面的措施主要包括银行部门的改革、资本市场的深化以及完善审慎监管制度。虽然金融部门的改革有助于降低资本流入所带来的金融稳定风

[①] Jorge A Chan‐Lau, "The Impact of Corporate Governance Structures on the Agency Cost of Debt", *IMF Working Papers* No. 01/204, December 2001.

险,但是,新兴经济体需谨记,监管良好的金融机构以及富有效率的资本市场是不可能在一夜之间完成的。

(一) 银行部门改革

如前文所述,国际资本流入通过银行体系作用于东道国经济体系。20世纪八九十年代拉美、东欧和亚洲金融危机也证明,在国际资本自由流动的情况下,若资本流入国的银行体系不健康,极易引发金融危机。亚洲金融危机后,世界银行和国际货币基金组织在危机援助计划中也配套提出了许多银行业改革要求,包括本地银行业向外资放开股权比例限制等。新兴经济体的银行部门改革主要是并购重组活动。银行重组分为三种:(1)兼并、收购、资产剥离属于恢复银行竞争力的结构调整型工具。(2)涉及财务转移的财务性工具,如中央银行流动性支持、私人股权和债券的注入等。如果银行的资本充足且多样化,那么其在面对资本流动逆转以及与之相关的宏观经济冲击时,表现得会更富有弹性。(3)涉及单个银行收益和效率的操作性工具,如新的监管措施和新的专业员工等。[①]第一种主要解决银行的"生存问题",后两种主要解决银行的"发展问题"。

(二) 发展和深化资本市场

要改变亚洲各经济体过度银行化的金融体系,避免投融资过度依赖银行业,就要积极发展金融市场和金融工具,促进该地区资本市场的发展,尤其是债券市场的发展。资本市场的发展和完善使亚洲资本流入国经济体系中存在银行融资的替代品,这不仅有利于经济主体资产风险分担,而且当资本流入发生中断或逆转时,能够保证经济主体融资渠道的多元化,避免过度依赖银行融资。

股票市场和债券市场是资本市场的两大支柱,但亚洲各经济体却普遍存在股票市场畸形发展而债券市场不受重视也没有形成规模

---

① Claudia Dziobek, "Market – Based Policy Instruments for Systemic Bank Restructuring", *IMF Working Paper* No. 98/113, August 1998.

的现象。外国资本的参与大大增加了东道国股票市场的流动性，有助于金融系统的发展。有研究表明，股市流动性的增加与未来经济发展高度相关。但股票市场由于回报期短、套现快，容易成为国际热钱栖身场所，因此，一旦经济环境发生变化，便容易出现国际游资抽逃，导致资本市场的强烈震荡。债券市场风险低、收益稳定，容易获得稳健型投资者的青睐。在发达国家，债券市场的规模也要远大于股票市场。但东亚各经济体却普遍不够重视债券市场的发展，债券市场的发展也不成规模。

发展区域债券市场，确保融资模式的多样化，不仅可以减轻亚洲各经济体政府及私人部门对于银行贷款的过度依赖，而且有助于解决贷款"期限错配"和"货币错配"问题。[①] 因此，亚洲各经济体普遍意识到要解决"双重错配"，避免由于银行体系风险累积和外部资金抽逃而造成的金融动荡和经济衰退，提高资金的使用效率，就必须发展区域债券市场，完善亚洲地区的金融体系结构，更多地使用亚洲地区的资本推动本地区的经济增长，降低亚洲地区金融体系的脆弱性。

（三）完善审慎监管制度

如果一国政府不能直接控制资本流入，而国内又存在资产价格过度上涨的压力，那么可考虑加强金融监管以防止金融泡沫的破裂。当市场上存在低利率和流动性过剩时，经济主体非常有可能进行风险投资。此时，政府应该建立起健全和完善的审慎监管制度，通过一系列定性和定量的措施，影响金融机构的冒险行为，防范国际资本流动所带来的金融风险。

1. 微观审慎措施

微观审慎监管措施旨在改善个别机构应对风险的能力，但它们也可以通过消除个别机构行为的外部性而降低系统性风险。例如：

[①] 一方面，债券作为长期资金的融资工具，有利于长期资金与投资的匹配，减轻企业对短期资金的过度依赖；另一方面，债券市场作为直接融资渠道，有利于将本地区的高储蓄率直接用于长期融资，解决"货币错配"问题。

前瞻性贷款损失准备金要求;资产价格逆转的估值风险储备;对贷款价值比例和抵押品扣减率的上限要求;对房地产贷款更高的风险权重要求;最低资本金要求,包括优质资本(《巴塞尔协议Ⅲ》)、杠杆率、资本留存缓冲(《巴塞尔协议Ⅲ》)、流动资产缓冲(《巴塞尔协议Ⅲ》)、限制"货币错配"和"期限错配"(《巴塞尔协议Ⅲ》)。

2. 宏观审慎措施

虽然"宏观审慎"这个词仍在发展之中,但是,该词一般用来表示旨在解决以下两个关键问题的任何措施:一是金融的顺周期性,即金融体系可以通过某种机制放大商业周期的特点。二是金融行业作为一个整体的稳定,而不仅仅是个别机构的稳定。所以,宏观审慎政策一般有如下定义[1],其目标是:限制系统或系统范围内的金融风险;分析范围:作为一个整体的金融系统及其与实体经济的互动;一组工具及其治理:审慎监管工具,专门分配给宏观审慎当局;宏观审慎措施通常通过监管金融机构发挥作用。宏观审慎工具以现有的微观审慎工具为基础,但是,在工具的设置上,无论是以规则为基础还是酌情处理,都要以系统性风险指标和宏观金融发展为目标,如周期性变化的准备金要求;周期性变化的贷款价值比(loan‐tovalue, LTV);反周期的缓冲资本(《巴塞尔协议Ⅲ》);对系统性重要银行[2](SIFIs)实行更严格的监管标准;对挥发性资本征税;信贷增长的上限要求;更高的准备金要求。

三 资本管制

当宏观经济政策不具备操作空间且风险转移到非监管下的金融领域时,如果审慎工具不能抵御金融稳定风险,就需要推行资本控制工具。资本控制工具限制居民和非居民进行资本交易以及从相关

---

[1] Gurnain Kaur Pasricha, "Recent Trends in Measures to Manage Capital Flows in Emerging Economies", *The North American Journal of Economics and Finance*, Vol. 23, Issue 3, 2012, pp. 286 – 309.

[2] 系统性重要银行。《巴塞尔协议Ⅲ》提出,在具体操作上,全球金融治理框架引入了全球系统重要性银行(G‐SIFIs)的概念,并对这类机构实施更加严格的监管要求,以期增强其自担风险的能力。

交易中获益。

所有应用于资本账户交易的且以居民和非居民①进行区分的规则和条例都被认为是资本管制。② 资本管制是以在居民和非居民之间创造一种不公平的竞争为基础的一种政策工具，只在特殊情况下被采用。资本管制就好像"向飞速转动的轮子中抛沙子"一样，即借助增加资本流动成本来降低国际资本流动的破坏力。通常情况下，资本管制的手段可以分为两类：（1）直接限制或禁止，这种方法又被称为数量型管制方法。例如，中国实施的以行政审批、数量控制为主的直接资本管制。（2）间接管制。这种方法又被称为价格型管制方法。例如，政府征收与对外借债数量征一定比例的税金；无息准备金制度，即要求将借债总量的一定比例存入本国中央银行（如果这一存款不产生利息，则实际上是对借款进行征税）。对于亚洲新兴经济体而言，原来一直保持严格管制的国家放慢资本账户自由化的步伐和原来资本账户已相当开放的国家重新引入资本管制措施都被认为是资本管制的实施。

从资本管制手段来讲，资本价格型管理优于资本数量型管理。资本数量型管理是指对资本流动的数量性的限制或外汇控制，如对国内金融机构的负债头寸、外汇资产的限额管理，限制非银行居民持有直接投资、不动产及外国证券，对外资流入审批与计划管理，限制外国金融机构经营国内业务等。资本价格型管理是指主要通过增加资本交易成本以达到抑制资本流动的目的。对国际资本流入数量进行控制是一个见效快又简单易行的手段，不足之处在于它排除了国际资本流入对该国经济增长带来的未来利益，致使经济更大程度的扭曲，很难实现其产业结构的合理化。且资本数量

---

① 此处的居民与非居民的划分标准并不是以地理区域进行划分的，而是以经济利益为标准。

② Gurnain Kaur Pasricha, "Recent Trends in Measures to Manage Capital Flows in Emerging Economies", *The North American Journal of Economics and Finance*, Vol. 23, Issue 3, 2012, pp. 286 – 309.

型管理创造了隐含的市场价值，这样，在经济利益的驱使下，该手段会极大地刺激一些市场经济主体通过政治影响、腐败、行贿来窃取许可证隐含的"租金"。这种资本数量型管理本身的欠灵活性及其滋生的"寻租"行为导致管理漏洞增加，管理效力被大大削弱，长期而言，不利于本国经济持续发展。总之，就经济效益以及社会福利影响角度而言，资本价格型管理优于资本数量型管理（丁志杰，2002）。

在资本价格型管理的诸多手段中，无息准备金（URR）为其常用形式。资本价格型管理主要有征收资本流入税（含无息准备金）、双重或多重汇率安排。双重或多重汇率安排属于一种典型的有歧视性的复汇率制，既不符合国际货币基金组织资本管理政策框架要求，其所隐含的补贴（或征税）又与世界贸易组织（WTO）精神不符。而资本价格型管理对居民外汇交易以及非居民本币交易进行审批，这就意味着双重或多重汇率安排的实施代价与对资本流动实行数量型管理相差不大。由于其对经济扭曲明显，从20世纪50年代开始，各经济体放弃多重汇率的趋势进一步加大。

对特定资产交易征税只适用于特定资产，这会使投资转向非征税资产，对税收体系产生扭曲。事实上，如仅对特定资产交易征税，这种歧视性的税收体系极易引起逃税。

对所有货币兑换交易征税主要有托宾税与无息准备金（URR）两种方法。

美经济学者詹姆斯·托宾（1978）指出，由于流动性各异，与金融资产相比，商品和劳务依据国际价格信号做出的反应速度要缓慢得多，而商品和劳务的市场价格依据过度供给和需求做出反应的速度比金融资产的价格变动则更慢。国际资本市场充满了投机，投机又会引起国际金融市场的震荡，而国际金融市场的震荡又会进一步传递到商品和劳务市场。由于商品和劳务市场反应迟缓，来不及对国际金融市场震荡做出相应反应，因此，国际金融市场震荡往往会造成对商品和劳务市场的扭曲，导致福利损失并可能引发金融危机。为此，1972年，詹姆斯·托宾在其演讲中曾指出：往飞速运转的国际金融市场车轮中撒些沙子——对所有外汇交易征收极小比例的税，税收所得用于解决世界贫困。詹姆斯·托宾认为，放慢金融市场反应速度，这对稳定现实经济绝对是有必要的。该建议就是著名的"托宾税"。托宾税的征收提高了机构投资者交易成本，这将大大减少货币短期流动所获得的收益，因此会抑制投机交易；托宾税征收之后，国际金融市场动荡会较以往有所缓解。但征收托宾税对长期投资以及贸易则不会产生过大影响，这是由于两者收益较大，且金融循环过程比较缓慢。因此，征收托宾税可以稳定汇率、抑制投机、引导资金流向实体经济。同时，征收托宾税也能避免出现大规模短期资本流动。但托宾税的征收有着根本性的实施障碍，即若要使托宾税有效，则需要在全世界范围内统一采用。也正因如此，迄今为止，尚无一国真正征收托宾税。

就各经济体具体实践而言，资本价格型管理最常用的形式则是无息准备金制度，即要求从事资本跨国流动的所有者按照投资额的一定比例，向中央银行缴纳外币或本币存款，但在规定的期限内没有存款利息。由此可见，无息准备金是对国际资本流动的间接征税，属于一种隐含的税收，类似于金融交易税。货币管理当局可通过调整无息准备金率与存款期限来调整隐含税率，从而达到抑制短期资本流动的目的。无息准备金和托宾税明显不同，托宾税是对所有外汇交易征税，而无息准备金只是对流入资本征税。与托宾税相比，无息准备金具有两个显著优势：第一，很少出现资产替代，这是由于无息准备金适用于在居民与非居民间的所有金融交易；第二，它将防止短期内资本大量外逃而引发的国家金融脆弱性。因为无息准备金主要不是通过抑制资本流出，而是通过在资本流入期间征税来实施的，这使流入资本逃税的动机并不强烈。

第三节 国际资本流动管理政策选择及困境

表 2-1 显示，国际资本流动管理的每一项政策都有其局限性。实施更灵活的汇率制度可以保证实施直接的货币政策对经济进行宏观管理，而且可以通过引入双向风险以阻止投机性资本流入，但是，对于外贸依存度很高的国家而言，更灵活的汇率制度则意味着国际价格竞争力的损失；冲销干预可以防止名义和实际汇率升值，抵消因资本流入而导致的本币供应量增加，但是其却会引起财政成本上升，而且较高的利率还会吸引更多的资本流入，通货膨胀无法阻止最终的汇率升值；财政紧缩政策可以控制通货膨胀，但是，其却缺乏灵活性和实效性，而且紧缩程度有现实约束；金融市场改革可以通过风险管理减少资本流入的负效应，但是，其在短期内无法实现；资本管制可以限制资本流入，但需要很高的行政能力，而这正是许多新兴市场经济体所缺乏的；放宽对资本流出的限制和鼓励本国居民海外的目标在于减少净资本流入，但其传达出的稳健政策的信号可能会吸引更多资本流入。因此，政策取舍就显得尤为重要。

表 2-1　　国际资本流动管理的政策框架及困境

政策工具	目标	潜在问题
更灵活的汇率制度	保证可以实施直接的货币政策对经济进行宏观管理；通过引入双向风险而阻止投机性资本流入	国际价格竞争力的损失
冲销干预	防止名义和实际汇率升值；抵消因资本流入而导致的本币供应量增加	财政成本上升；较高的利率会吸引更多的资本流入；由于通货膨胀无法阻止最终的汇率升值

续表

政策工具	目标	潜在问题
财政紧缩	控制通货膨胀；通过降低利率抑制资本流入；防止实际汇率升值	缺乏灵活性和实效性；紧缩程度有现实约束；基础设施和服务的减少；稳健的财政政策可能会吸引更多的资本流入
金融市场改革	通过风险管理减少资本流入的负效应	短期内无法实现
资本管制	限制资本流入	资本管制需要很高的行政能力，而这正是许多新兴市场经济体所缺乏的
放宽对资本流出的限制，鼓励本国居民海外投资	减少净资本流入；允许居民分散风险	对外国资产的需求由于长期受压制而不足，可能会吸引更多资本流入

现有文献以及过去经验表明，全方位的国际资本流动管理政策并不现实，但是，因为资本流入风险是多重的，所以，单独一种工具不可能解决所有问题，一般需要多种政策工具组合。总体来说，经历大规模资本流入的国家无论宏观经济政策还是金融稳定政策都需要加强。但是，具体该使用哪些政策组合、哪些工具组合，受多种因素的制约，例如，资本流入国的经济政策环境、国际资本流动背后的原因、是否存在可供利用的政策工具以及这些工具的灵活性，还有资本流入风险的性质等。具体而言，如果资本流入主要是由东道国良好的经济基本面导致，那么这部分资金一般会随着时间流逝而持续流入，但是却因国家吸收能力有限而对东道国造成冲击，那么对于政策制定者而言，最重要的并不是阻止资本流入或防止实际汇率升值，而是应该尽量使资本流入量与经济吸收能力相一致，具体措施包括基础设施的建设以及金融机构风险管理技能的提高等。如果资本流入主要是由投机和"羊群效应"导致，那么这部分资金极易催生经济泡沫，也容易发生中断和逆转，所以，政策制定者的挑战比较艰巨。政策制定者必须采取措施以某种方式阻止资产价格泡沫和资本流动逆转的出现，以避免受到外部冲击。

第三章 1997年亚洲金融危机后亚洲国际资本流动管理背景

第一节 1997年亚洲金融危机后亚洲新兴经济体资本账户开放程度

迄今为止,相关文献中已经有许多方法来测度资本账户的开放程度。奎因(1997)通过《汇兑安排和汇兑管制年报》中对资本项目管制措施的具体描述,对资本流入和资本流出两个方面的管制强度分别计分,它们依次为0分、0.5分、1分、1.5分、2分,分值越低,说明管制越严格。莱因哈特和蒙蒂尔(Reinhart and Montiel, 1999)、坎皮恩和纽曼(Mary Kathryn Campion and Rebecca M. Neumann, 2004)使用二进制指标对资本管制指数化。克莱蒙茨和卡米尔(Clements and Kamil, 2009)、Coelho 和 Gallagher(2010)使用二进制指标组合来对资本管制进行指数化,Cardoso 和 Goldfajn(1998)计算资本管制制度的变化,即不区分资本管制制度类型,每出台一项政策就加1分。以上方法总体来讲就是二进制指标方法,虽然以上二进制指标方法对于提供金融自由化的总体趋势信息非常有用,但是,这样的方法太过粗糙,以致我们不能观察到资本管制更微妙的变化。比尼西、哈奇森和欣德勒(Mahir Binici, Michael Hutchison and Martin Schindler, 2009)通过使用包含资本流动方向和资产类型的系统的数据集重新探讨资本管制的有效性,部分地克服了这一困难。在这篇文章里,作者在将资本管制按照资产类型和资本流动方向进行划分的基础上进行指数化,与以前的方法相比,这种方法将资产类型和与之相对应的资本管制配对研究,能够使我们获得资本管制多方面的差异化信息。

在迈克尔·哈奇森(Michael Hutchison, 2010)之前,对资本管制进行指数化大多是针对法律上的资本管制,没有考虑到资本管制的实际执行力,也就是说,没有考虑到资本管制是可以被规避的。迈克尔·哈奇森(2010)用两套方法对资本管制进行指数化以期克服这种局限性,一种是将法律上的资本管制指数化,另一种是对资本管制政策进行时间调整后再进行指数化,但是,这种方法比较抽象、晦涩、难懂。

国内测度资本账户开放程度的方法大致分为两种:王国刚(2003)用被观察期内资本账户处于开放状态的年份数除以研究期间总年份数,得到一个指标,用以评判一国的资本开放度。该指标可体现一定年限内资本开放的程度,但是,没有考虑到各国资本项目管制在程度上和特点上的相异性,并且无法反映某些具体年份的资本管制强度。张婷(2009)用跨境资本流动占实体经济的比重来衡量资本管制程度,该指标的数值越大,表示资本账户开放程度越高。

事实上,无论采用何种方法,根据名义还是实际测度,亚洲新兴经济体的资本账户开放程度均不相同。本书选取两种研究方法的研究结果对亚洲新兴经济体的资本账户开放程度进行说明。

其一,Chinn 和 Ito(2008)基于国际货币基金组织的《汇兑安排与汇兑限制年报》[①]构建了一套金融开放指数(Chinn – Ito 指数),该指数数值越大,意味着金融开放程度越高。如图 3 – 1 所示,中国香港和新加坡保持非常高的金融开放程度。保持非常高的

[①] 1995 年后,国际货币基金组织的《汇兑安排与汇兑限制年报》详细记录了各经济体关于各种资本交易类别所实行的资本管制政策。

资本管制程度的国家分别为缅甸、中国、越南、印度和老挝。除此之外的大部分亚洲新兴经济体虽然已经允许非居民购买国内证券，且在组合证券和 FDI 流入方面已相当开放，但都或多或少地对跨境资本流动维持着各种管制措施。

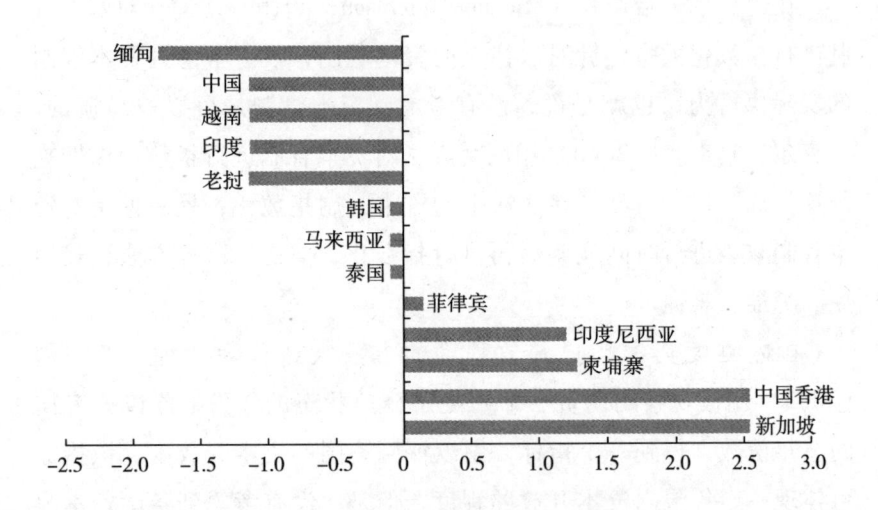

图 3-1　亚洲部分经济体资本账户开放程度

资料来源：《汇兑安排与汇兑限制年报》。

其二，类似于 Chinn 和 Ito（2008）基于法律文本意义上的测度方法可能不能全面正确地反映实际情况，因为在现实世界中，资本流动存在规避行为，特别是随着时间的推移，投资者会逐步发现可以规避法律管制的方法。因此，我们有必要再介绍一种基于现实或实际情况来测度资本账户开放程度的方法。Lane 和 Milesi – Ferretti（2006）基于数量构建了一套测算国际金融一体化的指标体系[1]，该指标被定义为负债和资产存量占国内生产总值比重（见表 3-1）。

---

[1] Lane, P. R. and G. M. Milesi – Ferretti, "The External Wealth of Nations Mark II: Revised and Extended Estimates of Foreign Assets and Liabilities, 1970 – 2004", *IMF Working Paper* No. 06/69, April 2006.

表 3 – 1　　　　1990—2009 年亚洲新兴经济体对外
资产和负债占 GDP 比重　　　　单位:%

经济体	1990 年	1995 年	2000 年	2005 年	2009 年
印度尼西亚	80.6	86.2	136.8	86.1	76.9
韩国	35.4	50.9	82.7	107.5	161.9
马来西亚	121.6	160.8	185.5	183.9	242.2
泰国	68.8	114.4	142.7	135.1	168.0

资料来源:1990 年、1995 年和 2000 年数据出自 Lane and Milesi – Ferretti，"The External Wealth of Nations Mark II: Revised and Extended Estimates of Foreign Assets and Liabilities"，1970 – 2004，*IMF Working Paper* No. 06/69，April，2006；2005 年和 2009 年数据出自 Masahiro Kawai and Mario B. Lamberte，"Managing capital flows: emerging Asia's experiences, policy issues and challenges"，*Managing Capital Flows: The Search for a Framework*，A Joint Publication of the Asian Development Bank Institute and Edward Elgar Publishing，2010，pp. 9 – 45。

从表 3 – 1[①]中可以看出，1990—2009 年，亚洲新兴经济体已积累起相当规模的对外资产与负债，资本账户开放程度指标不断上升。对于在亚洲金融危机受到重创的四国中，2009 年，韩国、马来西亚、泰国的这一指标均已显著超过 100%，其中，马来西亚的指标最高，达到 242.2%。因此，即使名义上资本账户开放度仍相对较低，但事实上诸多经济体的资本账户仍表现出相当大的开放程度。

第二节　1997 年亚洲金融危机后亚洲新兴经济体国际资本流动的历史考察

1997 年亚洲金融危机后，尤其是 2000 年后，随着主要亚洲新

[①] 熊爱宗（2012）利用国际货币基金组织的《国际金融统计》存量数据（如果不可得的话，改用资本流动数据）将 2005 年和 2009 年的数据进行更新。

兴经济体逐渐从危机中恢复，国内发展对资本的需求促使其放宽了对跨境资本流动的监管。同期，发达经济体经济增长缓慢，国内资本投资回报率较低。这两方面的因素共同导致投资者投资于新兴市场的需求飙升。

一　1997年亚洲金融危机后亚洲新兴经济体国际资本流动态势

从表3-2中可以看出，亚洲新兴经济体在1997—1998年亚洲金融危机之后，国际资本流动可划分为四个变化周期。

第一阶段为2005年前的缓慢恢复阶段。

第二阶段为2008年国际金融危机发生前的2006—2007年，期间全球流动性宽裕，国际资本价格处于历史低位，私人资本快速流入新兴经济体，这导致不少新兴经济体经济金融过热。

第三阶段为2008年国际金融危机发生后，发达经济体金融机构陷入困境，资本扩张链条断裂，全球流动性急剧枯竭，尤其是在2007—2008年，发达经济体金融体系加快去杠杆化进程，这引发大规模国际资本从新兴经济体急剧流出，最终导致外汇储备大量流失和汇率的大幅波动。

第四阶段为2009年至今，在主要发达经济体持续实行量化宽松货币政策等一系列因素的影响下，新兴经济体净资本流入迅猛。"根据国际货币基金组织统计，2010年，新兴经济体私人部门的净资本流入总额比2009年增长了98.7%，净资本流入总额占新兴经济体国内生产总值的比重也从2009年第一季度的-0.4%上升至2010年第三季度的3.1%。"[①] 在短短的五年内，国际资本流动发生如此大规模的逆转，这使新兴经济体政府对宏观经济金融管理变得异常复杂。

二　印度尼西亚、马来西亚、泰国和韩国的国际资本流动

（一）印度尼西亚

相较于其他受到1997年亚洲金融危机影响的东亚经济体，印度

---

① 项卫星、王达：《国际资本流动格局的变化对新兴市场国家的冲击》，《国际金融研究》2011年第7期。

尼西亚经济增长承受了最大跌幅。1999年，印度尼西亚国内生产总值开始缓慢恢复，经济增长率开始上升，并保持在4%—5%的范围内，宏观经济状况逐渐趋于良好。

表3-2　　　　1990—2009年亚洲新兴经济体资本流动

单位：十亿美元、%

年份	总资本流动	总资本流动占GDP比重	资本流入	资本流入占GDP比重	资本流出	资本流出占GDP比重	净流入	净流入占GDP比重
1990	53.1	3.4	43.2	2.8	9.9	0.6	33.3	2.1
1991	55.3	3.3	51.1	3.1	4.3	0.3	46.9	2.8
1992	84.9	4.7	59.2	3.3	25.7	1.4	33.5	1.9
1993	150.7	7.6	104.5	5.3	46.2	2.3	58.3	2.9
1994	171.3	7.3	118.9	5.1	52.5	2.2	66.4	2.8
1995	228.4	8.2	161.5	5.8	67.0	2.4	94.5	3.4
1996	278.4	9.0	196.2	6.4	82.1	2.7	114.1	3.7
1997	298.3	10.0	151.3	5.1	147.0	4.9	4.3	0.1
1998	-183.2	-6.2	-118.2	-4.0	-65.0	-2.2	-53.3	-1.8
1999	176.4	5.3	91.7	2.7	84.7	2.5	6.9	0.2
2000	377.6	10.3	186.0	5.1	191.7	5.2	-5.7	-0.2
2001	87.3	2.3	52.3	1.3	35.0	0.9	17.3	0.4
2002	121.3	2.7	74.5	1.7	46.8	1.0	27.7	0.6
2003	342.0	6.4	195.3	3.7	146.7	2.8	48.5	0.9
2004	548.2	8.8	338.3	5.4	210.0	3.4	128.3	2.1
2005	664.9	9.0	361.6	4.9	303.3	4.1	58.3	0.8
2006	1059.8	11.8	531.5	5.9	528.3	5.9	3.2	0.25
2007	1541.9	21.0	884.7	12.0	657.2	8.9	227.5	3.1
2008	237.2	2.8	111.2	1.3	126.0	1.5	-14.8	-0.2
2009	318.60	3.6	271.67	3.1	46.9	0.54	224.74	2.59

资料来源：世界银行和国际金融统计（IMF）。

1. 印度尼西亚的国际收支情况分析

回顾20世纪90年代即1997年亚洲金融危机前，印度尼西亚资本账户盈余在整体国际收支中一直占主导地位，国内需求和进口增长强劲。同时，将近十年间，经常账户持续赤字。随后发生的亚洲金融危机使外国（包括一部分国内资本）资本纷纷逃出印度尼西亚。与此同时，印度尼西亚盾的巨大贬值抑制了国内的进口需求，所以，自1998年开始印度尼西亚经常账户一直盈余。

自2002年以来，除2005年"小"危机时期[1]，印度尼西亚经常账户和资本账户一直处于盈余状态，所以，国际收支也处于盈余状态。实际上，自1998年以来，印度尼西亚经常账户已经盈余。2006—2007年，由于世界商品价格上升，印度尼西亚出口取得创纪录的水平，进而经常账户出现巨额盈余。其中，2006年经常账户盈余（108亿美元左右）几乎达到国内生产总值的2.5%。如图3-2所示，自2004年以来，印度尼西亚资本和金融账户还比较乐观。这主要是因为，2006年，印度尼西亚政府决定提前偿还国际货币基金组织的欠款，政府出售证券获得的超额收益使公共政府账户大量盈余。由于组合证券资本的流出，金融账户在2005—2008年出现小型赤字。同一时期，国际金融市场也出现很大不确定性（美国次贷危机的发生）。2007年，国际储备额达到569.3亿美元。2011年达到1101.4亿美元。

2. 印度尼西亚的国际资本流动

印度尼西亚国际储备额一直处于上升趋势，尤其是2005年之后。总体而言，印度尼西亚经常账户盈余和间断的净资本流入导致了此结果。虽然经常账户一直以来都比较稳定地保持在盈余状态，但是，到目前为止，净资本流入却表现出了相当复杂的局面。2002年，印度尼西亚净资本流入在亚洲金融危机后首次出现正值。净资

---

[1] 2005年，由于国内外投资者对政府预算应对世界石油价格上涨的可持续性的担忧，印度尼西亚发生了小型危机。由于政府和中央银行对于国内外投资者的担心并未做出回应，投资者很容易对印度尼西亚经济失去信心。

本流入在 2005 年第三季度开始出现下滑。由于印度尼西亚对国内成品油价格给予巨额补贴①，国内外投资者预期印度尼西亚国内宏观经济即将恶化，所以，国内外投资者决定撤出资本，导致印度尼西亚大额资本流出。截至 2007 年，印度尼西亚净资本流入始终低于亚洲金融危机前水平。

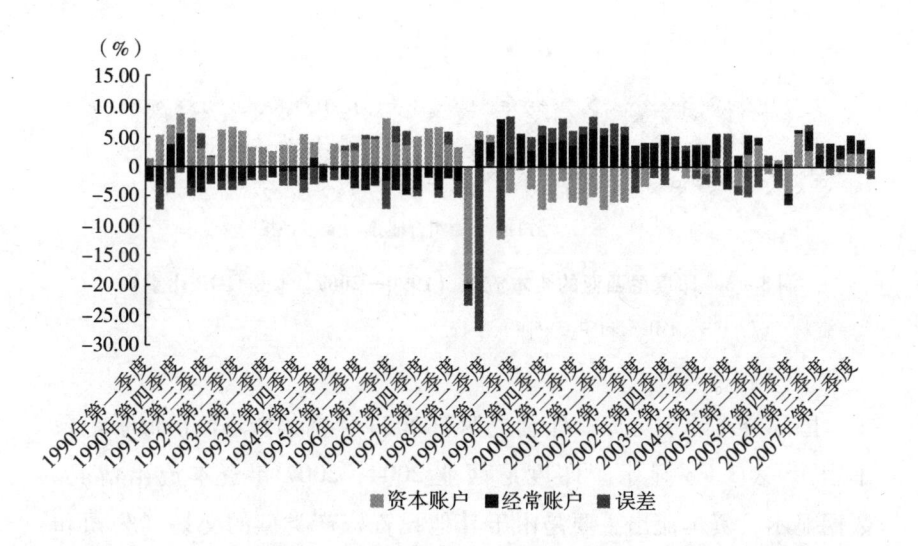

图 3-2　印度尼西亚国际收支平衡表（1990—2007）（占 GDP 比重）
资料来源：IFS（IMF）和印度尼西亚银行。

国际资本流入方面（见图 3-3）。20 世纪 90 年代，其他投资资本流入（私营和公共部门的外部债务和贷款偿还）在印度尼西亚总资本流入中居于主导地位。2005 年后，主导地位逐渐被直接投资和组合证券投资所取代。2002 年，组合证券资本流入在亚洲金融危机后首次出现正值。直接投资资本流入从 2004 年开始增长，而且一直保持增长趋势，但是，在整体资本流动中居于主导地位的还是组合证券投资和其他投资。

---

① 2005 年第一季度，国际石油价格达到每桶 70 美元，这对石油净进口国家造成危机。

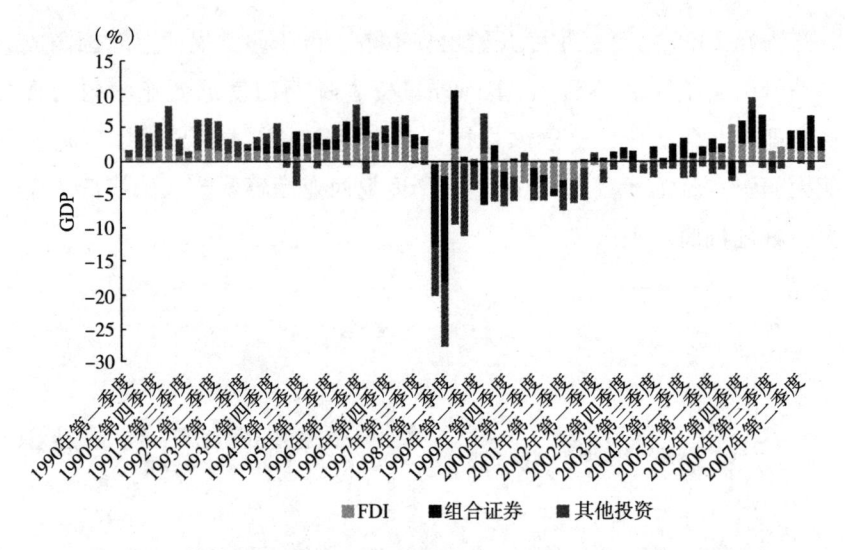

图 3-3　印度尼西亚的资本流入（1990—2007）（占 GDP 比重）

资料来源：IFS（IMF）和印度尼西亚银行。

　　国际资本流出方面。印度尼西亚 2004 年前的资本流出似乎记录不当。[①] 表 3-3 显示了印度尼西亚 2004—2007 年资本流出情况。数据显示，资本流出主要是由于其他投资资产类型的交易（公司和银行的外债交易记录）导致的。国外私营部门[②]对其他资产（货币和存款）日益增加的持有量导致 2005 年（特别是 2005 年第二季度和第三季度）印度尼西亚其他投资资产的巨额赤字达到 104 亿美元。2007 年 7—8 月同样如此，私营部门对印度尼西亚其他投资资产的持有量从 2006 年 9 月的 4.86 亿美元跃升至 2007 年 9 月的 26 亿美元。其他投资资产流出增加还有一个重要原因，就是国内银行在国外存款（国内银行在国外相应银行的外汇账户）的日益增加。

[①] Masahiro Kawai and Mario B. Lamberte, "Managing Capital Flows: Emerging Asia's Experiences, Policy Issues and Challenges", *Managing Capital Flows: The Search for a Framework*, A Joint Publication of the Asian Development Bank Institute and Edward Elgar Publishing, 2010, pp. 9-45.

[②] 私营部门持有的其他投资资产达到 96 亿美元，而公共部门的其他投资资产持有量只有 8.5 亿美元。

表3-3　　2004—2007年印度尼西亚资本流出占GDP比重　　单位:%

时间	直接投资	组合投资	其他投资
2004年第一季度	-0.57	0.06	-1.21
2004年第二季度	-2.04	-0.39	0.06
2004年第三季度	-1.04	0.09	0.86
2004年第四季度	-1.66	0.77	1.75
2005年第一季度	-0.95	-0.50	-0.92
2005年第二季度	-0.87	-0.09	-2.57
2005年第三季度	-1.23	-0.64	-6.48
2005年第四季度	-1.21	-0.28	-2.04
2006年第一季度	-0.77	-0.46	-1.89
2006年第二季度	-0.58	-0.50	1.63
2006年第三季度	-1.39	-0.35	-0.51
2006年第四季度	-0.21	-0.80	-2.04
2007年第一季度	-1.13	-0.28	-0.28
2007年第二季度	0.48	-0.90	-2.96
2007年第三季度	-1.22	-0.33	-2.31

资料来源：International Financial Statistics (IMF) and Bank Indonesia。

总体而言，印度尼西亚国际资本流入始终低于亚洲金融危机前水平。1997—1998年亚洲金融危机前，印度尼西亚资本和金融账户主要依赖于直接投资和外部借贷（主要反映在其他投资账户中）。亚洲金融危机后，资本和金融账户主要依赖于直接投资和组合证券投资，包括股票和债券债务。

(二) 马来西亚

2005年7月，马来西亚宣布放弃固定汇率制度，实行有管理的浮动汇率制度。表3-4是1999—2007年马来西亚国际收支平衡表，体现1999—2007年的资本流动情况。

如表3-4所示，1999—2005年，马来西亚经常账户连续多年盈余,平均约占国内生产总值的11.8%。① 然而,同一时期,经常项目下的经常转移②连续恶化,2004—2005年恶化状况尤为明显。经常转移不断恶化可能是因为马来西亚的外籍劳动者和外籍人士越来越多,导致海外汇款以及教育支付持续攀升。

表3-4　　　　1999—2007年马来西亚国际收支平衡表　单位:十亿美元

	1999年	2000年	2001年	2002年	2003年	2004年	2005年	2006年	2007年第一季度	2007年第二季度
经常项目	12.6	8.5	7.3	8.0	13.3	15.1	20.0	25.5	5.7	6.9
经常项目占GDP比重	15.9	9.4	8.3	8.4	12.8	12.8	15.3	—	—	—
经常转移占GDP比重	-1.7	-1.9	-2.2	-2.8	-2.4	-3.9	-4.5	-4.6	-1.1	-1.1
金融项目	-6.6	-6.3	-3.9	-3.1	-3.2	4.9	-9.8	-11.9	0.8	2.2
直接投资	2.5	1.8	0.3	1.3	1.1	2.6	1.0	0	0.2	0
流出	-1.4	-2.0	-0.3	-1.9	-1.4	-2.1	-3.0	-6.0	-1.4	-3.3
流入	3.9	3.8	0.6	3.2	2.5	4.6	4.0	6.0	1.6	3.3
组合证券投资净额	-1.2	-2.5	-0.6	-1.7	1.1	8.5	-3.7	3.5	7.3	4.6
其他投资净额	-7.9	-5.6	-3.5	-2.7	-5.4	-6.2	-7.0	-15.4	-6.7	-2.4
国际储备	30.9	28.7	29.9	33.7	44.2	66.2	70.0	82.5	88.6	98.4

资料来源:马来西亚中央银行。

国际收支平衡表中的金融账户涉及总净资本流入。1999—2005年(仅2004年除外),马来西亚金融账户一直呈现赤字。从表3-4中可以看出,马来西亚总净资本流入量只是在2004年得到改善(金融账户余额在2004年为49亿美元),而其得到改善的主要原因

---

① 需要注意的是,马来西亚于1999年采用国际货币基金组织第五版《国际收支平衡手册》,因此,1999年前数据与1999年后数据不具有可比性。
② 经常转移,又称为单方转移,包括侨汇、无偿援助和捐赠、国际组织收支等。

是净组合证券资本流入的激增,其金额为85亿美元。事实上,组合证券资本流入的上升趋势开始于2003年。2003年,外国居民预期马来西亚货币升值,于是将大量资金投资于马来西亚的股票市场和债券市场上,导致组合证券资本流入激增。但是,林吉特(马来西亚货币)在2005年年底才开始逐渐升值,这可能就是组合证券资本流入在2005年发生逆转的原因,金融账户显示,2005年资本流出9亿美元。

从表3-4中还可以看出,其他投资净额的变动是总资本流动变动的主要原因,所以,仔细分析其他投资净额是有必要的。1999—2005年,其他投资占国内生产总值的平均比例为-5.6%[1],这可能是由于受利差交易以及中央政府偿还公共外部债务(特别是2003—2005年)的影响。

2006—2007年,马来西亚经常账户继续保持盈余,外汇储备大量积累。外籍工人和外籍人士的高额海外汇款继续破坏经常转移。为了缓解资本流入激增的不利影响,马来西亚鼓励本地居民和企业海外投资。因此,2005—2006年,马来西亚的对外投资几乎翻了一番,达到60亿美元。马来西亚本地居民和企业的高额对外直接投资与直接投资的流入相抵消。

2007年,马来西亚政府在金融、农业和房地产行业实施一系列自由化措施,这些措施使外国投资者在马来西亚境内的投资机会得以改善。同时,马来西亚还实施一系列投资优惠政策(涵盖税收、外资参股更加自由化、外籍人士就业等方面),这些投资优惠措施使马来西亚成为更具有吸引力的投资目的地。以上这些措施直接导致马来西亚在2007年上半年迎来较高的直接资本流入。但是,因为同一时期直接资本外流也加速上涨,所以,马来西亚只有很小的直接资本流入净额。

---

[1] Jean-Marc Suret, Cameron Morrill and Janet Morrill, "Availability and Accuracy of Accounting and Financial Data in Emerging Markets: The Case of Malaysia", *CIRANO Working Paper* No. 97-118, 1997.

2006年第一季度，投资者对利润的更大胃口以及马来西亚宏观经济基本面的加强，导致大量组合证券资本流入国内股票市场和债券市场。大量资本流入推高股票和债券价格，汇率投资活动也出现一些迹象。由于日益恶化的全球通货膨胀前景，风险较高的证券投资的风险溢价重新定价，这导致2006年5—7月组合证券资本大量流出。因此，风险回报前景再一次得到改善，2006年下半年资本流入再次恢复。

2007年上半年，马来西亚强劲的经济增长形势以及健康的企业和家庭部门导致组合证券资本流入激增。虽然马来西亚海外直接投资数额相当大，但是，组合证券投资的海外投资却非常小。这主要是因为国内投资者不愿意到国外进行投资，其原因可能是海外资本的低回报率以及国内金融机构缺少必要的投资技巧（技术）。

2007年第三季度，净直接投资资本流入达到20亿美元。大量的资本流向制造业、工业（石油和天然气）和服务行业。马来西亚海外直接投资数额大约为20亿美元。同时，在全球信贷条件紧缩的情况下，由于8月非居民投资者的境内证券清算，组合证券净资本流出额达到65亿美元。2007年9月资本流入恢复。与此同时，2006—2007年由于套利交易的加大，其他投资继续呈现净流出状态。

（三）泰国的资本流动

就泰国而言，正如图3-4所示，总净资本流入从亚洲金融危机后的最低水平缓慢回升，并在2005年和2006年明显加快。这两年资本流入的激增可能是源于泰铢升值预期的鼓舞。亚洲金融危机前，泰国占主导地位的资本流入类型是银行贷款。而危机后逐渐转变为以外国直接投资和组合证券投资为主。

（1）经常账户。自1997年泰铢贬值后（除2005年外），经常账户从负值转为正值，并在贸易收支中占有很大比重。由于货币贬值，泰国贸易产生很大竞争力，随着时间推移，出口量不断增加，但是，进口在货币贬值后出现巨大跌幅。虽然经常账户一直保持正值，但自2003年进口增加后，经常账户的波动性也更加明显。但总体上看，经常账户的变化主要是由贸易平衡引起的。

（2）外国直接投资。外国直接投资在泰国总资本流动中占有很大比重。正如图3-4所示，过去十几年间，外国直接投资只表现出小幅波动。亚洲金融危机后的初期阶段，外国直接投资的波动似乎主要是源于外国直接投资流入的减少，因为外国直接投资流出的波动非常小。在此期间，外国直接投资流入流出泰国的数额都非常小。亚洲金融危机使投资者对泰国经济失去信心，大量短期资本外逃的同时，也使外国直接投资远离泰国。亚洲金融危机后，泰国需要一定的时间从危机造成的衰退中恢复，并重建国内外投资者的信心。

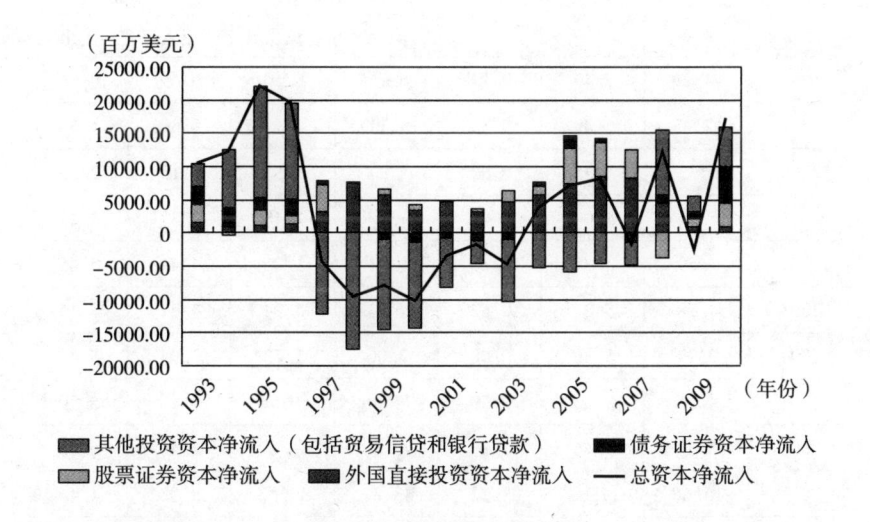

图3-4 泰国净资本流入分析

注：图中总资本净流入值为资本流入值减去资本流出值。

资料来源：泰国银行。

亚洲金融危机后的十几年间，虽然外国直接投资的资本流入额随着时间的变化而不断变化，但是却一直都保持正值。2006年外国直接投资流入的激增表明，泰国鼓励直接投资的政策是非常成功的。然而，泰国向国外输出的直接投资却一直保持在相对比较低的水平,这也许在一定程度上反映了泰国国内投资者输出直接投资的能力比较低,当然,泰铢的升值也对国内投资者输出直接投资起到了一定的抑制作用。

(3)股票投资。如表 3-5 所示,1998—2004 年,股票资本流入和流出数量都很小,其趋势保持一致,净股票资本流入量因为流出量一直低于流入量而一直保持正值,但是数额很小。

表 3-5　　　　　　1998—2010 年泰国国际收支平衡表　　　单位:十亿美元

年份	经常账户	资本账户					
^	^	直接投资		组合证券投资			
^	^	^	^	股票		债券	
^	^	流入	流出	流入	流出	流入	流出
1998	14.29	7.49	0.13	6.76	6.50	0.69	0.64
1999	12.47	6.09	0.35	5.11	4.17	0.50	1.56
2000	9.33	3.35	0.02	4.77	3.87	1.18	2.63
2001	5.11	5.06	0.43	1.83	1.48	2.37	3.24
2002	4.69	3.34	0.17	1.81	1.26	4.41	5.65
2003	4.78	5.24	0.62	7.73	5.94	4.22	5.14
2004	2.77	5.86	0.08	7.06	5.73	3.94	3.40
2005	-7.64	8.05	0.50	74.86	69.76	7.23	5.29
2006	2.32	9.46	0.97	90.43	85.22	6.46	6.00
2007	15.68	11.33	3.02	43.81	39.53	3.08	4.44
2008	2.16	8.54	4.09	45.60	49.39	5.05	3.78
2009	21.87	4.98	4.10	32.50	31.13	5.27	4.26
2010	14.84	6.32	5.31	36.41	32.95	16.15	10.57

资料来源:泰国银行。

(4)债券。1999—2003 年,伴随着债券资本流入量和流出量的轻微波动,净债券资本流入一直呈现负值。1997 年 7 月亚洲金融危机泰铢贬值后,债券净资本流入量呈现负值,1998 年出现暂时反弹。2005年开始，债券资本流入量有所增加，但是波动性很大。总体而言，债券资本流动量小于其他资本类型的流动量。2006年11月到2007年8月，债券资本流入量呈现下降趋势。

（四）韩国的资本流动

与其他新兴经济体一样，2002—2006年，韩国经历了大规模资本流入。

国际资本流入方面。如表3-6所示，韩国资本流入的总量已经从1980年的22亿美元跃升至2006年的726.2亿美元，几乎增长32倍，总资本流入量占国内生产总值份额从1980年的2%跃升至2006年的5.5%。[1]自20世纪80年代开始，银行贷款是主要的资本流入类型。然而，在80年代后半期，随着政府放开对外国直接投资的限制，外国直接投资逐渐增加，直到1997—1998年危机发生，外国直接投资都是资本流入的主要形式。虽然在亚洲金融危机后，股票投资已经逐年增加，并赶上外国直接投资，但是，可以预计，在未来，外国直接投资还会是韩国资本流入的主要类型。现今，股票资本流入在韩国占主要地位。2003年，股票资本流入量几乎占总资本流入的50%。

表3-6　　　　2002—2011年韩国资本流入情况　　　单位：十亿美元

年份	2002	2003	2004	2005	2006	2007	2008	2009	2010	2011
直接投资	2.40	3.52	9.25	6.31	3.60	1.80	3.31	2.24	1.09	4.83
股票	3.95	14.42	9.47	3.28	8.39	28.73	33.62	24.86	23.61	6.94
债券	4.98	8.27	8.91	10.83	16.45	59.11	7.73	23.44	20.06	24.14
贷款	1.93	5.03	0.93	1.02	44.18	41.97	24.14	7.85	9.23	11.55
总量	13.26	31.24	28.56	21.44	72.62	131.61	68.8	58.39	53.99	47.46

资料来源：韩国中央银行。笔者根据韩国国际收支平衡表的投资头寸表整理而得。

---

[1] Soyoung Kim and Doo Yong Yang, "Managing Capital Flows: The Case of the Republic of Korea", *ADB Institute Discussion Paper* No. 88, 2008.

与股票投资不同,债务融资在韩国不是主要的资本流入类型。总债务资本流入从2001年的67亿美元增加到2006年的165亿美元。表3-6显示,债券资本流入近期似乎成为资本流入重要的组成部分。银行融资依旧是具有最大波动性的资本流动类型,在1986年和1997年危机时分别出现暴跌。从那时起,银行贷款形式的资本流动占总资本流动的份额就很少了。

资本流出方面。直到2000年,韩国的海外直接投资都以一个稳定的速度增长,是韩国资本流出的主要组成部分。但自2001年以来,受韩国居民境外投资自由化的影响,韩国组合证券投资流出占总资本流出的比重达到60%以上。韩国居民投资于国外股权在2005—2006年飞速上涨,从36亿美元跃升到152亿美元。由于韩国个人和机构投资者的分散风险倾向及逐利行为,韩国海外投资基金迅速增加,这种上涨趋势预计在国际金融危机后还会持续。

因为韩国资本流出从2004年开始一直呈上升趋势,所以,在2005—2006年,韩国净资本流入实际上呈下降趋势。特别是在2006年,净资本流入降为-191亿美元,这主要是由韩国净组合证券资本流入的下降和韩国国外股权投资的上涨(几乎达到264亿美元)引致的。

表3-7　　　　　2002—2011年韩国资本流出情况　　单位:十亿美元

年份	2002	2003	2004	2005	2006	2007	2008	2009	2010	2011
直接投资	3.02	4.13	5.65	6.37	11.17	19.72	20.25	17.20	23.28	21.25
股票	1.46	1.99	3.62	3.69	15.26	52.55	7.12	2.11	2.88	0.95
债券	3.57	3.41	8.15	13.95	16.02	3.89	16.36	3.54	1.69	3.15
贷款	4.75	4.49	2.39	0.25	1.28	9.19	10.16	0.36	5.96	14.21
总量	4.48	6.12	9.27	10.06	26.43	72.27	27.37	19.31	26.16	22.2

资料来源:韩国中央银行。笔者根据韩国国际收支平衡表的投资头寸表整理而得。

总之,1997年亚洲金融危机爆发后,东亚地区的国际资本流动规模骤减。在1997年亚洲金融危机爆发的初期，资本大规模从该区域抽逃，亚洲地区的国际资本流动经历了长达好几年的低迷期。从2001年一直到2007年美国次贷危机爆发前，亚洲资本流动的规模逐年加大，在这一时期，亚洲地区迎来了战后国际资本流动的第三次高潮。国际资本流动发生如此大规模流入，这使亚洲新兴经济体国际资本流动管理变得相当复杂。

第四章　亚洲新兴经济体国际资本流动管理：宏观经济政策

加强宏观经济政策的目的在于有效引导国际资本流入，使国际资本流入符合东道国经济基本面的发展。亚洲新兴经济体针对国际资本流动采取的宏观稳定性经济政策主要包括汇率制度调整、冲销干预、货币政策、财政政策以及其他政策。

第一节　亚洲新兴经济体国际资本流动管理：汇率制度调整

一　亚洲新兴经济体管理资本流入的汇率制度选择的两难境地

正如上文所述，浮动汇率制度，即在国际资本大规模流入后允许汇率升值，给东道国造成的负效应比较小。但是，对于外贸依存度很高的东亚新兴经济体而言，本币升值会对出口部门构成重大威胁，进而影响整体经济增长。以泰国为例，1997年亚洲金融危机以来，泰国出口占GDP比重从1997年的30%跃升到2006年的60%以上。因此，泰国经济的健康越来越依靠出口部门的表现。更为重要的是，泰国持续受政治不确定性的影响致使国内消费低迷和投资不景气。

表4-1显示，国内需求对GDP增长的贡献率由2001—2005年的5.4%下降为2006—2007年的1.1%，而出口则成为拉动经济增长更为重要的引擎。

表4-1　　　　国内需求和净出口对GDP增长的贡献①　　　　单位:%

	2001—2005 年	2006—2007 年
GDP 增长率	5.1	4.8
国内需求	5.4	1.1
净出口	-0.3	3.7

资料来源：泰国银行。

另外，亚洲新兴经济体的金融市场发展并不完善，且改革发展道路非常漫长，因此，运用汇率波动应对资本流入突然（或临时）激增方面的能力也很受限。

以上这些现实压力决定了亚洲新兴经济体必须把汇率保持在较低的水平上，往往显著低于均衡汇率。这种主动压低本币汇率的需求与采用何种汇率制度无关。

因此，亚洲新兴经济体一方面有着允许名义汇率升值，从而能够降低资本流入风险的任务；另一方面又有着避免汇率过度波动的需求。在此种背景下，一国对汇率制度的选择就取决于该国政府的首要任务。如果政府的首要任务是降低通货膨胀，出口竞争力只是处于相对次要的地位，那么，它可以选择把汇率作为名义目标的政策，或者让名义汇率有更大的伸缩性。相反，如果政府将出口竞争力作为首要任务，那么它就会选择在外汇市场进行干预以保持汇率的稳定。事实上，一直以来，大多数亚洲新兴经济体为保证经济增长，都将出口竞争力作为其首要目标。它们选择实行有管理的浮动汇率制度。管理浮动汇率制度是指一国货币当局通过干预外汇市场，使本国货币汇率朝着有利于本国利益的方向发展的汇率制度。无论在亚洲金融危机前，还是在亚洲金融危机后，在亚洲新兴经济体的汇率制度中，管理浮动汇率制度是一种较普遍的选择。但是，

---

① Yunyong Thaicharoen and Nasha Ananchotikul, "Thailand's Experiences with Rising Capital Flows: Recent Challenges and Policy Responses", *BIS Papers* No. 44, 2008.

管理浮动汇率制度的内涵也在不断变化，且存在争议。具体地说，1997 年之前，国际货币基金组织分类下的管理浮动汇率制度允许各货币当局对汇率波动幅度有一定的规定，例如，实施管理浮动汇率制度的以色列与波兰当局对其货币汇率（对"一篮子"货币汇率）的波动区间规定为上下 7%；但在 1999 年后，国际货币基金组织的定义改为：事先不宣布汇率变动轨迹的管理浮动汇率制，于是，以色列与波兰货币汇率由此至今被归类为爬行区间的汇率。所以，我们不能仅仅依据亚洲新兴经济体官方宣布，就对其汇率制度弹性做出简单判断，而要根据实际上亚洲各新兴经济体汇率变化的情况进行分析。比如，在亚洲金融危机前后，印度尼西亚、韩国、泰国官方都宣布实行浮动汇率制度，但是，美国经济学家麦金农教授（2005）却认为，亚洲金融危机前东亚新兴经济体货币实质上还是盯住美元；且危机后亚洲新兴经济体货币又重新回归高频盯住美元。

二　亚洲新兴经济体管理资本流入的汇率制度调整

本节通过对亚洲新兴经济体汇率制度变迁的考察来探讨汇率安排与国际资本流动有什么样的联系，并重点考察亚洲金融危机后，面对新一轮的大规模资本流入，亚洲新兴经济体汇率制度做出的调整。

表 4-2　　　　亚洲新兴经济体官方宣布的汇率制度

国家	亚洲金融危机前	亚洲金融危机后
印度尼西亚	管理浮动汇率制度（1983 年 12 月至 1997 年 8 月）	单独浮动汇率制度（1997 年 8 月至 2001 年 6 月） 管理浮动汇率制度（2001 年 6 月至现在）
韩国	管理浮动汇率制度（1982 年 6 月至 1997 年 12 月）	单独浮动汇率制度（1997 年 12 月至现在）

续表

国家	亚洲金融危机前	亚洲金融危机后
泰国	盯住"一篮子"货币（1984年11月至1997年7月）	单独浮动汇率制度（1997年7月至2001年6月） 管理浮动汇率制度（2001年6月至现在）
马来西亚	盯住"一篮子"货币（1975年6月至1993年6月） 管理浮动汇率制度（1993年6月至1998年9月）	盯住美元汇率制度（1998年9月至2005年7月20日） 单独浮动汇率制度（2005年7月21日至现在）

资料来源：笔者根据《汇兑安排与汇兑限制年报》整理。

（一）1997年亚洲金融危机前，亚洲新兴经济体的汇率制度安排

第一次世界大战前，世界各国普遍实行的汇率制度是金本位制度。印度尼西亚等国实行金汇兑本位制。印度尼西亚的货币和金本位制国家的货币一般是与英镑保持固定比价，通过无限制买卖外汇来维持本国币值的稳定。有些国家则实行银本位制，汇率的稳定主要取决于国际市场上金银比价。20世纪30年代，金本位制崩溃后，各国先后开始实行纸币流通的货币制度，为了自身的利益，各主要西方国家纷纷组成了相互对立的货币集团，东亚主要国家也附属特定的货币集团，分别盯住了英镑、法郎和美元。

第二次世界大战后，通过布雷顿森林体系建立了可调整的固定汇率制，各国货币都与美元挂钩，因此，亚洲各主要经济体的货币都在形式上盯住了美元。但在1971年年底和1973年年初，美元出现两次大幅度贬值，美元危机加剧，世界各主要国家都相继实行浮动汇率制度，固定汇率制度崩溃。同时，从20世纪70年代开始，亚洲各经济体开始实行外向型发展模式，为了保证出口导向战略的实现，陆续放弃了单一货币盯住汇率制度，从长期的固定汇率制度

向有管理的浮动汇率制度转变。其中，泰国自1984年开始实行了近14年的盯住汇率制度，主要依据是以美元为主的"一篮子"货币，而波动幅度一直较小。印度尼西亚在1971—1978年曾将其本币卢比与美元挂钩，但由于其通货膨胀率高于美国，本币币值出现高估，印度尼西亚曾在1978年、1983年和1986年先后三次将其本币分别贬值51%、38%和45%，而后又实行有管理的浮动汇率制度，币值的贬值幅度每年4%左右。马来西亚于20世纪70年代初实行浮动汇率制度，进入20世纪90年代后，马来西亚林吉特基本上保持着稳中有升的趋势。1998年，为了使国内经济从1997年亚洲金融危机中快速恢复，马来西亚宣布放弃浮动汇率制度。

虽然从20世纪80年代开始，亚洲主要经济体的汇率制度趋于弹性化，但亚洲经济体的货币汇率政策实质仍然是紧紧盯住美元的，如新加坡、马来西亚的货币篮中美元占70%，泰国的美元权重占80%，韩元和印度尼西亚盾的中心汇率盯住美元的比重甚至高达99.53%和95.29%。我们从东亚各个国家的汇率变化也可以看出这一特性。根据利率平价，当资本大量流入时，各国为了限制资本的流入和控制国内的信贷扩张而提高国内利率，若远期汇率不变，金融市场的调整使即期汇率减小，即资本流入国货币升值。但是，统计数字显示，虽然1997年亚洲金融危机之前，东亚经历了大规模资本流入，但是，实际上只有马来西亚林吉特经历了较大幅度的升值，韩国和菲律宾仅在个别年份出现了轻微的升值，泰铢的汇率一直保持稳定，而印度尼西亚盾则持续贬值。与平价定律不一致的事实可以由东亚国家的货币汇率政策来解释。东亚各国汇率保持稳定最主要的原因就是政府为维持盯住汇率所进行的各种干预转嫁了资本流入对汇率的影响。

总之，从形式上看，1997年亚洲金融危机前，亚洲新兴经济体采用较为灵活的汇率制度安排。依据1997年国际货币基金组织的划分，泰国采取了盯住货币篮制度，马来西亚、韩国、印度尼西亚都采取了管理浮动制度。尽管无一国与美元正式挂钩，但在实际操作中，这些新兴经济体都将本币与美元保持了长期稳定关联，以致最终形成了隐含的盯住美元的固定汇率制度，即所谓的"亚洲美元本位制"的汇率结构。

(二) 1997年亚洲金融危机后，亚洲新兴经济体的汇率制度调整

1997年亚洲金融危机爆发，学术界普遍认为，僵硬的汇率制度安排是导致危机严重性和迅速蔓延的关键性因素。因此，对于金融危机的治理措施之一，就是对汇率制度安排进行调整，减少金融危机传导的渠道。由于我们对盯住美元汇率制度安排缺陷存在诸多不同认识，因此，对其也有多种弥补措施。在1997年亚洲金融危机期间，印度尼西亚、韩国、泰国都采取了浮动汇率制度，在危机过后，这些新兴经济体的汇率制度开始朝向更为灵活的目标进行了改革。与此相反，马来西亚在1998年从管理浮动制度朝着更加严格的盯住美元的固定汇率制度变化。

1. 1997年亚洲金融危机后，泰国、印度尼西亚和韩国更为灵活的汇率制度调整

1997年亚洲金融危机的一个直接后果，就是除马来西亚外，大部分亚洲新兴经济体被迫放弃与美元挂钩的固定汇率制度，开始实行浮动汇率制度。亚洲金融危机始于伴随投机攻击而导致的大幅货币贬值。1997年下半年，由于多方面的原因，泰铢贬值的压力逐步加大，这导致外汇市场上的投资者开始不断抛售泰铢进而购入美元。为维持本已被高估的泰铢对美元汇率，于是泰国政府动用了其10%的外汇储备对外汇市场进行干预。然而，面对外汇市场急剧膨胀的美元需求，这一点外汇储备仅如杯水车薪，盯住汇率制度很难被维持稳定。最终，泰国政府迫于经济与市场的多重压力决定放弃盯住美元的固定汇率制度，并于1997年7月2日宣布实施自由浮动的汇率制度。与泰国一样，在用外汇储备干预外汇市场来稳定汇率没有取得预期效果的情况下，其他危机发生国纷纷宣布实行自由浮动汇率制度。另外，国际货币基金组织也建议这些新兴经济体改革盯住美元的固定汇率制度。这些新兴经济体实行浮动汇率制度后，

经历一段时间的急剧动荡与贬值，之后由于市场对亚洲新经济体经济信心的恢复和日元币值的反弹，从1998年秋开始，这些新兴经济体本币对美元的汇率逐步走出低谷。金融危机过后，绝大多数亚洲新兴经济体不再像金融危机前那样一直保持着对美元汇率的稳定，而是选择更为灵活的浮动汇率制度。这种更为开放的浮动汇率制度给亚洲新兴经济体带来的好处之一就是使这些经济体重新获得了货币政策的自主权，不必受制于汇率的波动，这样，可以对经济产生更加广泛深入的影响。然而，随着1997年危机影响的逐渐消退，亚洲新兴经济体经济的逐渐复苏，再加上亚洲新兴经济体之间又缺乏制度性的整体汇率制度安排，亚洲各经济体（除日本之外）先后重新将本币在事实上盯住美元，维持本币兑美元汇率的稳定。虽然亚洲经济体盯住汇率制度有回归趋势，但是，与亚洲金融危机前相比，却有所不同，亚洲经济体的汇率制度总体上先后正逐步从实际盯住美元制度向盯住"一篮子"的汇率制度过渡：各经济体同时减少美元权重而增加了欧元权重（2005年），但各经济体的汇率波动均不大。这说明亚洲新兴经济体"实际的"汇率制度在走向有趋同的趋势，这与区域内汇率变化较强的相关性有关。随着亚洲区域经济越来越紧密，各经济体的汇率相关性不断加强。

增强汇率弹性是应对资本流入激增的另一种方法。在这里，增强汇率弹性并不意味着政府完全放开名义汇率升值；相反，政府首先会试图避免名义汇率升值。增强汇率弹性意味着一国为阻止投机性资本流入，会引入双向风险。增强汇率弹性是指在事实上盯住和严格管理浮动的背景下，引入较宽的汇率浮动区间。增强汇率制度弹性的有效性取决于政府在多大范围内允许汇率浮动。如果浮动区间设置过窄，对投机性资本流入所造成的阻碍是有限的。如果浮动区间设置过宽，那么名义汇率升值的潜在性将会很大。

2. 1997年亚洲金融危机后马来西亚的汇率制度选择

1999—2005年，马来西亚选择固定汇率制度。与泰国、印度尼西亚和韩国更为灵活的汇率制度调整相反，马来西亚却朝着更加严格的盯住美元的汇率制度的反方向变化。2005年后，马来西亚向更为灵活的汇率制度调整。在2005年7月21日中国人民银行宣布调整人民币汇率后的一小时之内，实行了7年的林吉特与美元固定汇率制度被马来西亚中央银行宣布废除，即日起开始实施有管理的浮动汇率制度，林吉特与美元不再挂钩，而是根据"一篮子"货币的汇率上下浮动。林吉特汇率不再盯住单一美元，是马来西亚中央银行根据实际的经济形势，选择若干种主要货币并对其赋予相应的权重，进而组成一个货币篮。同时，马来西亚中央银行参考货币篮计算林吉特多边汇率指数的变化，对其进行管理和调节，维护其在合理均衡水平上的基本稳定。马来西亚中央银行参考货币篮表明，林吉特汇率会受到外币间的汇率变化的影响，但对货币篮的参考并不等于盯住货币篮，它另一重要依据是市场供求关系，并据此形成有管理的浮动汇率制度。马来西亚中央银行对汇率制度改革路径并没有预先安排。出于个别政策操作的现实需要，各经济体一般不公布货币篮的权重。基于"三性"原则，马来西亚中央银行也未公布汇率权重。由于实际运行的汇率数据会表明这种隐含的货币汇率权重，因此，通过历史货币汇率数据可以估计出这种隐含的货币汇率权重。1994年，弗兰克尔和魏尚进（Frankel and Wei，1994）在分析东亚美元和日元集团问题时，以周为基础的汇率数据对亚洲9个新兴经济体（中国、中国台湾、中国香港、新加坡、马来西亚、泰国、韩国、菲律宾、印度尼西亚）的货币汇率权重进行了估计，结论是，美元在亚洲新兴经济体的货币汇率中权重很高，但日元权重较低，尽管这9个新兴经济体与日本贸易密切。麦金农与施纳布尔（McKinnon and Schnabl，2004）两位学者对上述9个亚洲新兴经济体以日元为基础的汇率数据分析了亚洲金融危机前、中、后的货币篮子汇率的权重，认为，中国与中国香港由于实行固定汇率制度，因此，美元权重在危机前、中、后的观测期内稳定在1，而菲律宾比索、印度尼西亚卢比、韩国韩元以及马来西亚林吉特因为货币受到冲击而放弃固定汇率制度，实行浮动汇率制度，致使权重在金融危机中突然发生了变化。但在金融危机后，上述新兴经济体的货币汇率权重几乎又回到金融危机前的水平，各经济体货币汇率制度显示出"软盯住"美元的特征。这是因为，无论对于贸易还是外汇储备，美元在9个亚洲新兴经济体中位置极其重要。

除此之外，新加坡中央银行并不太在意盯住美元，这是因为，新加坡有较长期的资本市场经验，国内金融体系并不那么脆弱。泰铢、韩元、马来西亚林吉特的情形则与中国类似。由于同中国的密切贸易往来，因此，当中国进行人民币汇率改革时，马来西亚中央银行也同时放弃了硬盯住美元的汇率制度，转而实行管理浮动制度。现在，在亚洲仅有港币仍为硬盯住美元，可以预见，港币也将会在不久的将来进行联系汇率制度实施改革。

第二节 亚洲新兴经济体国际资本流动管理：冲销干预

为转嫁国际资本流入对汇率的影响，亚洲新兴经济体中央银行积极在外汇市场上进行各种干预，同时，为抵消因资本流入而导致的本币供应量增加而进行买入外国资产卖出本国债券的公开市场操作。

一 亚洲新兴经济体的冲销干预实践

1997年亚洲金融危机后，面对大规模国际资本流入，马来西亚、泰国和韩国均大规模干预外汇市场以阻止本国货币的升值，同时均采用公开市场操作和提高准备金的方式来冲销买入美元对国内货币供应量的影响。

（一）马来西亚的冲销干预政策

2004年，大量国际资本流入马来西亚股票和债券市场。2005年，马来西亚放开汇率制度，允许汇率自由浮动，随后，在2005年7月21日至2007年12月31日，马来西亚林吉特兑美元的汇率升值到 12.9%。马来西亚当局意识到因为国内相对比较开放的经济和相对不太发达的国内金融市场，马来西亚国内经济不能充分吸收国际资本流入。为降低大规模国际资本流入对国内经济带来的不利影响，马来西亚中央银行最先运用的一个措施是冲销干预。马来西亚的货币当局在外汇市场进行了大力干预——主要表现为马来西亚的外汇储备在 1999 年仅为 263.3 亿美元，但至 2008 年已升至 922.7 亿美元，相当于 1999 年 1 月的 3 倍之多。伴随着大量外汇储备的积累，马来西亚国内流动性显著增加，由 509 亿林吉特增加到 2986 亿林吉特。面对此种情况，马来西亚中央银行的挑战就是如何吸收过剩的流动性以缓解通货膨胀压力，如何确保冲销干预的成本是可控制的。为管理国内流动性，马来西亚中央银行采用多种货币政策工具，包括直接货币市场借款、正回购操作[①]、发行中央银行票据（BNMNs）和外汇掉期业务。到目前为止，直接货币市场借款一直是马来西亚的主要货币工具，马来西亚银行的数据显示，2007 年 12 月 31 日，直接货币市场借款占冲销过程流动性的 41.3%。直接借贷的期限结构从隔夜到 3 个月不等。马来西亚中央银行逐渐转向使用回购操作和中央银行票据（BNMNs）来管理国内流动性。由于回购的抵押性质，回购使马来西亚中央银行以低于直接借贷的成本吸收过剩的流动性，通常低于 2—3 个基本点。此外，马来西亚中央银行还通过作价买卖[②]促进回购市场和债务证券现货市场的发展。[③] 回

[①] 国债回购交易实质上是一种以交易所挂牌国债作为抵押，拆借资金的信用行为。具体是指交易所挂牌的国债现货的持有方（融资者、资金需求方）以持有的证券作为抵押，获得一定期限内的资金使用权，期满后须归还借贷的资金并按约定支付一定的利息；而资金的贷出方（融券方、资金供应方）则暂时放弃相应资金的使用权，从而获得融资方的证券抵押权，并于回购期满时归还对方抵押的证券，收回融出资金并获得一定的利息。正回购方就是抵押出债券、取得资金的融入方；而逆回购方就是接受债券质押、借出资金的融出方。

[②] 证券市场为调整供求或价格而进行的买卖，故意在交易场所买进卖出某一企业的股票以制造兴旺气象，引起注意。

[③] Ooi Sang Kuang, "Capital Flows and Financial Assets in Emergingmarkets: Determinants, Consequences and Challenges for Central Banks: The Malaysian Experience", *BIS Papers* No. 44, 2008.

购权的范围从 1—3 个月不等，截至 2007 年 12 月 31 日，马来西亚正回购的操作吸收了流动性的 10.1%。

马来西亚中央银行倾向于发行 BNMNs 吸收更长期的流动性。这种工具的发行基于传统原则，以各种形式展现，比如打折面值、固定或浮动的优惠券，其期限是从 1 个月到 3 年不等。截至 2007 年的数据显示，马来西亚中央银行已经发行了 3 个月、6 个月、9 个月和 1 年的打折面值，1 年期优惠券、2 年期浮动利率 BNMNs。截至 2007 年 12 月 31 日，BNMNs 占马来西亚中央银行所有货币工具总额的 22.9%，2006 年年底，占 10.6%。

（二）泰国的冲销干预政策

从 2005 年底开始，由于大规模国际资本流入，泰铢出现过快升值的迹象。由于泰国是一个外贸依存度很高的小国经济。所以，面对泰铢升值，中央银行开始对国际资本流动进行积极管理。2006 年，泰国中央银行加紧外汇购买操作。泰国中央银行的数据显示，仅 2006 年，泰国外汇储备①就增加了 180 亿美元，同比增长 29%，为东亚地区外汇储备增长最快的国家。而且，2006 年外汇储备的增长率也显著快于 2000—2005 年。2000—2005 年，外汇储备每年只增长 50 亿美元左右。外汇市场干预所导致的外汇储备的增加和流动性过剩的问题对泰国政府提出了另一个政策挑战，即流动性管理问题。为抵消外汇市场干预所导致的流动性过剩问题，缓解通货膨胀压力，维持目标通货膨胀，泰国中央银行进行冲销操作。从理论上讲，中央银行可以通过公开市场操作和提高准备金实施冲销。然而，对于后者来讲，如果准备金没有报酬或报酬低于市场利率，那么，这种措施就会对金融机构产生隐性成本。因此，泰国中央银行主要采取公开市场工具进行冲销，如泰国中央银行债券发行、外汇掉期和回购交易。

在这三种工具中，债券在吸收大规模流动性方面相对具有较高

---

① 总储备量加上净远期头寸。

效率，所以，泰国中央银行将债券作为流动性管理的主要工具。在过去的这几年间，伴随着外汇储备的积累，债券发行在吸收流动性方面显得越来越重要。据泰国中央银行的关于三种工具在流动性管理中所占比重的数据，泰国中央银行债券所占比重从2003年的43%上升到2007年的62%，而其价值在此期间增长7倍，从2003年的1800亿泰铢增长到2007年年底的14000亿泰铢。同时，面对泰铢的持续升值压力，债券发行的期限已经越来越长，从2005年的1年到期到2007年年底的1—3年到期。

（三）韩国的冲销干预政策

对于外汇市场的干预，韩国主要依靠韩国银行（BOK）和金融经济部（MOFE）两个管理机构。根据韩国银行法（the Bank of Korea Act）和外汇交易法（FETV），韩国银行和金融经济部相互配合完成工作。韩国银行负责监管外汇经纪商和货币交易者，同时还监测外汇市场交易；而金融经济部则全权负责外汇政策。韩国中央银行和金融经济部经常采用外汇现货市场干预和口头干预两种方式对外汇市场进行干预。由于流动性是中央银行干预时所必须考虑的一个重要因素，韩国和亚洲其他新兴经济体一样，主要在即期外汇市场中对其进行干预，而尽量减少在远期外汇市场上的干预。韩国的外汇市场干预最终也表现为外汇储备的增加，国际金融危机爆发后，为防止国际资本流入逆转，2008年9月，韩国政府开始动用外汇储备入市干预，外汇储备从2008年3月2643亿美元的历史最高点减少到2008年11月末的2005亿美元。口头干预一般指的是货币当局以向市场传递对外汇市场动向看法或导向的方式对投机者警告，最终保持外汇市场稳定。

韩国需要冲销由于干预外汇市场而带来的国内货币供应变化。冲销干预的主要方式是发行或赎回货币稳定债券。这种货币稳定债券以韩国银行法以及货币稳定债券法为法律基础发行并进行流通。2006年，韩国受流动性过剩影响，资产价格上涨。韩国中央银行决定实行紧缩型货币政策以缓解房价上涨。2006年8月，虽然韩国通货膨胀压力由于经济复苏和高油价依然存在,但韩国银行宣布上调基准拆借利率25个基准点即从4.25%升至4.5%。这意味着,即使中央银行没有直接针对资产价格,但它间接地考虑了源于资产价格上涨的潜在的通货膨胀压力。2006年12月,韩国银行将平均存款准备金率从3%上调至3.8%,金融机构法定准备金增加,其提供信贷的能力减弱,这导致韩国流动性扩张的轻微下降。

马来西亚、韩国和泰国的经验表明,对大规模国际资本流入实施冲销干预,有利于保持本国投放的基础货币不变,但会增加中央银行外汇储备并加重政府财政负担。尤其对诸多发展中国家而言,冲销干预成本很高,因此,多数发展中国家仅在一个很短时间内进行这一操作。

二 亚洲新兴经济体的冲销干预成本

正如前文所言,对大规模国际资本流入实施冲销干预,可保持本国基础货币投放不变以及汇率稳定,但会增加中央银行外汇储备并加重政府财政负担。当一国中央银行以较高收益的本国政府债券兑换较低收益的外国债券时,这就支付了相当额度财政成本。对新兴经济体的测算显示,该项财政支出成本很高。卡尔沃等(Calvo et al.,1993)通过对拉美国家该项财政支出成本进行测算发现,该项成本占资本流入国国内生产总值的0.25%—0.5%;Kletzer和Spiegel(2004)对亚洲经济体该项财政支出成本进行测算后指出,该地区对国际资本流入的冲销干预支出占其国内生产总值比重基本在0.25%—0.5%;在国际资本流入高峰期,中国台湾和新加坡的这一比重甚至高达1.25%。

冲销干预的成本估计主要视实施冲销干预过程中增加的外汇储备规模以及本国和外国资产的收益差异而定。自2002年年初美元贬值开始,亚洲国家和地区为阻止本国货币的升值均大规模干预外汇市场。亚洲新兴经济体的外汇干预规模和方式基本相同。从规模来看,在2000年年初至2007年年末期间,马来西亚、韩国和泰国的外汇储备分别增加733亿美元、1662亿美元和548亿美元(见

图4-1），2004—2006年外汇储备的增长率显著快于2000—2004年；从干预方式来看，亚洲新兴经济体均采用公开市场操作和提高准备金的方式来冲销买入美元对国内货币供应量的影响。

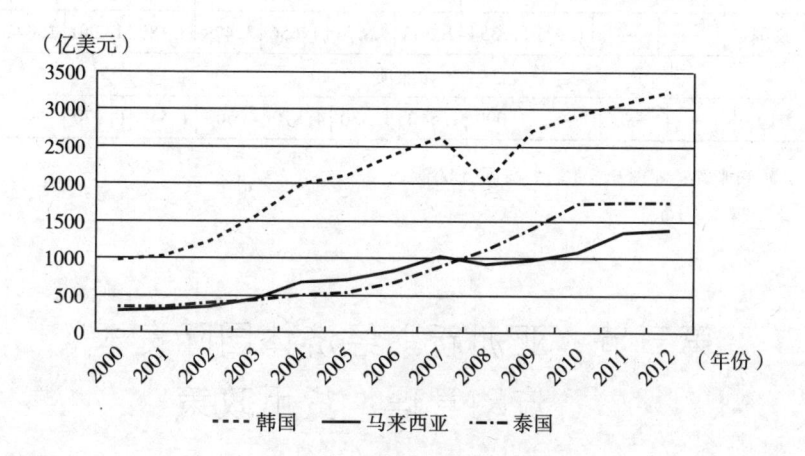

图4-1 马来西亚、泰国和韩国的外汇储备规模

资料来源：世界银行。

表4-3显示，2000—2010年的大多数年份，马来西亚、韩国和泰国的国债收益率水平明显高于美国国债收益率水平，因此，亚洲新兴经济体中央银行的冲销干预是亏损的。2000—2010年，美国短期国债收益率平均为2.44%。2005—2007年3个月美国国债收益率增长速度快于亚洲新兴经济体，出现2004—2006年外汇储备成本下降趋势。2007年美国次贷危机之后，美国大量发行国债，美国国债收益率呈现持续下降趋势，短期国债收益更是接近于零。2011年9月7日，2年期美国国债收益率0.20%；5年期美国国债收益率0.91%；10年期美国国债收益率2.05%；30年期美国国债收益率3.36%。因此，即使以5%的收益率来考虑，这并不能抵消巨大的冲销成本，说明当前冲销干预模式的不可持续。

表 4-3　　韩国、马来西亚、泰国和美国短期国债收益　　单位:%

年份	2000	2001	2002	2003	2004	2005	2006	2007	2008	2009	2010
韩国	7.078	5.318	4.805	4.306	3.788	3.649	4.476	5.161	5.488	2.628	2.672
马来西亚	2.861	2.792	2.732	2.788	2.396	2.484	3.227	3.434	3.390	2.053	2.584
泰国	—	—	1.921	1.354	1.303	2.673	4.656	3.479	3.189	1.240	1.442
参照项												
美国	—	—	—	1.090	1.540	3.330	4.870	4.500	1.540	0.270	—

资料来源：亚洲开发银行、美国财政部。

第三节　亚洲新兴经济体国际资本流动管理：货币政策

一　亚洲新兴经济体管理资本流入的货币政策选择的潜在困难

新兴经济体和发达国家的资产并不是完全替代品，所以，国内外利差不仅存在并且还会持续下去。如果一国对资本流入和流出完全开放且允许其货币自由升值，那么国内外利差势必会吸引大规模的国际资本流入。当国内外巨大的利率差异吸引额外资本流入时，货币当局需要通过降低国内的利率水平来缩小这种差异。从理论上讲，降低利率的货币政策是减少资本流入总量的措施之一。因为较低的利率会降低套利交易的吸引力，从而降低国际资本流入量以及减小升值压力。然而，降息可能会进一步提高国内流动性，增加通货膨胀压力。如果通货膨胀率已经上升，那么此项政策就更没什么吸引力了。同时，如果资产价格也在上升的话，那么降低利率还可能会催生资产泡沫。如果资产价格继续上升，中央银行可能还会考虑提高利率以防止资产泡沫的产生。而高利率反过来又会刺激组合证券资本流入，进而使流动性扩张。所以，亚洲新兴经济体的货币政策在国际资本流动管理方面是一个具有局限性的政策选择，其潜

第四章 亚洲新兴经济体国际资本流动管理：宏观经济政策 | 97

在的困难在于国内外政策目标的权衡，即国际资本的大规模流入流出给各国政府控制通货膨胀带来巨大的困难。正如前文所述，如果中央银行为控制通货膨胀而提高利率，那么国内外的利率差则会刺激大规模国际资本流入。而大规模的国际资本流入所造成的利率下行压力则会抵消中央银行的提高利率的货币政策。以泰国为例，泰国的国际资本流入在2005年和2006年明显加速。但是，2005年7月，由于成品油价格补贴方案的取消，泰国整体通货膨胀率跃升至6%。同时，核心通货膨胀率（不包括能源和新鲜食品价格）在2006年中期几乎接近于泰国目标通货膨胀的上限（0—3.5%）。面对这一严重的通货膨胀压力，泰国中央银行非但不能降低利率，反而只能选择提高利率。2006年中期，泰国中央银行逐渐将利率调整到5%。随着通货膨胀趋于稳定，提高利率似乎是发挥了作用。然而，在接近年底期间，随着全球油价的再次抬头，泰国价格稳定又重新成为人们关注的问题。结果，泰国货币政策委员会在2006年12月决定将利率保持在5%不变。对于利率政策与国际资本流动管理背道而驰现象的解释，学者普遍认同的观点为：面对泰铢升值，虽然泰国中央银行应采取降低利率的措施，但是，降低利率会给市场传递一种中央银行不会维持物价稳定的信号。而且，在当时，泰国5%的利率水平与其他新兴经济体比起来并不高，因而，虽然泰国为抑制通货膨胀而一再提高利率，但是，这并不会导致泰铢成为国际短期资本套利交易的目标。正是基于管理国际资本流入的货币政策选择的潜在困难，实际上，大多数亚洲新兴经济体非常谨慎地使用降低利率的货币政策来缓解国际资本流入激增的不利影响，降低利率作为应对国际资本流入激增和资产价格上升的工具，目前，无论是从学术角度来看还是从政策角度，都极具争议。学术界目前对此问题也有广泛的讨论。

二 亚洲新兴经济体的货币政策框架选择：通货膨胀目标制

正如上文所述，国际资本的大规模流入流出会给各国政府控制通货膨胀带来巨大的困难，因此，大多数亚洲新兴经济体只能运用有限的货币政策以缩小国内外利差，进而缓解国际资本流入激增的不利影响。如印度尼西亚银行从2006年1月至2007年12月逐步将利率从12.75%调低到8%，并且将8%的利率水平一直维持到2008年4月。2007年1—7月，泰国中央银行连续降息5次，将利息从4.75%调低到3.25%。虽然降息后利率还是会高于世界利率平均水平，但是，这不失为一种具有勇气性的政策性尝试。

从长期来看，许多亚洲新兴经济体通过采取通货膨胀目标制的货币政策来摆脱上述困境。通货膨胀目标制是中央银行直接以通货膨胀为目标并对外公布该目标的货币政策制度。在该制度下，传统的货币政策体系变化很大，在政策工具和最终目标间不再设立中间目标，决策依据主要依靠定期对通货膨胀进行的预测。政府或中央银行依据预测提前确定本国未来一段时期内的中长期通货膨胀目标，中央银行在公开监督之下采用相应的货币政策工具以使通货膨胀的实际值与预测目标相符。如通货膨胀在目标范围之内，即使大规模国际资本流入，中央银行也允许本币升值。

（一）韩国：亚洲通货膨胀目标制的先行者

1997年亚洲金融危机爆发后，最早采用通货膨胀目标制的国家就是韩国。1997年，韩国政府就与国际货币基金组织签订了《资金援助协议》，同时并根据国际货币基金组织的建议对《韩国银行法》进行修改，对本国的货币政策框架进行了改革。1997年年底，正式公布了修改后的法案，并于1998年4月起生效。新的《韩国银行法》第一条明确规定，韩国银行的法定任务就是"制定并实施有效的货币政策，实现物价的稳定"，为国民经济的健康发展提供有效帮助。第六条进一步规定，"韩国银行每年都应当在与政府磋商后制定物价稳定目标"。不难发现，韩国通货膨胀目标制的法定地位在《韩国银行法》中已被明确确定。每年年底，韩国中央银行先是征求政府建议（主要和金融与经济部磋商），一同制定出下年的通货膨胀目标，随后再由韩国银行的货币政策委员会制定出具体的货币政策并加以实施。

事实上，韩国通货膨胀目标制从准备到实施仅用了几个月，相对较为仓促。因此，韩国银行缺少充裕的时间对通货膨胀目标制进行广泛深入的研究，以致在实施初期韩国银行就只能靠模仿英国、新西兰等发达经济体的经验来完成对货币政策的制定，这也导致了其初期的货币政策制度在某些方面的不成熟。

两年之后，韩国银行开始意识到本国通货膨胀目标制的不成熟，并且意识到这一制度要结合本国具体的实际经济形势。韩国银行对不成熟的制度进行调整修改：第一，经过与政府部门的沟通，韩国银行于2000年宣布原来的标题通货膨胀率（Headline CPI）将被核心通货膨胀率（Core Inflation）替代。韩国银行把核心通货膨胀率定义为"剔除了非谷类农产品和石油类产品因素的消费者物价指数"。这主要是由于消费者物价指数更易受到如食物等商品的价格波动的影响，但这些因素又在中央银行的控制能力范围之外。第二，韩国银行在设定年度通货膨胀目标的同时也设定了其中期目标。制定通货膨胀中期目标的目的主要在于向市场发出信号、表明中央银行的远期目标以稳定市场和公众的通货膨胀预期。由于每年年底中央银行都要重新制定和宣布通货膨胀目标，在通货膨胀目标正式宣布前，市场和公众都难免自己预测并据此对下一年的经济活动做出安排，这将给经济形势带来不确定性，而这种不确定性将会成为经济运行和金融市场的不稳定因素。这样，中期通货膨胀目标则可以为市场和公众提供有效参考，在一定程度上避免经济意外波动的出现。

（二）印度尼西亚：走向通货膨胀目标制

1997年亚洲金融危机爆发之际，国际货币基金组织同意对印度尼西亚实施援助计划，但条件之一就是引入通货膨胀目标制。在接受了国际货币基金组织的计划之后，1999年5月，印度尼西亚引入了新《中央银行法》，并着手修改货币政策框架。印度尼西亚新《中央银行法》的特点主要表现在两个方面：第一，明确规定实现并保持卢比价值的稳定是中央银行货币政策的唯一目标。但需要注意的是,"卢比价值"既可能意味着物价的稳定,又可能意味着汇率的稳定。第二,印度尼西亚新中央银行法赋予印度尼西亚银行完全的独立性,如新《中央银行法》第四条规定,"严格禁止任何政府部门和其他外部机构对印度尼西亚银行进行任何形式的干预"。这也表明印度尼西亚银行除拥有货币政策工具独立性以外,同时还获得了货币政策目标独立性。尤其是新《中央银行法》,第十条单独提出,"目标应由中央银行制定"。当然,事实上,印度尼西亚银行在确定通货膨胀目标之前会就下一年的通货膨胀目标以及经济走势与政府充分交换意见。

(三)泰国:打造透明的通货膨胀目标制

2000年5月,泰国银行(Bank of Thailnad)开始实行通货膨胀目标制。泰国的通货膨胀目标制主要体现在两方面:第一,在通货膨胀指标的选取方面,泰国银行选择季度核心通货膨胀率作为通货膨胀指标,具体定义为"剔除了初级食品和能源类产品价格因素的标题通货膨胀率"。具体通货膨胀目标采取目标区间的形式,具体区间为0—3.5%。以防止泰国银行操纵通货膨胀率的计算,核心通货膨胀率由独立的政府机构——商务部进行测算。第二,在信息披露方面,泰国银行竭力提高货币政策的透明度。泰国银行以季度公布的《通货膨胀报告》中就包含丰富的内容。例如,采用能反映概率分布的扇形图对经济和通货膨胀预测来表示对8个月后通货膨胀的预测。一般而言,只有发达经济体的中央银行,才有能力精确计算并绘制出这样的扇形图。更令人吃惊的是,泰国银行用于预测通货膨胀的宏观经济模型也显示在《通货膨胀报告》的附录中。就以上几点来看,泰国通货膨胀目标制的信息披露制度已经达到了发达经济体的水平。

(四)菲律宾:精心设计的通货膨胀目标制

菲律宾中央银行于2000年1月宣布实行通货膨胀目标制。经过菲律宾货币当局的努力,于2002年1月开始正式实行通货膨胀目标制。菲律宾中央银行结合其他经济体的经验,经过周密考虑,为本国的通货膨胀制定了双重目标,即中央银行同时宣布未来连续两年的通货膨胀目标,这样,可以保证中央银行的货币政策即使在波动较大的经济环境中仍具有较强的连续性,同时还可以稳定经济活动、金融市场运行以及公众的预期。

第四节 亚洲新兴经济体国际资本流动管理:财政政策

有学者认为,实施适当的财政政策可以控制资本流入。如果资本流入国保持预算盈余,则可以降低通货膨胀压力和实际汇率的升值。如果资本流入国减少政府开支,降低可贷资金需求,则可以降低利率,进而减少资本流入。

一 1997年亚洲金融危机后亚洲新兴经济体财政收支情况分析

受1997年秋季爆发的亚洲金融危机的影响,1996—1999年,大部分亚洲新兴经济体的财政收支情况有所恶化。1997年亚洲金融危机后,亚洲新兴经济体巩固财政,财政收支状况趋于良好。

马来西亚:受1997年亚洲金融危机的影响,1999年财政收支开始恶化,财政赤字占其国内生产总值的比重从1998年的0.8%增加到1999年的3.8%和2000年的4.1%,从2001年开始,情况开始好转,财政赤字占比开始下降,此趋势一直保持到2006年的3%。2007年开始,可能是受国际金融危机的影响,为从危机中恢复,马来西亚实施积极的财政政策,财政赤字再次扩大。

泰国:因数据的不可获得,本书无法考察20世纪90年代泰国的财政收支状况。2003—2008年,泰国财政一直保持盈余,即使盈余的比重在不断下降,但盈余的状态毕竟是良好财政状况的一种表现,这有利于管理资本流入风险。从2009年开始,受国际金融危机的影响,财政开始出现赤字,但是,赤字水平逐渐降低。

印度尼西亚:1997年亚洲金融危机后,印度尼西亚财政赤字经历扩大—收窄—再次扩大的过程。1999年,财政赤字几乎达到国内生产总值的4%,2005年下降为国内生产总值的0.1%。然而,2006年,财政赤字再次扩大为国内生产总值的0.6%,2009年,受国际金融危机的影响,印度尼西亚财政部实施扩大财政赤字的政策,财政赤字再次扩大到1.7%。虽然在1997年亚洲金融危机后,印度尼西亚财政一直保持赤字,但是,其却保持在了低于亚洲金融危机前的水平。

韩国和菲律宾:表4-4中数据显示,韩国的财政状况一直保持盈余状态。与韩国相比,菲律宾的情况则不那么乐观,亚洲金融危机后,其财政一直保持赤字状况,所幸的是,一直到国际金融危机前,其财政赤字都在逐步缩小。

表4-4　　部分亚洲国家财政盈/赤字占GDP比重　　单位:%

年份	马来西亚	泰国	印度尼西亚	韩国	菲律宾
1996	1.5	—	2	2.6	—
1997	2.9	—	1.3	2.6	—
1998	-0.8	—	-1.8	1.3	—
1999	-3.8	—	-3.7	1.3	—
2000	-4.1	—	—	4.4	-3.7
2001	-3.5	—	—	2.7	—
2002	-4.9	—	-0.9	3.6	—
2003	-4.9	1.5	-1.7	1.7	-4.5
2004	-4.1	1.1	-1	0.1	-3.8
2005	-3.8	2.5	-0.1	0.9	-2.8
2006	-3	1.9	-0.6	1.1	-1.3
2007	-3.2	0.1	-1	2.3	-1.4
2008	-4.4	0.5	-0.3	1.6	-1.2
2009	-6.1	-3	-1.7	0	-3.8
2010	-5.2	-0.6	-0.6	1.7	-3.5
2011	-4.8	-1.2	-1.1	1.8	-1.8

资料来源:世界银行。

总体而言，大多数亚洲新兴经济体在亚洲金融危机后都保持了一个一般均衡的财政状况。这无疑有利于管理国际资本流入的风险。

二 马来西亚和印度尼西亚积极利用财政政策

有些证据表明，马来西亚和印度尼西亚正在试图利用财政政策并结合冲销干预政策来应对外国资本流入激增的问题。

（一）马来西亚：鼓励私人融资和民间投资

马来西亚政府为减少下级政府基建的开支，大力鼓励私人融资和民间投资。但是，鉴于目前金融动荡的影响并没有完全消退，这些措施所取得的进展相对缓慢（马来西亚财政部，2007）。

根据马来西亚政府的预计，为了实现第九个马来西亚计划（2006—2010年），即GDP增长6.0%的目标，马来西亚每年需要私人投资增长11.2%。实际上，马来西亚私人投资在2006年增长到7%，此后两年继续保持上升趋势。2008年和2009年，私人投资速度分别加快到10%和11.4%。

马来西亚实行了三种措施以鼓励民间投资增长。

第一，2008年将企业所得税率从2007年的27%减少到2008年的26%。降低企业所得税率，企业的盈利会更高，竞争水平提高，而且这还会增加企业的再投资率。此外，较低的企业税率也可以鼓励外国直接投资更多地进入马来西亚的战略性产业。

第二，改进公共服务系统以降低马来西亚的商业经营成本。虽然亚洲金融危机后，马来西亚在加快公共服务过程方面有了一些改善，但是，为了确保第九个马来西亚计划的成功，马来西亚进一步采取措施以改进国内经济环境和公共服务系统，比如改进公共部门审批程序等。

第三，建立产业集群以提高私人投资率。马来西亚政府推出了五个区域经济走廊（经济特区），包括伊斯坎达尔经济发展特区（IDR）、北部经济走廊地区（NCER）、东部经济走廊地区（EC-ER）、沙巴经济发展地区（SDR）和沙捞越可再生能源经济走廊

(SCORE)。马来西亚政府预计这五个经济特区在2006—2030年得到的总投资金额将会达到3438亿美元。

马来西亚政府为减少下级政府基建开支，大力鼓励私人融资和民间投资的措施，不仅可以应对资本流入激增，还可以减少对动荡的外部部门的依赖。然而，未来，为防止消费和投资的不可持续，马来西亚需要对投资和消费进行审慎监管。

（二）印度尼西亚：积极改善投资环境

对于印度尼西亚而言，情况则有些复杂。可能是由于相较于其他亚洲新兴经济体，印度尼西亚经济受到1997年亚洲金融危机的影响最为严重。所以，与亚洲金融危机前相比，印度尼西亚国内生产总值（GDP）增长率和投资率仍然很低，净资本流入持续暴跌。政府和学术界认为，是印度尼西亚不利的投资环境导致了这一结果。所以，一直以来，印度尼西亚政府和中央银行积极采取措施，努力改善国内投资环境。

2005年年底和2006年年初，印度尼西亚政府推出了与投资相关的两大政策计划。2005年11月，印度尼西亚政府宣布基础设施计划，总统令第2005/67号即政府与企业在基础设施方面合作，撤销以前总统令第1998/7号的公私合作伙伴关系。这一计划试图向私人投资者确保公私合作的过程是公平、公开、竞争和透明的。而且同时，这一计划也是为了向社会表明，这个工程是建立在投资者和社会大众互惠互利的基础上的。换言之，新规定不仅涉及风险管理，还确认了政府对项目建设的支持。2006年5月，印度尼西亚财政部颁布了一项关于管理和控制基础设施建设风险的技术指标的法规，这项法规规定，政府需向参与基础设施项目的私营企业提供资金或其他形式的补偿。

在以上法规规定的公私合作的一般框架下，各个行业都有自己的一套相关的法律和法规以促进私人投资于部门项目。印度尼西亚政府已经颁布公路、供水、卫生设施部门的法律法规，而关于港口、飞机场、铁路的法律草案也已提交议会。这些法规将会逐步取消国有企业的垄断地位。此外，政府一直致力于通过从主要政府机构分拆监管功能来改善各个基础设施部门的监管框架。例如，对于收费公路部门，政府已经从主要国有企业（亚沙马尔加）分拆出监管职能，并将这一责任分配给新的监管机构。石油、天然气、电力和电信经历了类似的转变过程。为了重申其致力于基础设施建设的决心以及其在公私合作中的立场，政府在2006年11月举行了第二届年度会议，以提振基础设施建设公私合作项目中的投资信心。

致力于改善投资环境的计划在2006年3月启动。这个计划涉及五大领域的85个行动项目，这五大领域包括：一般的投资政策或程序；关税、消费税以及其他税类政策；征税；劳动力；中小企业融资。改革方案包括：计划提交一个新的投资法；完成新税法审议[1]；议会审议和修改劳动法。[2] 政府还规定了这些改革方案的明确完成日期，就是从2006年3—12月必须完成。实际上，到2006年年底，这些项目的42%（也可能是78%）[3] 都完成了。

这一系列的改革方案中最重要的莫过于2007年3月通过的投资法。这部投资法规定，平等对待国内外投资者；具有约束力的国际仲裁；取消强制剥夺财产的规定；将土地使用权从以前的35年调整到95年；延长外国投资者的国内居住时间。根据新投资法，政府计划开发出更清晰、更透明、更简单的消极投资列表。[4]

2007年7月，印度尼西亚政府颁布政府总统令第2007/6号，其中包括精简业务的重大举措、减少增值税退税时间、在主要港口启动国家单一窗口的试点项目[5]、改善通关的风险预测以及建立43

---

[1] 目前，税务管理法已经通过。
[2] 由于来自工会的压力，人力资源法的修订已经搁置。
[3] Asian Development Bank, *Ten Years After the Crisis*: *The Facts About Investment and Growth*, Asian Development Outlook, 2007.
[4] 消极的投资是指禁止外资进入的领域。
[5] 单一窗口，如果按照联合国贸易便利化和电子商务中心33号建议书做出的解释，单一窗口大概是这样一个概念：它是指参与国际贸易和运输的各方，通过单一的平台提交标准化的信息和单证以满足相关法律法规及管理的要求。

个小型纳税人办公室。

  总之，在浮动汇率制度下，巨额资本流入东道国造成的负效应比较小。1997年亚洲金融危机后，亚洲各新兴经济体都积极推动汇率制度改革。但是，对于外贸依存很高的亚洲新兴经济体而言，汇率制度改革还需要很长时间的努力。因货币政策独立性问题，降低利率的货币政策在管理资本流入风险方面的作用目前还存在很大的争议，为应对大规模资本流入导致的通货膨胀，大多数亚洲新兴经济体选择通货膨胀目标制的货币政策框架。马来西亚和印度尼西亚积极使用财政政策应对资本流入激增，目前紧缩型财政政策作为管理资本流入风险的工具并没有得到充分利用。冲销干预因其灵活性与及时性，成为亚洲各新兴经济体首选的资本流动管理政策，但冲销干预是一项成本很高的政策，所以，大多数亚洲新兴经济体仅在一个很短的时间内选择冲销干预政策。

第五章　亚洲新兴经济体国际资本流动管理：金融稳定措施

一国经济抵御跨国资本流动造成不利冲击的根本途径是深化金融改革，完善金融体系，增强市场主体抗风险能力。金融体制改革并不是要减小资本流入总量，而是消除资本流入对经济体系的消极影响，防止危机发生。这方面的措施主要包括银行部门的改革和资本市场的深化以及完善审慎监管制度。

第一节　亚洲新兴经济体银行部门改革及成果分析

国际资本流入通过银行体系作用于东道国经济。如果资本流入国的银行体系不健康，那么国际资本流入势必会给国内金融体系以及整体经济带来风险，极端情况下甚至引发危机，1997年亚洲金融危机验证了这种观点。为此，亚洲新兴经济体花费大量精力重振银行系统。

一　亚洲新兴经济体银行部门改革的措施

1997年亚洲金融危机的爆发表明，在国际资本自由流动的情况下，如果资本流入国的银行体系不健康，极易引发金融危机，为此，亚洲新兴经济体花费大量精力重振银行系统。1997年亚洲金融危机期间，请求国际货币基金组织给予金融援助的3个经济体的银行不良资产比率达到了前所未有的水平，自我资本不足的银行不断出现，其金融中介机能的降低强烈冲击了实体经济的发展。为了改变这种局面，亚洲金融危机后，亚洲新兴经济体进行了全面的银行改革，在政府的主导下进行银行重组。亚洲新兴经济体的具体措施主要包括以下几种：

（一）整顿与合并经营不善的银行

1997年亚洲金融危机后，由于银行危机的巨大外部负效应、金融体制的不完善、私人金融部门的欠发达以及外部援助计划的缺陷等现实问题，亚洲新兴经济体银行的自我恢复计划不能实现或难以实现。因此，并购就成为亚洲新兴经济体处理1997年亚洲金融危机措施的重要组成部分，即化解危机成为亚洲新兴经济体银行并购的主要动机。其作用机制为通过另外一家银行收购或无偿受让存在问题金融机构的股权，同时剥离不良债权、注入资金，以此稀释不良资产、提高清偿能力以及重组资本。

亚洲新兴经济体银行系统的兼并与收购是在政府的主导下进行的。在这方面，马来西亚的进程相对而言是比较快的。在金融部门的改革计划中，马来西亚鼓励存在问题的银行进行并购。1999年，马来西亚提出银行业整合计划①，即通过提高银行资本金要求对银行施加压力，并以此推动银行并购，规定达不到要求的中小银行必须合并。这直接导致到2002年马来西亚的商业银行数目从原来的71家银行减少到30家（隶属于10家国内银行集团）。而其重组的财政成本则被保持在低于GDP 5%的水平，Zamani（2006）赞叹这种成就为"及时、迅速和全面的方法，是防止局势进一步恶化的方法"。泰国银行系统的兼并重组计划是由金融部门总体规划指导，Watanagase等（2006）描述了泰国旨在减少小规模银行和消除监管套利的五年到十年的发展计划。韩国的银行类金融机构（包括商业

---

① 1999年7月，马来西亚政府提出将当时的58家金融机构改编为以中央银行指定的以6家银行为核心的6家银行集团的重组方案，但是，这一规定因为无视市场规则和金融机构的反对而流产。1999年10月，马来西亚政府吸取各方面意见，提出修正案，将原来银行集团的数量增加到10家，并允许金融机构自主决定加入哪个银行集团。

银行、商人银行公司、信贷协会、互助储蓄金融公司）从1997年年底的1960家减少到2000年8月的1598家，其中，有将近95家机构被并购，占被处置机构总数的24.68%。为鼓励中小银行的合并，大多数亚洲新兴经济体都对授予银行牌照的最低资本金水平提出要求。

表5-1显示了部分亚洲新兴经济体国家银行兼并情况。如表5-1所示，在过去的十几年间，韩国、马来西亚和泰国涌现国内企业之间的兼并浪潮。但印度尼西亚银行系统的合并却很少，一个重要的制约因素是印度尼西亚小银行多数归那些非常不愿放弃所有权的家族拥有（Goeltom，2006；Guinigundo，2006）。实际上，在亚洲金融危机后，印度尼西亚在加强金融部门监管的同时，持续推进银行部门改革。银行部门的改革涉及信贷供应、资本充足率和外汇风险等方面。印度尼西亚中央银行为达到巩固银行的目的，不仅强迫实行最低资本金要求，而且实施所谓的"单一存在政策"，这项政策是指对一些银行和金融机构实行兼并和收购。2006年10月，印度尼西亚政府规定银行股东只能在一家银行拥有控股权益，并且计划到2010年年底，拥有多家银行控股权益的银行股东将会提交他们各自的计划——合并成一家控股公司或者卖掉其他银行股份，只保留一家银行的控股权益。但事与愿违的是，这些规定并没有得到及时有效的实施，一直被拖延至今，而且大多数学者都预期此措施将会进行大幅修改。印度尼西亚银行部门的另一个改革措施是减少存款保险，这一改革得到顺利实施。印度尼西亚政府为了避免过度依赖银行部门[①]和传统的金融工具（如印度尼西亚中央银行证书），还积极发展金融市场和金融工具。所以，有学者认为，印度尼西亚银行系统兼并活动之所以少是源于其银行系统强大的家族势力（Goeltom，2006；Guinigundo，2006）。

亚洲新兴经济体政府利用亚洲金融危机的契机积极推进银行兼

---

① 目前，银行部门仍在印度尼西亚金融系统中居主导地位——超过75%。

并，而实际上，对于亚洲银行系统而言，兼并与收购可能是任何时候都需要的。[1] 这是因为，大多数亚洲新兴经济体都存在许多家族或地区拥有的小规模银行，这种类型的银行竞争力往往很弱，且较少使用现代工具。具体来讲，这样的银行系统主要有两个缺点：一是缺少外部市场纪律。这样的银行要么没有上市，要么其股权只掌握在极少数人手里。因此，股东监督的激励机制被削弱，银行被收购（兼并的动力）的威胁也就不存在。为改变这种现状，亚洲新兴经济体积极推动银行上市，经过一系列的改革，与20世纪90年代相比，目前在证券交易所上市的银行越来越多。二是关联借贷盛行。这往往是因为亚洲银行和非金融企业多被大家族控制，这不仅会破坏独立的信用风险评估，还会破坏信用风险的分散，尤其是在缺少信用风险转移机制的情况下更会如此。为改变这种现状，马来西亚实施了一系列政策以禁止贷款给相关当事人或控股权益。韩国则对企业的银行贷款实施了更为严格的限制。

表5-1　　　　　　　亚洲新兴经济体银行兼并情况[2]

	商业银行兼并与收购				集中度[2]		外资银行占总资产比重（%）	
	国内银行间		国内与国外银行间		1998年年底	2004年年底	1990年	2004年
	数量	价值[1]	数量	价值	数量	价值	数量	价值
印度尼西亚	1	—	—	—	29.0	59.1	7.7	12.8
韩国	15	37.0	3	4.8	27.0	48.6	4	8
马来西亚	17	0.0	—	—	54.3	70.7	—	18.0
泰国	3	75.7	4	10.0	51.5	69.0	5	18.0

注：1. 单位为十亿美元；2. 前五大银行的资产占总资产比重，其中韩国是前三大银行资产占总资产比重。
资料来源：根据 Mihaljek (2006) 整理而得。

---

[1] Philip Turner, "Are Banking Systems in East Asia Stronger", *Asian Economic Policy Review*, Vol. 2, No. 1, February 2007, pp. 75-95.

[2] Ibid..

随着银行兼并活动的进行，1997年亚洲金融危机后4年里，亚洲新兴经济体银行并购交易价值显著上升。很多亚洲新兴经济体大银行的市场份额开始上升，但这并没有破坏银行的竞争能力。

（二）剥离不良资产

为提高银行偿付能力、降低不良资产比例以及尽快恢复金融中介机能，亚洲新兴经济体采取的有效办法是从银行资产负债表中剥离不良资产并转给专门部门处理。俄罗斯在金融危机后的银行重组过程中采取的做法是成立新的"桥银行"，将有问题的资产留在老银行等待政府重组。新银行的运营可以为寻找永久的收购方争取时间。而亚洲新兴经济体采取的主要做法是设立国有资产管理公司，将银行不良资产剥离出售给这些国有资产管理公司。亚洲新兴经济体还采取政府以发行债券的方式置换不良贷款。同时，亚洲新兴经济体政府通过多种方式为银行降低不良资产提供资金援助。截至2000年，韩国政府通过两个政府机构——韩国资产管理公司（KAMC）和韩国存款保险公司（KDIC）向银行业注入巨额公众资金达到123万亿韩元，其中，19万亿韩元用于支付被保险的存款债务，42万亿韩元用于剥离不良资产，48万亿韩元用于补充资本金。同时，政府通过以其为担保的韩国资产管理公司发行的不良贷款管理债券和韩国存款保险公司发行的存款保险基金债券，筹到约40万亿韩元，用于支持银行提高资产质量。

亚洲新兴经济体银行为进一步改进其持有资产的质量，降低不良资产比率，还采取了其他措施。比如大部分经济体对单个借款人（银行资本的10%—25%）和集团借款人（银行资本的40%—50%）的信贷额度设限，禁止向银行股东贷款（如马来西亚和泰国）。一些国家也对内部关联的子公司借贷或银行集团内投资设限，限制银行对高风险业务的介入。这些措施都增强了亚洲银行系统的竞争力和效率。

在政府资金的支持下，将不良资产从银行的资产负债表中剥离出来，不仅在短时期内降低了银行风险，而且还通过分离银行的不良资产管理责任减轻了银行负担。

(三) 放宽对外国金融机构参与的限制

世界银行和国际货币基金组织在 1997 年亚洲金融危机援助计划中配套提出了许多关于银行业的改革要求，其中包括本地银行业放开对外资股权比例的限制。随后，在新加坡与美国缔结的自由贸易协定中也加入了准许外国银行开设分行、开放 ATM 网络的内容。实际上，在亚洲新兴经济体的银行改革中，外国资本一直都起到很大的作用。我们大致可以将外国资本对亚洲新兴经济体国内银行的作用方式分为以下几种：对经营不善的银行出资、经营重组后出售股份的投资基金和持续参与经营。参与限制（分店开设许可、出资比例限制等）的放宽及国有化、国营银行的民营化大大提高了外国银行进入国内市场的机会。放宽对外国金融机构参与的限制将国内金融机构置于具有多种全球性业务网络的欧美银行的竞争中，使国内市场的竞争更加激烈。具有多种全球性业务网络的金融机构不仅熟知世界的主要资本市场，而且还有着大量具有高风险商品偏好的投资者的优势。实际上，近年来，几个全球性金融机构不仅正从中国香港、新加坡等离岸金融中心陆续覆盖亚洲新兴经济体，而且已经在各国国内设立据点，开展离岸金融业务。

虽然促进外国银行参与有望带来本地银行经营的现代化、人才的培养和供给、风险管理手段的高级化以及新金融商品的提供等效果。但在亚洲新兴经济体，各经济体的外国银行参与度（如贷款、存款的市场占有率等）却大为不同。比如，韩国由于一直担心外国银行的存在过度强大，所以，对其一直有所限制；印度尼西亚由于在国内难以找到实力雄厚的民营化银行的买家，所以，外国银行出资的案例非常多；泰国政府允许外国资本对现有银行的投资比例超过 49%；中国的许多当地商业银行为实现经营现代化积极接受外资的出资，但对外资出资比率有所限制：单独出资在 20% 以下，两家以上的出资在 25% 以下。

(四) 国有银行公司化和私有化

1997年金融危机之前，亚洲新兴经济体国有银行在银行贷款总量中占据巨大份额。为应对银行危机，政府进一步将一些银行进行国有化或直接利用国有银行接管私有银行的残留部分，这使亚洲新兴经济体的国有银行作用得到进一步增强（Hanson，2005）。

国有银行的治理存在的最大缺陷在于其透明度不高。如果国有银行在有效治理安排下运作，可以在发展中国家起到有益的作用，特别是在私有银行股东群体（富裕家庭、非金融企业等）非常少的国家更是如此。但是，因为政治干预可能会削弱国有银行借贷决策的独立性，而私有银行更容易受到竞争和有效的股东约束。因此，国有银行主导的银行体系往往比私有银行效率低。Sussangkarn 和 Vichyanond（2007）解释了债务豁免如何使国有金融机构对小型借款人的贷款迅速扩张，进而削弱了市场约束。

亚洲新兴经济体以国有化银行为主的银行体系的扭转需要一定的时间。1997年经济衰退造成银行资产迅速贬值，新兴经济体国内很难找到合适的投资者，因此，国有银行的私有化过程变得缓慢。在这种情况下，部分经济体采取激进的方式改变现状。如由于韩国国内投资者对国有银行兴趣有限，韩国将两家银行出售给非银行私募股权投资者。

总之，目前来看，亚洲新兴经济体的国有银行已经缩减。亚洲新兴经济体存在为了实现公共政策目的（比如为贫困农民融资）而保存国有银行的案例。剩余的国家所有权往往削弱银行的有效运行（Nasution，2007），即新私有化银行的行为可能被亚洲独特的"黄金股"[①]削弱。此后，一些私有化企业出现的合理化可以看作银行更有效率的证据。然而，Mihaljek（2006）对亚洲银行体系改革做出回顾后发现：并没有决定性证据能够显示，在1997年金融危机之后，私有银行比国有银行的表现更佳。Mihaljek（2006）在发现所有银行

[①] "黄金股"即政府拥有对银行有效的否决权。

的标准化审慎和效率的指标都获得改进后，他得出如下结论：必须通过增加竞争的方式给所有类型银行强烈动机才能够改进其绩效。

二 亚洲新兴经济体银行部门改革的成果

通过一系列银行改革，亚洲新兴经济体国家银行市场的面貌大为改变。对亚洲金融危机之后亚洲新兴经济体银行转型的常规观点在于：1997年亚洲金融危机之前，亚洲新兴经济体银行不仅存在巨大的信贷风险，而且对于风险的管理并不完善且监管不到位，更重要的是，银行抵御风险的资本金不充足。危机发生后，亚洲新兴经济体银行持续推进改革，减少了其遗留的不良资产，且资本金更为充足，能够更有效地控制信贷风险。由于私人资本市场发展趋缓，银行仍是亚洲新兴经济体融资的主要渠道。以上亚洲新兴经济体银行的转型都为减少其在本次国际金融危机中所受的损失做出了贡献。

具体而言，亚洲新兴经济体国家银行改革所取得的成果如下：

（一）亚洲新兴经济体银行的资产质量

亚洲新兴经济体银行在过去10年中改进了其持有资产的质量。衡量资产质量的指标之一是银行系统的不良资产比重。表5-2显示，几乎所有亚洲新兴经济体的不良贷款比重都大幅下降。虽然2009年以来的部分数据显示，由于受到本次国际金融危机的影响，不良资产比重有所上升，但上升幅度与工业国无法相比。

表5-2　　　　部分亚洲新兴经济体银行不良贷款比重　　　　单位：%

年份	印度尼西亚	韩国	马来西亚	泰国
2000	34.4	8.9	15.4	17.7
2001	31.9	3.4	17.8	11.5
2002	24.0	2.4	15.9	15.7
2003	6.8	2.6	13.9	13.5
2004	4.5	1.9	11.7	11.9
2005	7.4	1.2	9.6	9.1

续表

年份	印度尼西亚	韩国	马来西亚	泰国
2006	6.1	0.8	8.5	8.1
2007	4.0	0.7	6.5	7.9
2008	3.2	1.1	4.8	5.7
2009	3.3	1.2	3.6	5.3
2010	2.5	1.9	3.4	3.9
2011	2.1	1.4	2.7	2.9
2012	2.1	1.5	2.2	2.7

资料来源：世界银行。

银行是否也减少了其未来产生不良资产的可能性呢？可以说明这一问题的指标是资本与风险资产比重。资本与风险资产比重是指银行资本与风险资产的比重，该比重是监管机构或银行自己确定的抵御风险所需的最低资本，它反映了监管机构或银行的监管重点是防备风险资产而非总资产风险。通过表5－3的数据可以看出，此比重自2000年后大幅上升，显示了亚洲新兴经济体银行体系抵御风险能力的提升。

表5－3　亚洲新兴经济体银行资本资产比重和资产回报率　　单位：%

国家	资本与风险资产比重				资产回报率[①]			
	2000年	2008年	2009年	2012年	2000年	2008年	2009年	2012年
韩国	4.6	6.3	7.3	8.8	-0.6	8.9	1.1	—
印度尼西亚	6.0	9.1	10.1	11.9	0.3	21.8	3.2	—
马来西亚	8.5	8.1	9.0	9.0	1.1	15.4	4.8	—
泰国	7.5	10.1	11.0	10.5	-0.2	17.7	5.7	—

资料来源：世界银行。

① 由于各个国家会计、税务、监管制度的不同，各国之间的数据可能不具有严格的可比性。

衡量资产质量的另一个指标是资产回报率。如表5-3所示，2000—2008年，银行系统资产回报率不仅已经从亚洲金融危机中恢复，而且还大幅上升，股东价值普遍上升。

（二）以银行为中心的金融中介系统

表5-4显示，20世纪90年代，亚洲新兴经济体的金融系统都是由银行主导的，1997年金融危机后的几年间，虽然有些进步，但是，亚洲仍然主要依靠银行进行融资。

目前，亚洲新兴经济体的金融中介还是以银行为中心，这与许多早期预设并不一致。银行对私人部门的信贷占GDP比重尽管在1997—2007年时有下降，但其始终保持高位，而且近年来持续上升。更重要的是，除少数新兴经济体（新加坡、中国香港和马来西亚）外，亚洲公司债券市场规模始终较小。

表5-4　部分亚洲新兴经济体：金融结构①占GDP比重　　单位:%

国家	银行资产[1]		股票市场[2]		债券市场[3]		保险市场[4]	
	1990年	2006年	1990年	2007年	1990年	2006年	1990年	2006年
印度尼西亚	41.9	32.9	4.5	48.9	0.1	20.3	0.9	1.5
马来西亚	103.0	117.4	100.7	174.4	69.9	90.5	3.0	5.6
泰国	84.6	99.0	29.2	80.2	9.8	41.3	1.7	3.6
菲律宾	23.4	40.3	20.6	71.5	25.8	38.9	2.0	1.5
韩国	50.7	101.6	48.2	117.3	44.3	102.0	11.0	10.5
参照项								
美国	62.3	62.8	57.5	143.9	121.7	160.8	8.3	9.2

注：1. 银行货币存款资产；2. 股票市值；3. 公债及私债市值；4. 寿险及非寿险总额。

资料来源：中国台湾"中央银行"，世界证券交易所联合会，Beck，Demirguc-Kunt和Levine（2000）（2007年8月13日修订），以及笔者估计。

---

① ［马来西亚］沈联涛：《十年轮回：从亚洲到全球的金融危机》，杨宇光等译，上海远东出版社2009年版，第88页。

虽然传统观点认为以银行为主导的金融系统不仅会导致"资源错配",而且还会减少金融系统应对冲击的灵活性。然而,近期的经历和研究却对这一假设形成如下挑战:

第一,实证研究并未发现金融系统结构和效率之间有系统性关系。实际上,银行和以资本市场为基础的金融系统之间似乎依赖着共同的因素,这包括产权的可信度、外部竞争程度、法律系统等。

第二,2008年国际金融危机表明,银行和资本市场间存在的复杂的相互依赖性会造成巨大风险。发达金融系统中的银行依赖资本市场产生利润、实施风险管理以及实现贷款保险和融资,而资本市场则依赖银行获得造市服务、证券承销和信贷限额。在资产难以出售或作为抵押物的情况下,银行和资本市场间的这种相互依赖性会扩大经济冲击程度。由于对交易对手风险的更大关注会导致对市场捕获,这不仅会损害银行的资产流动性,而且还会破坏其融资和证券化战略。在2008年国际金融危机中,亚洲的私人资本市场(包括证券化产品)发展停滞,尽管这种进展的内在优势依然存在。

(三) 以公司为基础的银行借贷

1997年亚洲金融危机前,亚洲新兴经济体银行借贷主要以公司为主,即银行所承担的任务主要是将家庭存款贷款给公司或购买政府票据。亚洲新兴经济体银行借贷的这一特点隐藏巨大风险。第一,亚洲新兴经济体银行的这一借贷特点会将风险主要集中于银行资产,增加银行破产的可能性。第二,如Bowers、Gibb和Wong(2003)所言,在这种银行任务背景下,银行会对培育长期客户关系非常重视,进而导致其对风险和盈利关注不够,公司部门实际上是损害而并非增加亚洲新兴经济体银行的价值。鲍尔斯等(Bowers et al.,2003)曾指出,亚洲新兴经济体银行存在对公司客户信贷定价过低、吸收存款利率偏高的问题。其对11家亚洲新兴经济体银行的研究表明,2002年没有一家银行的信贷定价能够体现合理的资本回报。

然而,这一局面在近几年得到了极大改善。调查资料显示,

2000年，印度尼西亚、韩国和马来西亚的公司信贷下降到60%，与之相反，家庭得到25%—50%的信贷。根据表5-5的数据，韩国、马来西亚和泰国的商业贷款占比分别从1999年的69%、64%和71%下降到2005年的47%、45%和62%。在可以把握家庭贷款详细内容的4个国家（印度尼西亚、韩国、马来西亚和泰国）中，住宅费用均占了很大比重，尤其是韩国、马来西亚和泰国，2005年占比分别达到33%、28%和12%。

亚洲新兴经济体银行系统中家庭信贷所占份额的大幅上升有其重要的意义。首先，按揭和消费贷款的高回报会提高银行的收益；其次，家庭将有更大机会基于未来收入获得贷款，这有助于平滑未来消费；最后，有利于降低该地区存在的另一个重要风险，即对贸易冲击的暴露。实际上，以上所述因素在长期中都有可能得到增强。家庭借贷机会的增加可以在很大程度上促进经济增长以及经济体在应对外部冲击方面的弹性。对未来收入更高的预期增加了对家庭信贷的需求，提高了银行收益。根据有关部门估计，当人均收入超过5000美元时，家庭借款能力趋于增加，而目前部分亚洲经济体的人均收入已超越这一界限。

表5-5 银行贷款构成[1] 单位：%

国家	住房 1999年	住房 2005年	商业 1999年	商业 2005年	其他消费 1999年	其他消费 2005年
印度尼西亚	5	8	34	48	7	30
韩国	9	33	69	47	18	17
马来西亚	18	28	64	45	8	16
泰国	7	12	71	62	3	7

资料来源：国际货币基金组织：《全球金融稳定报告》；惠誉全球银行评级。

---

[1] Philip Turner, "Are Banking Systems in East Asia Stronger", *Asian Economic Policy Review*, Vol. 2, No. 1, February 2007, pp. 75-95.

(四) 亚洲新兴经济体银行系统的融资情况及"货币错配"问题

亚洲新兴经济体银行系统难以从动荡的国际资本流动中缓解融资压力是20世纪80年代和90年代一个受到高度关注的现实情况。在国际市场的融资困难会导致亚洲新兴经济体银行借贷的大幅缩水。而且短期外汇借贷还会造成银行资产负债表中严重的"货币错配"问题。1997年亚洲金融危机体现了亚洲新兴经济体银行系统的这种脆弱性。如果银行能够改进其融资环境，即降低对国际短期资本市场的依赖，则会降低短期资本流动波动对一国经济造成巨大的负效应的可能性。现如今，经过亚洲新兴经济体政府不懈的努力，亚洲新兴经济体银行系统的融资情况进展如何？

表5-6显示了银行系统的贷款及其贷款的不同融资来源。事实上，银行的资产和负债状况并非相互独立，一方的改变可以通过信贷乘数以及其他过程影响另一方。但是，我们还是试图通过表5-6进行一项静态分析。

表5-6 不同的融资来源对银行系统贷款的贡献（2002—2007年）

		亚洲[2]	韩国	印度尼西亚	马来西亚	泰国
银行国内私人信贷的增长率(%)		97	54	107	31	28
不同的融资来源对银行系统贷款的贡献	外国资产	-2	14	17	-1	-7
	中央银行资产	-29	-9	-47	-31	-16
	政府信贷	-11	-2	68	3	2
	存款	132	23	47	53	27
	其他[1]	7	27	22	8	20

注：1. 指银行信贷的其他国内融资渠道，包括债券、其他金融机构的信贷和资金等。
2. 此处亚洲的平均值是中国、中国香港、韩国、印度、新加坡、马来西亚、印度尼西亚、菲律宾、泰国、日本的平均值，以2005年国内生产总值购买力平价加权计算。
资料来源：国际货币基金组织。

银行信贷扩张的融资来源一般包括存款扩张、来自国外的净借入、下调货币当局储备、减少对政府的净借出以及增加从其他来源的借贷（特别是批发票据市场）等。通过表5－6的数据可以看出，不断增长的国内储蓄池，即银行存款始终是亚洲银行系统信贷的主要源泉。传统观点认为，因为发展中国家的国内储蓄不足以满足其投资需求，导致经常项目出现赤字。所以，亚洲银行通常通过国际市场借入存款的方式对国内投资给予融资支持。但这已是1997年之前亚洲所面临的情况，现在情况已大为改变。调查资料显示，美国在2000年前期的边际储蓄倾向大幅下跌，边际投资倾向大幅上升。同期，新兴经济体的边际储蓄倾向却大幅上升。[1] 正如表5－6所示，2002—2007年，众多亚洲新兴经济体国内零售存款的增长超过了其贷款增长。然而，韩国与印度尼西亚的情况稍有特殊，两国零售存款对贷款增长的贡献相对比较低，银行对外部市场融资的依赖有显著增加趋势，其他大部分国家通过国际市场的净融资几乎可以忽略，甚至部分国家为负值。

根据国际清算银行（BIS）报告（见图5－1），第一，亚洲新兴经济体银行的国际贷款在1997年亚洲金融危机后经历大幅下跌，2002年后又重新上升，在2006年年初这一升幅比较显著（第一条实线）。同时期，亚洲银行增加了其在国际银行的存款，这直接导致在以后的许多年间，其对国际银行的债权超过其对国际银行的负债。第二，国际银行在亚洲新兴经济体的借贷主要是本地货币而非外国货币。第三，银行在国际资本流动中的中介角色正在下降，特别是非银行部门在国际债务市场中的直接借贷迅速增长（第三条线）。[2]

鉴于以上分析，我们可以发现，亚洲新兴经济体银行系统的融资模式正在逐渐改变，这使亚洲新兴经济体银行在应对国际资本流动波动以及外部金融冲击时更加富有弹性。亚洲新兴经济体银行所拥有的巨大的国内融资基础以及外资银行本地货币贷款的增加都在

---

[1] M. S. Mohanty and Philip Turner, "Banks and Financial Intermediation in Emerging Asia: Reforms and New Risks", *BIS Working Papers* No. 313, June 2010.
[2] Ibid..

第五章 亚洲新兴经济体国际资本流动管理：金融稳定措施

减少信贷流入私人部门的波动性中发挥重要作用。因此，亚洲新兴经济体总的私人信贷在2008年国际金融危机中仍快速扩张。

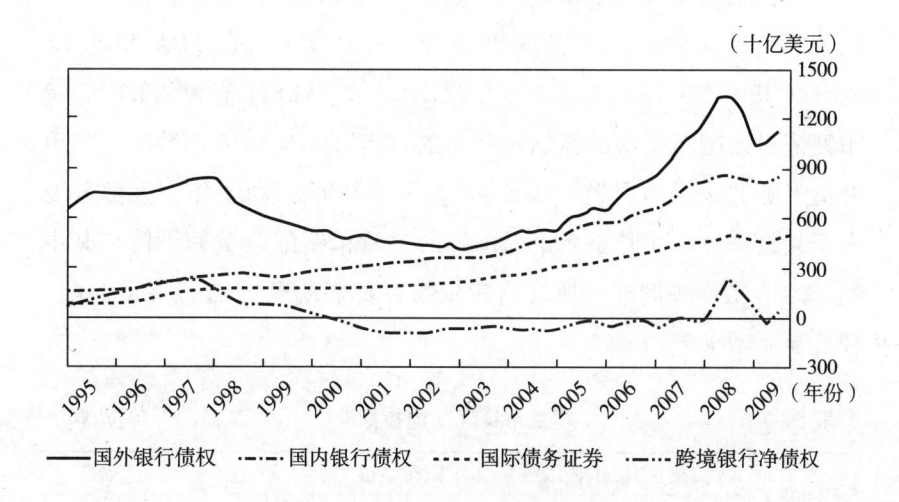

——国外银行债权　-·-·国内银行债权　······国际债务证券　—··—跨境银行净债权

图 5-1　亚洲新兴经济体的国际借贷①

资料来源：国际清算银行。

同时，本地货币融资的增加以及大额外币资产也有助于减少亚洲新兴经济体银行的"货币错配"。② 表5-7显示了反映"货币错配"的指标。左边三栏显示了所有债务合约中外币债务所占比重，比如，泰国的外币债务比重从1995年的26.8%下降到2008年的5.9%，印度尼西亚的外币债务比重从1995年的32.8%下降到2008年的18.7%。而一国外币债务的风险暴露取决于此国的净外国资产头寸，也就是外国货币资产减去外国货币负债，这个指标的变化在中间三栏显现。如果一国的净外国资产头寸为负，那么该国在货币贬值时会遭受损失，印度尼西亚、泰国和马来西亚拥有正的净外国

---

① M. S. Mohanty and Philip Turner, "Banks and Financial Intermediation in Emerging Asia: Reforms and New Risks", *BIS Working Papers* No. 313, June 2010.
② 注意起作用的是该国总的"货币错配"，而非仅仅是直接记录于银行簿记中的部分，也包括其"客户错配"而产生的间接的部分，这对信贷质量以及资产价格有影响。

资产头寸，韩国的净外国资产头寸为负。右边三栏表示总的有效"货币错配"。根据戈德斯坦和特纳（Goldstein and Turner，2004）的研究，总的有效"货币错配"取决于以外币计价的总负债比重和该国净外币头寸占出口比重两方面。即 AECM =（NFCA/XGS）× FC%，其中，XGS 代表货物和贸易出口。当 AECM 值为负数时，货币贬值对该国净财富的影响是负面的；当 AECM 值为正数时，货币升值将降低该国净财富。表 5 - 7 显示，1995—2008 年，大部分亚洲新兴经济体，尤其是东南亚国家的"货币错配"大幅下降。其中韩国的情况有些例外，所有这三项指标都表明韩国的"货币错配"程度显著增加。

表 5 - 7　　　　　　　　"货币错配"的指标[①]　　　　　　　　单位:%

国家或地区	未偿还债务总额中外币比重			净外币资产占出口比重			总的有效"货币错配"		
	1995 年	2005 年	2008 年	1995 年	2005 年	2008 年	1995 年	2005 年	2008 年
印度尼西亚	32.8	17.0	18.7	-26.7	11.0	14.6	-8.8	2.1	2.8
韩国	10.4	7.9	11.2	-7.9	30.4	-6.4	-0.8	2.6	-0.7
马来西亚	11.4	15.9	12.0	17.1	15.0	17.3	1.9	3.0	2.7
泰国	26.8	10.1	5.9	-30.7	36.8	52.1	-8.2	3.7	3.2
中国	10.3	2.7	1.9	34.9	110.6	166.2	3.9	3.5	4.0
印度	7.9	6.5	10.7	35.2	79.4	63.8	2.7	4.5	5.5
菲律宾	16.5	34.4	27.6	-8.4	-41.1	2.6	-1.4	-14.2	0.7
中国台湾	26.8	10.1	5.9	-30.7	36.8	52.1	-8.2	3.7	3.2

资料来源：国际清算银行。

（五）亚洲新兴经济体银行的盈利能力

银行盈利能力的分析也至关重要。亚洲新兴经济体银行的盈利能力已经从亚洲金融危机期间的低迷水平恢复。表 5 - 8 显示，无论是在亚洲金融危机前还是在亚洲金融危机期间，亚洲新兴经济体银

[①] M. S. Mohanty and Philip Turner, "Banks and Financial Intermediation in Emerging Asia: Reforms and New Risks", *BIS Working Papers* No. 313, June 2010.

行的盈利水平都很低。但是，在亚洲金融危机后，利润从衰退水平立即全面恢复。假定会计标准变得更严，目前测度的盈利能力会更高，潜在的改进会更大。表5-8的数据还显示，风险调整后报酬相对于风险资产的比重在亚洲金融危机后也明显上升，并且已经提高到超过最低管制的要求。①

表5-8　　　　　利润和风险调整资本回报率②

国家	税前利润			风险调整资本回报率*		
	1995—1996年	1999—2000年	2003—2004年	2005年	1995年	2000年	2005年
印度尼西亚	0.93	-5.40	2.75	2.14	11.90	21.60	19.60
韩国	0.30	-0.69	0.49	1.58	9.30	10.50	12.80
马来西亚	2.03	1.34	1.49	1.31	11.20	12.50	13.10
菲律宾	2.51	0.16	1.12	1.59	—	16.20	18.10
泰国	2.32	-1.21	1.13	1.53	9.30	11.30	13.30

注：*风险调整后报酬相对于风险资本的比重。

资料来源：国际货币基金组织：《全球金融稳定报告》；惠誉全球银行评级。

第二节　亚洲新兴经济体资本市场改革及成果分析

亚洲新兴经济体的金融体系是以银行为中心的。资本市场的发展和完善能够使亚洲资本流入国经济体系中存在银行融资的替代品，这不仅有利于经济主体资产风险分担，而且当国际资本流入发

---

① Philip Turner, "Are Banking Systems in East Asia Stronger", *Asian Economic Policy Review*, Vol. 2, No. 1, February 2007, pp. 75-95.

② Ibid..

生中断或逆转时，仍能保证经济主体融资渠道的多元化，避免过度依赖银行融资。为此，亚洲新兴经济体积极发展股票市场和债券市场。

一 1997年亚洲金融危机后亚洲经济体积极发展债券市场的成果分析

资本市场尤其是（企业）债券市场的发展与完善有利于减少银行作为国际资本流入中介机构的"双重错配"问题。在这个方面，我们需要指出以下两点：第一，银行可以通过发行债券使其资金来源更加多样化，这有利于更有效地管理"期限错配"风险①；第二，（企业）债券市场的发展还有利于国内的基础设施建设能够获得更加直接的资金支持。基础设施具有建设周期长的自然属性，因此，其很容易遭受到意想不到的冲击。为大幅提高此类项目得到稳定资金支持的可能性，亚洲新兴经济体应积极利用发行债券的方式。鉴于此，1997年亚洲金融危机后，亚洲新兴经济体大力发展债券市场。

（一）亚洲债券市场的发展进程

1997年亚洲金融危机爆发后，亚洲新兴经济体深切地意识到本地区资本市场发展的不成熟与不完善，而区域债券市场发展的滞后性被认为是导致危机的重要原因。亚洲新兴经济体虽拥有世界上最多的外汇储备，但却大量将其投向发达金融市场。在亚洲地区如果能够建立一个区域性债券市场，那么就能够将本地区拥有的巨额储蓄转化成区域内的生产性投资，进而可以扭转各经济体对银行机构和美元资产的过度依赖，提升危机应对能力。就目前而言，发展和完善债券市场是亚洲新兴经济体使储蓄和投资相匹配的有效手段。另外，鉴于亚洲人口的老龄化趋势，较为成熟的企业债券市场可以为诸如人寿保险公司和养老基金这样的机构投资者提供长期的可供

---

① 一般情况下，基础设施贷款的期限都超过10年，大大高于平均存款期限。除非实施有效的"期限错配"管理，银行不能介入这类长期基础设施项目。同样，这一问题也存在于长期住房抵押贷款中。因此，对于亚洲新兴经济体银行而言，如何管理好"期限错配"将是未来面临的一项巨大挑战。

投资的资产。因此，发展区域债券市场显得至关重要，新兴经济体为此做了大量努力。

在2002年6月的第一届亚洲合作对话（ACD）非正式外长会议上，泰国首次提出"建立和发展亚洲债券市场"的倡议，其内容主要包括：东亚各国有必要联合发行债券以提升信用级别，以本币或"篮子"货币发行债券使债券币种多样化，建立区域信用担保机制，设立外汇储备库以投资亚洲债券。该倡议提出的目的在于为亚洲债券提供官方担保，寻求建立区域债券市场的共识。

在2002年9月的第九届亚太经合组织（APEC）财长会议上，中国香港提出"发展资产证券化和信用担保市场"的倡议，建议组建区域债券专家小组，通过各类调查研讨活动，为各经济体在资产证券化和信用担保方面提出改进建议。该倡议得到了世界银行和APEC成员的广泛支持并在会议上通过。中国、泰国和墨西哥三个专家组分别成立，并于2003年4月和2004年3月召开了两次政策对话研讨会，进行了6次实地调研。

在2002年10月的世界经济论坛（WEF）东亚经济峰会上，泰国提出建立"亚洲债券基金"（ABF）的构想，该构想旨在利用亚洲地区大量的外汇储备，推动区域内投融资多样化，并促进亚洲债券市场的发展。其主要内容包括：各成员拿出1%的外汇储备投入到共同基金中；各成员使用其在共同基金中的份额投资于由其他成员发行的外币标价主权债券；共同成立区域信用机构，以对债券发行人进行审核、评级；基金运行一段时间后，各成员可以提高投资的储备比重，包括公司在内更多的、有资格的发行者也可发行债券。

在2002年11月的第六届"东盟10+3"（ASEAN+3）首脑非正式会议上，韩国提出"债券市场风险处理技术方案"，建议各成员完善区域性信用评级、担保、清算等方面的制度建设，以促进亚洲债券市场的发展。该方案旨在通过政府间对话来推动区域内的债券技术合作，但没有涉及发展亚洲债券市场的整体规划。

在2002年12月的ASEAN+3非正式会议上，日本提出发行"亚洲篮子货币（ABC）债券"方案。日本、韩国和泰国推动部分经济体成立6个工作组以开展资产证券化、区域担保机制和评级机构的相关研究，进而推广以亚洲货币结算的债券。

在2003年2月的ASEAN+3非正式会议上，日本提出"亚洲债券市场启动方案"，主要内容包括：为拓宽市场的深度，各国政府应通过发展资产抵押债券市场等措施鼓励各类企业发行债券；为完善市场的制度环境，要有效运用已有的信用担保机制，并发展区域性融资担保体系；为避免产生"货币错配"应发行以区域内单一货币及"篮子"货币标价的债券；建立健全信息交换机制，完善市场的基础设施。

在2003年6月2日的东亚及太平洋地区中央银行会议（EMEAP）上，各成员方一致同意启动第一期亚洲债券基金（ABF）。其初始规模为10亿美元，以国际清算银行（BIS）为管理人，投资于EMEAP成员（除日本、新西兰和澳大利亚外）发行的美元标价亚洲债券。

在2003年6月22日的第二届ACD会议上，18个成员一致通过并发布了《关于亚洲债券市场发展的清迈宣言》，其主要内容包括：支持区内经济体发行本币债券；鼓励各经济体完善和统一税收、会计、法规、信用担保和评估、清算和结算及监管体系；努力提高公众认知，创造有利于债券市场发展的环境等。《关于亚洲债券发展的清迈宣言》对亚洲债券市场的发展蓝图进行了展望，表明了各国共同建设亚洲债券市场的政治意愿，在亚洲金融合作进程中具有标志性意义。

在2003年8月的第六届ASEAN+3财长会议上，各成员方正式发布"促进亚洲债券市场发展倡议（ABMI）"，亚洲开发银行（ADB）为ABMI提供支持，在该倡议下，设立6个工作组分别负责研究新证券化债务工具、信用担保和投资机制、外汇交易和清算、多边开发银行和政府机构及跨国公司发行本币债、本地及区域性信用评级机构、技术援助协调，以期推动亚洲债券市场的发展。

东亚及太平洋地区中央银行会议（EMEAP）于2004年12月16日宣布将启动亚洲债券基金二期（ABF2）。与ABF1不同的是，ABF2的资金规模将扩大为20亿美元，投资于成员国本币债券（而非美元标价债券）并且向私人部门开放。ABF2于2005年5月开始正式实施。

ADB于2007年4月16日主办专题会议，就建立区域债券结算系统进行探讨。为保证证券交割和支付的安全，大多数东亚经济体都建立了各自的债券结算系统，但这对海外投资者而言成本较高，而由于时差问题，投资者使用国际结算系统将面临外汇风险。因此，建立一个统一、安全、高效的清算和结算系统对区域债券市场的发展至关重要。

在2008年5月的第十一届ASEAN+3财长会议上，各国通过了ABMI新路线图，新路线图将ABMI下6个工作组整合为4个新工作组，分别在推动本币债券发行、刺激本币债券需求、改进监管框架、完善市场基础设施等领域进一步开展工作。

在2009年5月的第十二届ASEAN+3财长会议上，各国共同发表声明，建立"区域信用担保与投资机制（CGIM）"，该机制依托于ADB的信托基金对区内BBB级以上的本币债券进行担保，信托基金规模为7亿美元（出资额：中国和日本各2亿美元，韩国1亿美元，东盟0.7亿美元，ADB1.3亿美元），并将根据实际需要扩容。该机制对于促进低级别债券的发行和交易具有重要意义。

在2010年5月的第十三届ASEAN+3财长会议上，各国共同发表声明，设立"亚洲债券市场论坛（ABMF）"，该论坛旨在推动亚洲债券市场规则标准化、政策协调化，并以此促进跨境交易。与之前的政府对话机制有所不同，ABMF首次有民间部门参与。自2010年9月第一届论坛在日本东京举办，至今已举办了6届，第六届论坛于2011年12月在中国北京举办。

表 5-9 亚洲债券市场的发展进程[①]

时间	会议	主要内容
2002 年 6 月	第一届 ACD 非正式外长会议	泰国提出"建立和发展亚洲债券市场"的倡议
2002 年 9 月	第九届 APEC 财长会议	中国香港提出"发展资产债券化和信用担保市场"的倡议
2002 年 10 月	WEF 东亚经济峰会	泰国提出建立"亚洲债券基金"（ABF）的构想
2002 年 11 月	第六届 ASEAN+3 首脑非正式会议	韩国"提出债券市场风险处理技术方案"
2002 年 12 月	ASEAN+3 非正式会议	日本提出发行"亚洲篮子货币（ABC）债券"方案
2003 年 2 月	ASEAN+3 非正式会议	日本提出"亚洲债券市场启动方案"
2003 年 6 月	EMEAP 中央银行会议	启动第一期亚洲债券基金（ABF1）
2003 年 6 月	第二届 ACD 会议	发布《关于亚洲债券市场发展的清迈宣言》
2003 年 8 月	第六届 ASEAN+3 财长会议	发布"促进亚洲债券市场发展倡议（ABMI）"
2004 年 12 月	EMEAP 中央银行会议	宣布启动亚洲债券基金二期（ABF2）
2007 年 4 月	ADB 专题研讨会	探讨建立区域债券结算系统
2007 年 9 月	第一届"中日韩信用评级论坛"	三方评级机构共同发表《北京宣言》
2008 年 5 月	第十一届 ASEAN+3 财长会议	发布 ABMI 新路线图
2009 年 5 月	第十二届 ASEAN+3 财长会议	建立"区域信用担保与投资机制（CGIM）"
2010 年 5 月	第十三届 ASEAN+3 财长会议	设立"亚洲债券市场论坛（ABMF）"

资料来源：笔者自己整理。

表 5-10 就不同合作框架对于建设亚洲债券市场的侧重点进行了总结和对比。

[①] 陈旭峰：《亚洲债券市场发展研究》，硕士学位论文，北京外交学院，2012 年，第 9 页。

表 5-10　　各合作框架建设亚洲债券市场的侧重点①

合作框架	侧重点
亚洲合作对话（ACD）	整合政治资源
亚太经济合作组织（APEC）	改善基础设施
东盟 10+3 会议（ASEAN+3）	改善基础设施，促进债券发行
东亚及太平洋地区中央银行会议（EMEAP）	建立 ABF，扩大债券需求

资料来源：笔者自己整理。

从以上分析中我们可以发现，亚洲各经济体对建立与发展亚洲债券市场已经达成一定共识。面对经济全球化特别是金融自由化提出的巨大挑战，通过建立与发展亚洲债券市场加强本地区内部的金融合作，这已成为在 21 世纪确保东亚经济持续稳定发展的重要条件。东亚各经济体根据自身的特点和需要已经从不同角度开始着手推动区域债券市场的建设与发展。当然，亚洲债券市场的建设与发展也并不是一朝一夕就能够完成的。成熟亚洲债券市场的完成必须经过亚洲各经济体长时间的共同努力和协调，需要逐渐克服区域债券市场发展进程中的种种不利因素，并且要积极为区域债券市场一体化创造良好的条件。

（二）亚洲债券市场的发展成果

1997 年爆发的亚洲金融危机充分体现出亚洲国家国内金融体系的脆弱性，即对银行体系的过度依赖，以及存在大量以外币计价的大规模短期外债。为解决这些国家对外债务中存在的"期限错配"和"币种错配"问题以及帮助国内部门减少对银行业的过度依赖，许多亚洲国家大力发展本区域债券市场。债券市场经历了四个主要结构变化：本币债券市场强劲发展；债务期限结构趋于长期；券种结构不断丰富；金融创新即信用衍生工具的使用。

---

① 陈旭峰：《亚洲债券市场发展研究》，硕士学位论文，北京外交学院，2012 年，第 9 页。

1. 本币债券市场强劲发展

国际市场一直不相信亚洲国家具有用本币向国际金融市场融资的能力。如图5-2所示,直到20世纪90年代末期,亚洲国家本币债券市场还很不发达。然而,亚洲金融危机后,亚洲国家积极实行比较好的宏观经济政策,获得比较好的经济基本面,这增加了国内外投资者对本币债券市场的信心。亚洲新兴经济体积极发行本币债券,其本币债券余额自1996年年底的4.98万亿美元增加到2011年9月的18.1万亿美元,年均增长率约为9.0%;然而,同时期,世界其他地区本币债券余额(总计)自20.48万亿美元增加到49.53万亿美元,年均增长率约为6.1%。由此可见,亚洲地区债券市场的发展速度显然高于世界其他地区。

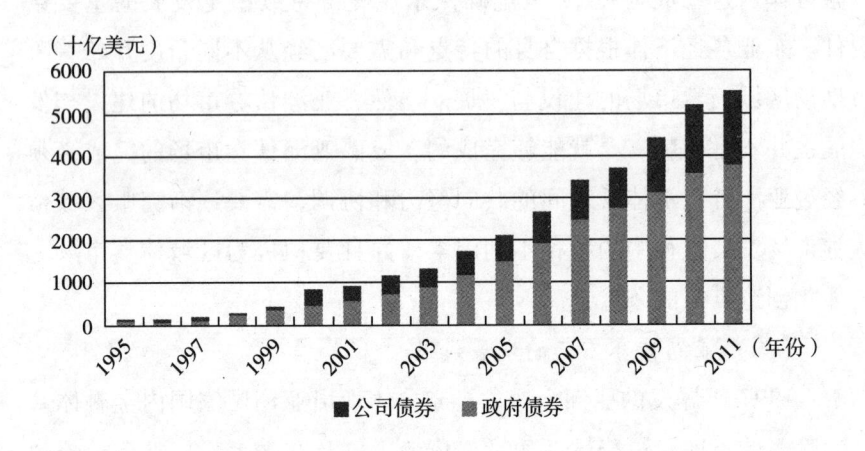

图5-2 亚洲本币债券市场的历史性增长

资料来源:世界银行。

不仅如此,在本币债券市场上,国内和国外投资者都表现得很活跃(见图5-3)。亚洲开发银行的数据显示,2008年亚洲新兴经济体政府和公司发行债券的规模占GDP的比重,韩国占99.6%,中国占47.7%,马来西亚占86%。这说明本币债券市场已经成为亚洲国家融资的主要渠道,也是亚洲债券市场中发展最快的一部分。

第五章 亚洲新兴经济体国际资本流动管理：金融稳定措施 | 131

特别是 JP 摩根全球债券指数于 2005 年推出新兴市场部分（GBI - EM），这为国内外投资者建立指数型债券投资组合、金融监管部门及时掌握债券市场信息、债券发行主体了解市场情况以及确立发债计划提供了依据。同期，亚洲国家外债存量占国内生产总值比重由 1995 年的 35.5% 下降到 2008 年的 12.9%。亚洲国家债务市场由主要依赖外部债务市场转为主要依赖内部债务市场。亚洲国家通过在国际金融市场上发行以本币计价的债券和积极发展本区域债券市场证明了自己具有用本币向国际金融市场融资的能力。

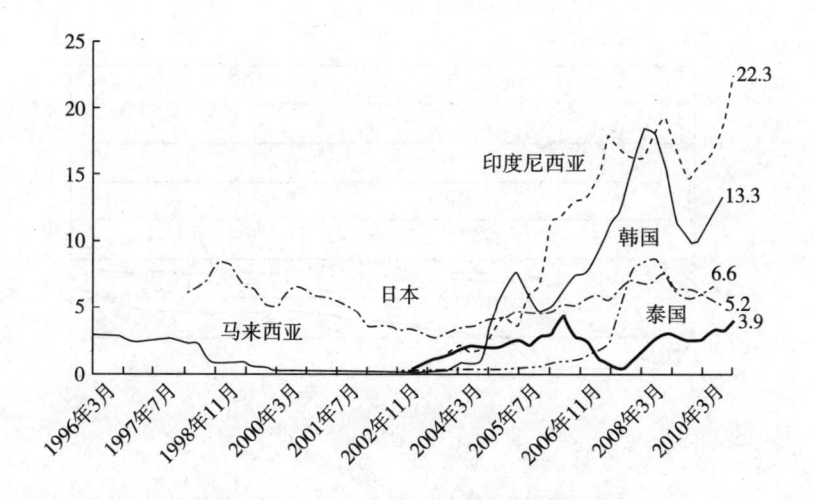

图 5 - 3 外国持有本地政府债券的份额

资料来源：Asian Development Bank，*Asia Capital Markets Monitor*，August 2011。

2. 债务期限结构趋于长期

关于债务危机的研究表明，更短期更集中的债务结构会增加债务危机发生的可能性。而且，短期和浮动利率债务将会加大国家利率突然增加的可能性。这可能还会有附加的后果，因为政府需要增加税收以满足债务的缺口。另外，期限较长则意味着在每一时期推出更少量的债务。所以，长期债务具有可持续性，使亚洲国家过渡到长期债务结构是有益的。

直到20世纪90年代，亚洲国家未偿还债务总额中，短期债务占相当大的份额，部分原因是国内国际资本市场上长期债务的高风险溢价。但是，由于亚洲国家吸取了亚洲金融危机的教训，意识到更短期更集中的债务结构会增加债务危机发生的可能性，所以，亚洲国家在进行宏观经济基本面改革的同时延长了其债务期限结构。如图5-4所示，在国债期限结构中，虽然3—5年、5—10年和10年以上期限国债上涨幅度不是很大，但其趋势还是增加的。而1—3年短期国债份额显著下降。

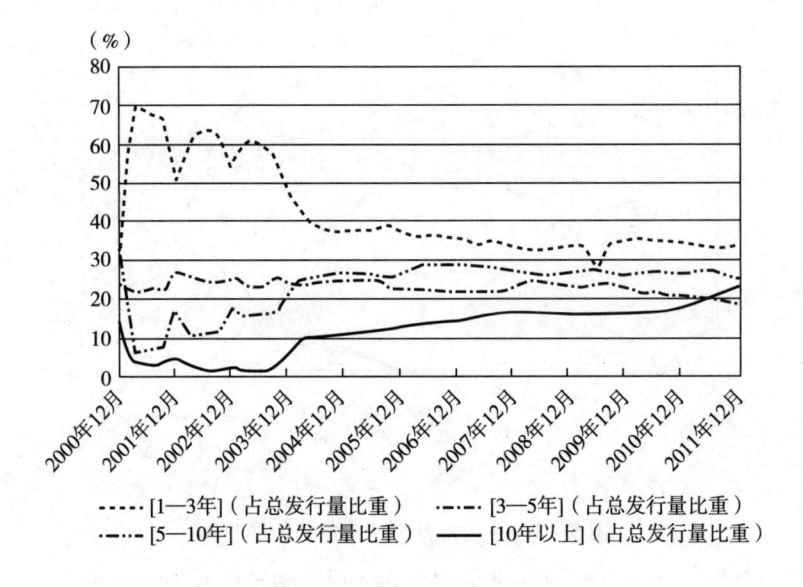

图5-4 政府债券期限结构

资料来源：世界银行。

此外，亚洲已从浮动利率债券转向了固定利率债券。1994年，浮动利率债券占亚洲债券发行量的50%以上。2007年，浮动利率债券只占总发行量的2%。同时，通货膨胀保值债券的发行下降。[①]

[①] Lena Suchanek and Garima Vasishtha, "The Evolution of Capital Flows to Emerging-Market Economies", *Bank of Canada Review*, Winter 2009/2010, December 2009, pp. 15-27.

3. 券种结构不断丰富

随着整体规模的快速扩张，亚洲债券市场的券种结构也不断丰富。从表5–11可以看出，已有半数的经济体发行了基准美元债，这有利于加强其与区外经济体的投融资联系。此外，一些经济体发行了不同类型的政府债，多样化的政府债工具为实现对国内金融系统的高效调控提供了便利；而部分经济体也发行了资产支持证券等高级公司债，它们为投资者规避风险、实现投资标的保值增值提供了新的选择。

表5–11　　　　　　　亚洲市场债务工具类型[①]

国家和地区	债务工具类型			
	基准美元债	政府债券	类政府机构债	公司债券
文莱	未发行	伊斯兰租赁债	未发行	未发行
柬埔寨	未发行	翻新债（不可交易）	未发行	未发行
中国	4.75% 2013年10月29日	政府债、国债	政策性银行金融债、特别金融债	公司债、企业债
中国香港	5.25% 2014年1月8日	外汇基金票据及债券	法定机构债	公司债
印度尼西亚	6.875% 2017年3月9日	翻新债、财政债、SBIs	未发行	公司债、伊斯兰债
日本	未发行	收益债、金融债、津贴债、认股债、贡献债、需求债	政府担保债	武士债、中期票据、外汇债、将军债、资产支持债
韩国	4.875% 2014年9月22日	韩国财政债、国家住宅债、工业金融债（韩国发展银行发行）、货币稳定债	首尔城市地铁债	私人部门债、公用事业债、工业金融债（非韩国发展银行发行）
老挝	未发行	财政债	未发行	未发行

---

① 陈旭峰：《亚洲债券市场发展研究》，硕士学位论文，北京外交学院，2012年，第11页。

续表

国家和地区	债务工具类型			
	基准美元债	政府债券	类政府机构债	公司债券
马来西亚	5.625% 2016年3月15日	政府证券、财政债政府投资债、BNMN、独立储蓄债	马来西亚债、再抵押债	商业票据、中期票据、资产支持证券及伊斯兰债及传统票据
缅甸	未发行	财政票据	未发行	未发行
菲律宾	8.75% 2016年10月7日	财政票据、固定财政债票据、美元比索票据、零售财政债及票据、现金管理债	住房保障公司债	长期及短期商业票据,标准公司债
新加坡	未发行	财政债	财政债	资产支持证券、机构化产品、标准公司债
泰国	未发行	政府债、财政票据、泰国银行债、累计利息债、息票债	国有企业债	债务证券
越南	6.875% 2016年1月15日	政府债、国有银行票据、政府担保债、本地机构债	国有企业债	公司债

资料来源：笔者自己整理。

4. 金融创新即信用衍生工具的使用

信用衍生工具已成为新兴经济体投资者日益重要的工具，特别是信用违约互换（CDS）的发展。CDS是当今金融市场上最为先进的信用风险管理工具之一。它既是一种信用衍生产品，又是债券保险的重要形式之一。通过信用违约互换，投资者可将参考资产的信用风险转移至交易对手，这将有助于提高市场流动性及定价效率。信用违约互换市场近年来保持着很高的增长速度。据估计，其在新兴市场的国际债券中占有很大的比重。保加利亚、韩国、墨西哥、秘鲁、菲律宾和俄罗斯联邦的证券市场都使用了CDS。另外，CDS合约的强劲增长也反映了国际投资者投资于亚洲新兴经济体的需求正在增加。CDS 合约对于发展中国家债务资本的定价和供应有着重要意义，并且它们在揭示违约信息和为违约事件保险方面具有不可替代的功能。总之，它们为投资者提供了另一种衡量市场风险的方式。

然而，虽然 CDS 确实能做到分散风险，提供更完整的市场，但是，在确定谁承担风险和承担什么样的风险方面，可能会存在技术上的困难。而且如果投资者没有充分了解他们所持有的大额头寸的风险，那么，当冲击来临时，将可能会出现金融动荡。

5. 公司融资渠道趋于国际化

图 5-5 显示，亚洲新兴经济体的融资条件得到改善，亚洲新兴经济体的公司在国际市场发行债券额逐年增长，表明亚洲新兴经济体的公司融资渠道趋于国际化。国际金融危机期间，亚洲新兴经济体的公司和金融机构以前所未有的规模在国际债券市场上进行借贷。[①] 国际资本市场向越来越多亚洲新兴经济体的公司开放是亚洲新兴经济体融资重要的结构性改变。

公司进入国际资本市场，能使其资金来源更加多元化，能够获得较长期限的借款以及国际知名度，从而降低融资成本，并且还能促进这些公司使用更成熟的融资工具和更好的风险管理制度。进入国际资本市场也减少了这些公司对本地资本市场的依赖性，同时能够激励它们使用更高标准的审计、报告、信息披露和公司治理制度。另外，这也有利于提高受到资金约束的小企业的参与度。当借款人第一次借款时，贷款人会花费相当多的时间与精力来获取借款人的信息，而这些成本最终都会加在借款人身上。因此，一般而言，借款人的第一次借款成本都会很高。但是，只要贷款人获得这些信息并使借款人的第一次借款成功，那么随后借款人的边际借款成本就会降低，并且可能还会降低借款人所在地区的所有公司的融资成本。

---

① Lena Suchanek and Garima Vasishtha, "The Evolution of Capital Flows to Emerging-Market Economies", *Bank of Canada Review*, Winter 2009/2010, December 2009, pp. 15-27.

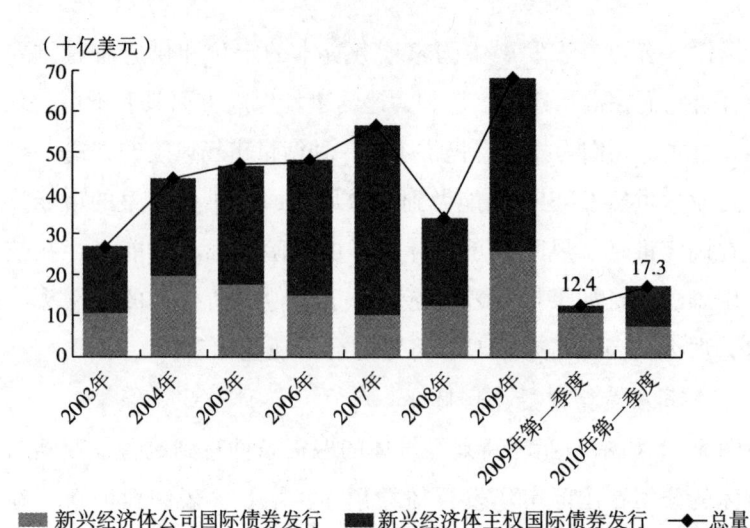

图 5-5 亚洲新兴经济体公司国际债券发行和主权国际债券发行[①]

注：国际债券包括美国、欧洲、日本发行的债券；主权债券是指由政府支持的机构发行的债券；数据不包括存款证明书；图中亚洲新兴经济体包括中国、中国香港、中国台湾、印度尼西亚、马来西亚、菲律宾、新加坡、印度、韩国、越南和泰国。

资料来源：根据彭博社数据计算而得。

亚洲新兴经济体公司广泛参与到国际资本市场中去的原因主要有三个：其一，投资者日益增长的对于追求高收益和投资多样化的需求；其二，公司的日益私有化和公司越来越多地参与国际商业交易；其三，良好的宏观经济环境、正在进行的金融自由化改革以及日益改善的公司治理环境都有助于增强公司的外部融资能力。

亚洲新兴经济体的公司在国际资本市场上进行跨境借贷变得越来越频繁。对外借款从主权部门向公司的转移往往会改变货币和信贷风险的运行轨迹。这对亚洲新兴经济体乃至全球经济提出了政策性挑战，特别是关于企业外债的担忧。

---

① Asian Development Bank, *Asia Capital Markets Monitor*, August 2011.

二 1997年金融危机后亚洲新兴经济体积极发展股票市场的成果分析

股票市场的发展能够为国内外投资者提供银行产品以外的投资产品，分散国内外投资者的投资风险，改变亚洲金融体系以银行为主的局面，因此，亚洲新兴经济体在1997年金融危机后吸取教训，继续积极发展完善股票市场。

（一）亚洲经济体股票市场的发展进程

直到20世纪80年代末期，亚洲各新兴经济体的股票市场资本量仍然非常有限，其规模也较小。自20世纪90年代开始，伴随着该地区经济的腾飞，国外投资者对该地区的投资兴趣异常高涨，带动了亚洲各新兴经济体股票市场的迅速成长。Claessens和Rhee（1994）认为，发达国家和亚洲新兴经济体的共同努力引致外国投资者对亚洲股票市场兴趣大增。从亚洲新兴经济体角度来讲，自20世纪90年代初开始，亚洲新兴经济体对股票市场进行了一系列的改革，这些改革旨在增加外国投资者在股票市场的收益。首先，为降低交易成本和信息不对称，改进股票市场的竞争条件，提升国内外投资者的信心，亚洲新兴经济体股票市场引入更完善的监管框架。其次，拥有保护少数股东权利的相关法律和配套实施的新兴经济体日益引起外国投资者的关注。再次，减少了外国投资者对发展中国家股票市场进行投资时在市场参与方面所受的限制。此外，随着国际贸易的发展，亚洲新兴经济体本国和地区公司越来越多地进行国际商业交易，融资需求日益增长，很多亚洲新兴经济体本国和地区公司参与到了国际股票市场中。国际股票市场允许这些公司以外资的形式进入的条件之一就是要改善公司治理结构。[①] 从发达国家角度来讲，由于亚洲股票市场与发达国家股票市场之间存在弱相关性，因此，能够给国外投资者的分散投资组合带来更大的收益，这

---

① 治理良好的公司比治理不善的公司能够以更低的成本融资，因为投资者会对治理不善的公司要求额外的风险溢价。

也成为该地区能够吸引外国投资者的最大动力。

与20世纪90年代相比，2000年后，亚洲各新兴经济体积极发展股票市场的政策主要表现在：进一步减少外国投资者对亚洲新兴经济体股票市场进行投资时在市场参与方面所受的限制。再加上亚洲新兴经济体稳定的经济增长前景，亚洲新兴经济体基本上成为国际证券投资组合的目的地，越来越多的外国投资者进入亚洲股票市场。外国资本的参与大大增加了东道国股票市场的流动性，这有助于金融系统的发展。有研究表明，股市流动性的增加与未来经济发展高度相关。

（二）亚洲新兴经济体股票市场的发展成果

股票市场的发展不仅有利于改变亚洲金融体系以银行为主的局面，而且能够调整国际资本流入的结构，尤其是当国际资本流入发生中断或逆转时，能够保证经济主体融资渠道的多元化，避免过度依赖银行融资。经过近十几年的努力，亚洲新兴经济体股票市场到底发展如何？

分析亚洲新兴经济体股票市场的发展水平，本书中所采取的指标包括上市公司总数、股票发行额、股票交易额、股票年周转率、市值总额、市值占GDP比重。

1. 亚洲新兴经济体股票市场的规模和发展态势

上市公司总数、股票发行额和股票市场交易额在一定程度上能够反映股票市场的规模和发展态势。

（1）上市公司总数。图5-6显示，亚洲新兴经济体的上市公司数量从20世纪90年代开始一直呈现上升趋势。其中，韩国和马来西亚在进入21世纪后的上升趋势非常明显。1993—2012年，印度尼西亚、韩国、马来西亚和泰国的上市公司数量分别达到459家、1767家、921家、502家。对应增长量分别为285家、1074家、511家、155家。

（2）股票发行额。图5-7显示了1995—2010年亚洲新兴经济体的股票发行情况。其中企业的首次公开募股（IPO）在20世纪90

第五章 亚洲新兴经济体国际资本流动管理：金融稳定措施 | 139

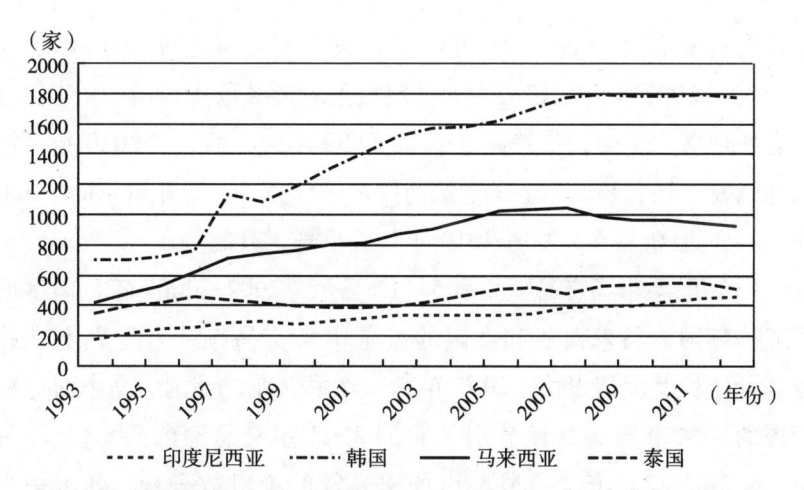

图 5-6 部分亚洲新兴经济体股票市场上市公司总数（1993—2011 年）

资料来源：世界银行。

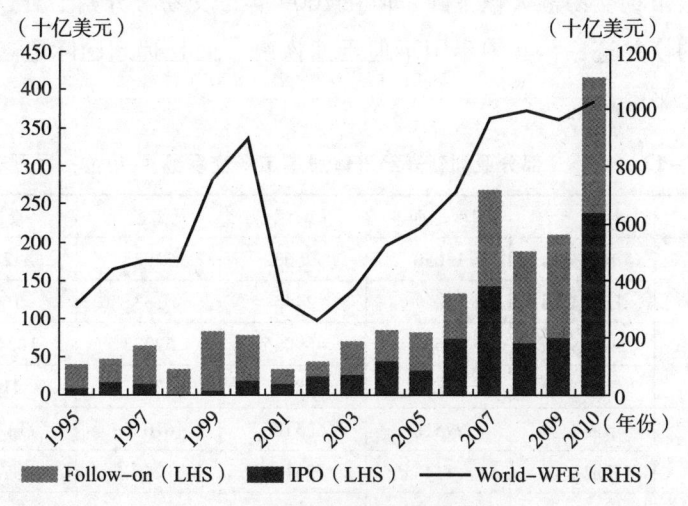

图 5-7 新兴亚洲的股票发行额[①]

注：IPO 为首次公开募股；Follow-on 为增发，即企业首次公开发行股票后，为了扩大规模而再次发行股票；LHS 为左手规模；RHS 为右手规模；WFE 为国际证券交易所联合会；图中亚洲新兴经济体包括中国、中国香港、印度尼西亚、中国台湾、马来西亚、菲律宾、新加坡、印度、韩国、泰国和越南。

资料来源：国际证券交易所联合会、韩国银行、新加坡金融管理局、印度储备银行、亚洲国际金融评论。

---

① Asian Development Bank，*Asia Capital Markets Monitor*, August 2011.

年代发行量很小。进入 21 世纪后，发行量迅速扩张，尤其是在 2006 年、2007 年，增幅较大，虽然在国际金融危机期间，IPO 发行量有所回落，但是，依然高于 20 世纪 90 年代，而且在 2010 年不但迅速恢复，还远超国际金融危机前的水平。另外，企业增发的（Follow-on）股票额在 2000—2010 年一直呈现上升趋势。

（3）股票市场交易额。表 5-12 显示，2002—2007 年，印度尼西亚、韩国、马来西亚和泰国的股票市场交易额一直呈现上升趋势，且增长速度都很快。2007 年，印度尼西亚、韩国、马来西亚和泰国的股票市场交易额分别是它们 2002 年交易额的 8.8 倍、3.4 倍、5.2 倍、2.9 倍。从股票市场交易额的绝对数来看，韩国一直是东亚最大的交易市场。由于受到国际金融危机的影响，2008 年亚洲股票市场交易额大幅下降，但在 2009 年，交易额开始上升，显示明显的恢复迹象，其中泰国不但迅速恢复，而且远超国际金融危机前的水平。

表 5-12　　部分亚洲新兴经济体股票市场交易额[①]　　单位：百万美元

年份		印度尼西亚	韩国	马来西亚	泰国
2002	年成交额	13050	596632	32923	41289
	日成交额	53	2445	133	169
2003	年成交额	14652	459035	52233	102421
	日成交额	61	1858	212	415
2004	年成交额	27518	625186	61636	116381
	日成交额	114	2511	249	475
2005	年成交额	41633	1210662	51601	95646
	日成交额	171	4862	209	390
2006	年成交额	48810	1342086	75205	100929
	日成交额	202	5434	306	415
2007	年成交额	114631	2005641	169723	117893
	日成交额	466	8254	684	481

① Asian Development Bank, *Asia Capital Markets Monitor*, May 2010.

续表

年份		印度尼西亚	韩国	马来西亚	泰国
2008	年成交额	109432	1432480	93784	115980
	日成交额	456	5776	383	470
2009	年成交额	94351	1559040	86033	126097
	日成交额	391	6162	344	519

资料来源：区域一体化办公室工作人员运用国际证券交易所联合会的数据计算而得。

2. 亚洲股票市场的活跃度和应对各种冲击的反应速度

反映亚洲股票市场的活跃度和应对各种冲击反应速度的指标为股票年周转率。股票周转率也被称为换手率，是指一国股票市场上股票的流通量与市值的比重，也是反映股票流通性强弱的指标之一。股票周转率越高，说明股票市场活跃度也越高。

就表5-13反映的信息而言，自2002年以来，在印度尼西亚、韩国、马来西亚、泰国和菲律宾5个国家中，韩国股票市场交易的年平均周转率是最高的，泰国仅次于韩国，而菲律宾的周转率是最低的。以上分析充分说明，相较于韩国，东盟国家的股票市场交易尚不够活跃，股票市场的流动性欠缺。

表5-13　　　　股票市场交易的年平均周转率　　　　单位:%

年份	印度尼西亚	韩国	马来西亚	泰国	菲律宾
1995	25.3	99.0	36.4	41.8	25.5
2002	49.2	337.3	22.7	115.4	7.7
2003	34.9	235.7	34.3	115.4	8.4
2004	43.1	168.5	33.4	91.7	14.0
2005	54.2	209.8	26.9	73.9	20.1
2006	44.3	172.5	32.1	75.8	20.7
2007	64.4	201.6	53.5	64.2	34.1
2008	71.3	181.2	33.2	78.2	22.2
2009	83.3	237.6	32.1	112.1	26.0

续表

年份	印度尼西亚	韩国	马来西亚	泰国	菲律宾
2010	48.1	168.9	27.1	104.8	22.6
2011	37.2	195.1	32.0	85.1	20.4
2012	23.3	139.2	28.6	70.4	16.2

资料来源：世界银行。

对各年股票市场周转率的变化趋势而言，印度尼西亚、马来西亚和菲律宾3个国家的各年的周转率变动方向基本相同，然而，泰国的股票周转率除在2002—2003年与其他三国的大幅变动有区别外，其他年份的周转率变动均与其他3个国家的周转率变动呈现相反方向，这可能意味着泰国股票市场与其他3国股票市场的联动关系是反向的。

3. 股票市场对经济的重要性

股票市场市值占GDP比重这个指标则进一步反映出各国股票市场在各国经济中的重要作用。

图5-8显示，马来西亚和韩国股票市场市值占GDP比重和美国相去不远，尤其是马来西亚。泰国和印度尼西亚在亚洲新兴经济体拥有较小的股票市场，与世界其他发展中国家的股票市场相近。从这个意义上说，亚洲各新兴经济体的股票市场发展程度基本上与各新兴经济体的经济发展阶段相符合。

在许多发达经济体中，市值一般为国内生产总值的1.5倍甚至更高。从图5-8可以看出，马来西亚和韩国的股票市值总额与本国GDP相当，本国资本市场相对而言具有一定深度，而印度尼西亚、泰国的本土市值都远低于国内生产总值。这说明亚洲新兴经济体股票市场发展并不均衡。2005—2006年，亚洲股票市场大幅上扬，亚洲新兴经济体的股票市场在这种环境下也有较快发展，股价渐渐跻身全球前列。在2006—2007年的12个月中，马来西亚交易所和菲律宾交易所的股价就翻了一番多。① 金融危机对这个指标的影响也在图 5-8 中显现出来：1997 年亚洲金融危机和 2008 年国际金融危机的发生均导致股票市场大幅缩水，体现在上市公司市值总额与国内生产总值比值的骤降。这说明，亚洲资本市场虽然取得了长足发展，但缺乏影响全球的深度与广度。

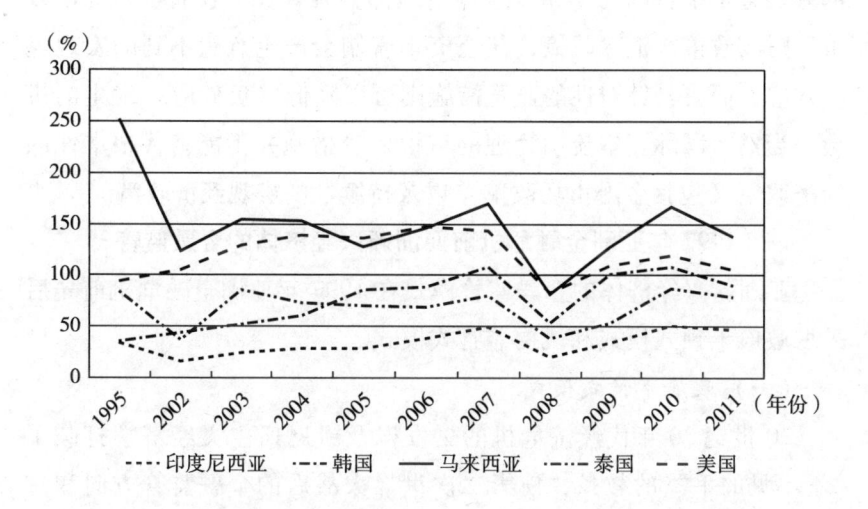

图 5-8　部分亚洲新兴经济体与美国股票市值占 GDP 比重
资料来源：世界银行。

第三节　亚洲新兴经济体金融市场的审慎监管措施

如果一国政府不能有效地控制资本流入总量，而国内又存在资产价格过度升值，那么，可考虑加强金融监管以防止金融泡沫的破裂。国际资本大量流入会导致市场上存在低利率和流动性过剩，经

---

① 刘仁伍：《东南亚经济发展地图》，社会科学文献出版社 2007 年版，第 22 页。

济主体非常有可能进行风险投资。这时政府应该通过一系列定性和定量的措施来影响金融机构的冒险行为。这些措施具体包括组合投资构成的限制、风险资本金要求、贷款损失准备金、市场风险压力测试等。以上这些措施再加上特定资产市场的监管措施，基本上可以控制住国际资本流入所带来的风险。而且如果流入资本市场的大部分资金是来自国内，那么这些措施都会有效。一般而言，货币政策、财政政策、汇率政策，甚至资本管制会产生意想不到的宏观经济效应，而更具针对性的监管措施则可以降低"负效应"发生的机会。当然，国际资本流动管理的审慎监管措施并不能替代根本性的经济改革（包括金融市场改革）以及持续性的宏观经济政策。

一 1997年亚洲金融危机前亚洲新兴经济体的金融监管

亚洲新兴经济体的金融监管模式在1997年亚洲金融危机前先后采取政府干预式模式和机构监管式模式。

（一）政府干预式模式

20世纪30年代经济危机的爆发以及凯恩斯主义经济学打破了"看不见的手"的教条，使第二次世界大战后的金融监管方向和重点发生了重大变化。第二次世界大战后，金融监管理论关注的方向和重点是如何维护金融体系的安全，提倡对金融体系应进行严格监管。西方主要发达国家在严格监管理论的指导下开始对金融领域进一步加强管制，此时的金融监管倾向于政府对其进行直接管制。

第二次世界大战后，东亚国家在金融严格监管理论的指导下，同时，在借鉴西方金融监管经验的基础上，开始不约而同地对本国金融业的监管采取政府主导的金融监管模式，即政府对金融系统进行全面、直接且严格的管制。受战争的影响，东亚国家千疮百孔，百废待兴，经济发展所需资金严重不足。东亚国家为恢复经济，重建公众对银行的信心，保证经济发展所需资金的供给，将金融监管的目标设定为维持金融业的安全稳定，并保障优先发展部门的资金供应，同时防止由于过度竞争引发金融机构破产。这种政府干预式的金融监管模式能够有力地保证东亚国家金融监管目标的实现，促进经济恢复与持续发展。这一时期，政府干预式金融监管模式的典范国家有日本、韩国、中国。东亚各国政府为了能够完成在经济上赶超发达国家的目标，对包括金融业在内的几乎全部经济部门实施干预。这种模式有助于完成经济赶超任务，但其也有一定的弊端，即这种模式不利于形成金融业的规范经营。金融自由化后这种不透明的政府干预式金融监管模式遭遇到了巨大的挑战。

（二）机构监管模式

20世纪70年代，经济学家开始对政府的过度管制提出质疑，主张金融自由化。他们认为，金融监管克服"市场失灵"的能力有限，而且在政府金融监管过程中还会产生信息不对称和不完备现象，进而导致监管效率低。基于此，开始演绎出放松监管的思想，主张应减少对金融机构的干预，放松监管，鼓励通过自由竞争实现经济和金融的良性互动和共同发展。

亚洲新兴经济体自20世纪70年代起先后进入高速发展时期，且与世界经济的联系趋于紧密。亚洲新兴经济体在金融自由化浪潮的推动下先后开始了金融自由化进程，国内金融业逐步开放，金融管制逐渐放松，行业垄断逐渐打破，金融业务逐渐实现多样化。鉴于不同的金融业务具有不同的风险特征，以下这种制度安排可能是最有效率的，即由不同的机构来承担不同的金融业务，同时根据其不同的风险特质确定不同的监管机构，并采取不同的监管方式。

在这一时期，亚洲新兴经济体开始建立机构监管模式，即依据金融机构的不同类型设置不同的监管机构。首先，金融监管当局要将金融市场上所有的金融机构依据行业类别（或经营业务）加以分类；其次，使不同的法规及监管规则适用于不同的金融机构。理论上讲，金融市场上各金融机构所经营的业务种类越专一，机构监管模式就越有效率。所以，如果从逻辑上分析，机构监管模式的核心基础就是分业经营，亚洲新兴经济体对金融业严格分业监管开始形成。然而，当金融机构承担越来越多的业务时，特别是当系列金融产品之间互相关联的风险因素越来越多时，人们开始质疑机构监管模式的有效性及效率性。

二 1997年亚洲金融危机后亚洲新兴经济体的金融监管

（一）1997年亚洲金融危机后亚洲新兴经济体金融监管模式的变化

伴随时代的变化、社会和经济的发展，亚洲新兴经济体金融监管模式处在不断的革新和完善过程中。

如前文所述，1997年亚洲金融危机爆发前，亚洲新兴经济体普遍推行金融自由化，不断减少政府对金融市场做出干预，积极鼓励金融的自由化和私有化，并允许国外资本自由出入本国金融业，这些都导致亚洲新兴经济体的金融监管纪律不断松懈，监管不到位，效率低且力度小，金融系统的潜在风险逐渐增大。最终在20世纪90年代末亚洲新兴经济体国内的金融部门受到巨大冲击，一些经营不善的金融机构甚至被迫倒闭或被收购。20世纪90年代末爆发的亚洲金融危机使亚洲新兴经济体金融监管当局意识到，金融越是自由化，监管越不能放松，而且防范金融体系系统性风险应成为重中之重。虽然亚洲新兴经济体的金融监管改革因具体国情不同而存在差异，但我们通过比较各经济体的金融监管体制改革进程后发现，1997年亚洲新兴经济体金融危机后的亚洲金融监管改革具有一定程度上的共性。具体来讲，这些共性主要表现在以下四个方面：

1. 金融业分业监管的不断削弱

在金融全球化和自由化浪潮的推动下，传统的不同金融机构之间的界限逐渐模糊，金融机构的业务逐渐朝综合性、多样化方向发展。在各种金融创新不断涌现的新形势下，金融业已然突破传统的不同金融机构的分工限制，证券业、银行业日益融合，交织在一起；不仅如此，金融创新也在悄悄地打破工商业与金融业的界限。原有的金融监管模式已不能适应变化了的形势，逐渐放松对金融业分业经营的管制势在必行。

当然，金融创新与金融监管的关系是辩证的。金融监管是引发金融创新的重要因素。很多金融创新的初衷就是为了逃避监管，金融机构为从逃避监管中获得利益，不断创新；然而，反过来，金融创新又有利于金融监管的进步。金融监管当局需要及时修改或取消那些因金融创新而名存实亡的监管方式，并积极开发新的监管方法来适应金融创新带来的新的金融形势。这个过程无疑鼓励和促进了金融监管方式的创新。监管—创新—再监管—再创新，周而复始，循环不息。

2. 金融监管权力趋于集中

1997年亚洲金融危机后，为适应全球金融业的发展，亚洲新兴经济体纷纷对金融监管体制进行改革。在这个时期，亚洲新兴经济体各国金融监管改革的最大特点是金融监管权力趋于集中，主要表现为集证券业、银行业、保险业和其他金融业监管职能于一身的超级金融监管机构。采取的具体措施包括：加强中央银行的独立性、加强金融监管的独立性以及建立统一的金融监管机构。1998年，韩国成立金融监督委员会，对金融业实施统一监管；2000年，日本成立金融厅，作为内阁府的外设局，独立而全面地负责金融监管业务；新加坡是东亚最早实施统一监管的国家，于1971年就成立了金融管理局，统一负责金融监管业务。中国由于特殊的国情及经济发展阶段，为适应经济发展的需要，目前仍以分业监管为主。

3. 银行业监管均受《巴塞尔协议》的影响，实施严格监管

银行业作为亚洲金融市场的命脉产业，亚洲新兴经济体一直对其实施严格的管制，尤其是受《巴塞尔协议》的影响，亚洲新兴经济体各国银行监管趋于标准化。《巴塞尔协议》作为对世界银行业监管的共识性标准，逐渐为东亚大多数国家所采用，特别是新《巴塞尔资本协定》（以下简称新《巴塞尔协议》或《巴塞尔协议Ⅱ》）。新《巴塞尔协议》由最低资本金要求、监管当局对资本充足率的监督检查和信息披露三大支柱组成。其主要内容具体如下：最低资本金要求即要求银行的最低资本充足率必须达到8%，而要求银行的核心资本充足率应达到4%。这个规定旨在使银行能够对风险更加敏感，使银行的运作更加有效。其中信用风险资本计提包括

标准法、进阶内部评等法以及基础内部评等法；监察审理程序是指金融监管当局需要通过监测以决定银行内部是否合理运行，进而能够对其提出改进方案；市场制约机能又被称为市场自律，即要求银行提高信息透明度，以便使外界及时对其财务和管理有更好的了解。

根据《巴塞尔协议》，东亚各国对银行均规定了严格的市场准入标准，即要想成立新的银行，必须达到标准要求。如商业银行在韩国申请成立时必须满足如下要求：①商业银行申请人须具有作为一个法人的法律地位；②银行准入的最低资本要求是1000亿韩元，同时银行的首期资本缴付不允许使用借入资金；③银行可以使用非现金的资产或政府证券的形式进行首期资本付款以及随后的注资。

依据《巴塞尔协议》银行最低资本充足率8%的规定，亚洲各经济体对银行资本充足率做出严格要求。当然，由于具体国情不同，各经济体政府对资本充足率高低的要求也会略有差异。其中韩国作为一个例外，其资本充足率一度低于8%，但其却通过其他各种手段及措施基本使银行的资本充足率实际上达到或超过了8%。根据《巴塞尔协议》关于资产流动性方面的规定，亚洲经济体都从实际出发，总体上对银行的资产活动给出了必要限制。当然，由于具体国情不同，各经济体政府对银行资产要求的比例标准略有差异。

亚洲经济体均还颁布了专门的《银行法》以加强对银行的监管。为分散贷款，避免因个别借款人的失误导致银行风险。亚洲各经济体都通过《银行法》等立法形式对单个借款人借款的最高限额做出限制，以期从制度上遏制亚洲各经济体国内单一借款人通过关联企业多头借款造成大额风险集中的现象。各经济体《银行法》都规定，银行在向同一人提供信用时，贷款余额与商业银行资本余额的比例不得超过一定比例。

4. 保险业监管均表现出由注重偿付能力向以风险为基础的监管方式转变

亚洲各经济体对保险业的监管过去一度注重对保险人偿付能力的监管以及对投保人利益的保护。而亚洲保险市场的运行机制与外部环境已经随着时间的推移而发生了很大的变化，作为一种典型保险监管方式的偿付能力监管也遇到了一些挑战。目前，亚洲各经济体的保险机构类型众多，且存在关联交易程度高及风险交叉传染可能性大的问题，这对保险业的风险监管提出了新的要求，而偿付能力监管对风险的"一刀切"做法难以满足新形势对风险监管提出的新要求。在这种情况下，为了能够给保险业创造一个更有效率和活力的市场，各经济体正逐渐改变原来对保险市场行为管理过细的状况，而向以风险为基础的监管方式转变。这种新的监管方式可以全面衡量不同管理水平、不同类型保险机构的资产与负债风险，针对性增强，不仅可以使监管资源得到更有效的配置和使用，而且还能够更及时地识别、监控和处置不同的风险。我国的保险市场由于发展比较落后，目前仍旧以偿付能力监管为主。

（二）印度尼西亚、泰国、马来西亚和韩国的金融监管实践

1. 印度尼西亚：公司型监管和限制性监管

通过深化金融改革，印度尼西亚的金融和银行体系已经从一个管制的、封闭的状态发展成为相对开放和具有竞争性的市场体制。在监管模式上，印度尼西亚对外资银行监管呈现公司型监管和限制性监管相结合的特点。自20世纪90年代中期起，印度尼西亚中央银行开始大力推行"银行自我监管"运动。在加强审慎性监管原则的同时，印度尼西亚监管当局要求外资银行制定规则、系统、标准、方案和措施来保证它们的经营和管理是符合稳健发展原则。如"银行年度经营计划"中关于全面反映银行信贷计划和可能的风险的要求，"标准的银行内部审计职能"要求银行采纳国际公认的会计原则，并运用这些原则实行公开的披露制度，提高监管能力。在限制性监管方面，印度尼西亚中央银行通过限定流动资金对其资产或负债或其组合、保持充足的存款准备金、保证资产和负债在期限上匹配、规定授信规模对资本准备金的比重上限等方法来实施对外资银行的监管。在合资或外资银行设立后，如果中央银行发现银行出现了违反有关规定的各种问题，可以通过撤销许可证甚至使其退

出银行业市场来进行惩罚。

2. 泰国：通过金融机构内部改革，加强审慎监管

为加强审慎监管而进行的关键内部改革包括通过存款保险机构的部分存款保险计划、通过《金融机构业务法》将并表监管正规化、引入《巴塞尔协议Ⅱ》。其中，并表监管是指监管当局以整个银行集团为对象，对银行集团的总体经营和所有风险进行监督。并表监管是各国监管当局在总结20世纪90年代初国际商业信贷银行（BCCI）倒闭教训的基础上提出的举措，现已成为国际通行的审慎监管标准。巴塞尔银行监管委员会曾对并表监管提出了若干原则，其核心理念是监管当局应以整个银行集团为对象，并采取有效措施管理集团的总体风险，防止出现跨境监管责任不清、监督检查难以有效实施的局面。在并表基础上的审慎监管，还包括资本充足率、风险损失拨备、授信集中度、关联交易、跨境资金流动等一系列监管要求。2008年，泰国实施部分存款保险制度替代全面政府担保。《金融机构业务法》第三稿2007年已经提交给泰国财政部。《金融机构业务法》与1962年通过的《商业银行法》的关键区别主要表现在以下五个方面：①将《商业银行法》与《财务公司和土地信贷银行法案》相结合，并且与金融部门总体规划相一致，这一方法与"一个存在"共同使监管变得更加容易；②给予泰国中央银行统一监管的权力，目前泰国中央银行的监督范围已经远超出了《商业银行法》；③将拯救陷入困境银行的过程具体化，从而可以及时纠正行动的过程，对于此问题的关键在于泰国中央银行要有一系列解决此问题的选项；④公司治理规则；⑤监管范围扩大到从事消费融资的非银行金融机构。2008年年底，泰国执行新《巴塞尔资本协定》（《巴塞尔协议Ⅱ》），以期标准化国际上的风险控管制度，提升国际金融服务的风险控管能力。2013年1月1日，泰国银行规定，开始实施新的资本计算和资本标准即《巴塞尔协议Ⅲ》，与当前执行的《巴塞尔协议Ⅱ》相比，《巴塞尔协议Ⅲ》的主要内容出现了三大变化，即提高了资本充足率要求；加强了流动性管理，确保商业银行

具有足够的流动资金并为金融机构体系创建信心；将杠杆率监管标准制定在适当的水平，以扩大风险管理的覆盖范围。

泰国审慎监管的具体措施还包括：2002年，根据《巴塞尔协议Ⅱ》，泰国引入未平仓头寸限制政策；2003年，为防止房地产行业投机积聚以及资产价格泡沫，泰国中央银行将房地产行业的贷款价值比限制在70%；2004年，泰国中央银行收紧信用卡债务的监管；2005年，将个人贷款额度调整到每月平均收入的5倍；2006年，收紧资产分类和拨备规定；2007年，将贷款损失准备金准则与国际会计准则相一致。

3. 马来西亚：加强和简化现行审慎监管框架，以增加金融机构灵活性

多年来，马来西亚中央银行加强监管措施，改进金融安全网，采取与国际惯例相一致的审慎监管标准和风险管理原则。为了更加符合国际最佳实践，马来西亚的努力方向为进一步加强和简化现行审慎监管框架。据此，马来西亚的工作重点一直放在加强机构风险管理基础设施和能力的建设，以及加强金融机构内部和机构之间透明度的治理和问责上。这些努力为一直具有较强风险管理能力的金融机构在操作上更加具有灵活性铺平了道路。

马来西亚为增加金融机构灵活性做出的努力，主要包括：银行业金融机构的私人债务证券风险受单一客户信用额度限制，不能超过银行总资本的10%。银行业金融机构交易账簿中的证券估值（固定收益、股权收益及其混合收益）以市场价值为基础以反映市场走势。自2005年4月，监管当局要求银行机构需要为其风险资本配置一定的资本。针对市场风险的资本支出的大小取决于风险的类型和大小。

2007年4月，马来西亚中央银行取消了对净外汇敞口头寸[①]的

---

① 外汇敞口头寸是指银行汇率敏感性外汇资产减去汇率敏感性外汇负债的余额。表现为债权多于债务，在这种情况下，如果汇率上升，银行将损失，如果汇率下降，银行将盈利。

限制，以使本地银行在处理外币业务上拥有更大的灵活性。从 2007 年 1 月开始，有能力并且符合中央银行监管标准的银行有权自主确定与股票相关活动的内部政策，而并不是像以前那样统一接受中央银行 5% 的限制约定。金融机构可以投资的股票类型扩展为所有上市股票、优先股、未上市股票和外国股票。然而，银行投资于股票市场的总额及总股份权益一直保持在银行总资本的 25% 左右。对估测股票价值的能力、分散风险的政策、风险缓解安排和银行压力测试能力进行持续的、严格的监督评估，使银行监管体系不断加强。

2007 年美国次贷危机的直接和溢出效应，即危机对信贷和金融市场的传染效应，在某些国家的影响相对较大，而对马来西亚造成的影响相对较小，这种影响很大程度上源于相关外部金融市场的波动性增加。这主要是因为，马来西亚银行机构和保险公司的相关风险暴露几乎可以忽略不计。尽管如此，随着金融和经营环境的变化，中央银行还是不断地加强其监管力度和措施，以确保金融机构和体系的应变能力及稳健性。随着金融市场日益成熟，市场参与者的能力日益提高，为使监管更加适应不断变化的市场环境和商业惯例，监管方式从主要以规则为基础向主要以原则为基础逐步过渡。以规则为基础的监管主要通过行政控制和法定规则来实行。以原则为基础的监管是以风险为基础框架，它使具有较强风险管理和公司治理实践的机构具有更大灵活性。

以原则为基础的监管框架已经进化到能够适应复杂性的增加以及监管有效性的提高，符合国内金融系统正在发生的快速的结构和操作变化。现在，监管活动基于一个严格的以风险为基础的框架。据此，监管资源会优先赋予能给金融机构和个人机构的稳定及健全造成实质性风险的领域。这在评估金融机构风险状况和内部风险管理有效性方面是一个结构化和先发制人的方法。

例如，日益复杂的组织结构（如金融集团的产生）需要一个统一综合的监管框架以确保在协作和效率间保持平衡，还要确保金融集团不会给整个金融系统造成额外的风险。同样，在资本流动日益

第五章　亚洲新兴经济体国际资本流动管理：金融稳定措施

频繁的情况下，马来西亚对东道国监管之间的合作和信息互换也会给予同样的关注。积极对制度层面采取微压力测试，这不仅仅是作为一个风险管理工具，更重要的是作为企业管理和战略工具。

现在得到更广泛认可的观点是：维护金融稳定不是中央银行的唯一责任，而是不同利益相关者的共同责任。马来西亚中央银行现在更加重视银行业董事会和高层管理者的主要责任与义务，尤其是在确保形成公司治理和诚信的强有力的文化以及具有健全的内部控制和风险管理的责任方面。现在中央银行也更加重视加强宏观审慎监管的有效性。

由区域和全球金融市场蔓延到国内金融系统的风险识别和评估对东道国监管系统提出了额外的挑战，尤其是考虑到国际资本流动波动的速度和大小以及金融危机传染风险的增加。为了能够对新的漏洞进行更有效的识别和对金融稳定挑战做出及时有效的补救，达到更完整的宏观和微观监测活动，马来西亚需要对各经济部门和金融部门之间传染性风险进行识别和测量，以期促进经济部门压力对金融部门影响的评估；反之亦然。

4. 韩国的金融监管：管理体制的改进和监管手段的改革

韩国金融监管的改革主要包括管理体制的改进和监管手段的改革。在管理体制方面，韩国先后设立和调整了包括金融监督委员会、韩国存款保险公司和韩国资产管理公司等机构，专门负责对金融机构的重整工作，加强对金融机构的监管。通过这些监管机构的设立，韩国基本上形成了由政府的行政监管、金融机构的内部监管以及民间机构的社会监管组成的联合监管体系。1998年，韩国成立了金融监督委员会，将原来分属于韩国银行、财政部、银行监督院、保险监督院、证券监督院的各类监管职责统统转移到金融监督委员会，由其机构负责实施对资本市场和金融机构集中统一的监管。金融监督委员会是由相关政府监管部门派员组成的委员会性质的政府机构，主要负责对有关金融监管的法律法规进行解释，负责所有金融机构营业执照的发放和吊销，负责检查指导下属金融监督院的日常监管活动。1999年，又设立金融监督院。金融监督院是由各金融机构共同出资兴办的民间公益机构，其主要职能是依照金融监督委员会的指令，负责实施具体的金融监管和检查活动。为了更有效率地监管证券与期货市场，在金融监督委员会下还设立了证券期货委员会（SFC）。该委员会的主要监管职能是：第一，监督证券与期货的不公正交易行为；第二，监督企业会计标准；第三，其他金融监督委员会委托的证券及期货有关的监管项目。1997年，韩国成立存款保险公司，将过去分散的存款保险业务集中起来，由存款保险公司统一办理。

在监管手段方面，韩国的改革主要有完善信息披露制度、加强审计的力度、规范信用评级制度、确立审慎监管的原则。具体内容如下：2001年，韩国中央银行取消本地外汇借贷的限制。2000—2001年和2004年，韩国中央银行提高银行流动性要求。2005年3月，韩国中央银行提高保险公司投资外币计价资产的限额。2006年，韩国中央银行将银行的净外汇敞口头寸从30%提高到50%。2007年8月，将资本弱化规则[①]扩展到外国银行分行。2008年1月28日，推出使用外币计价贷款的限制。

通过上述分析可以发现，几乎所有统计指标都显示，亚洲新兴经济体的银行体系在亚洲金融危机后得到了加强。虽然改进部分是周期性的，但银行体系的基本适应力已经改善，银行风险管理质量包括银行运行所在的市场和法律环境也得到了改善；重要的新趋势是银行借贷从商业转向家庭；当前宏观经济对银行非常有利，但是，新风险正在产生。这要求有超过亚洲危机之前需要的不同的风险评估能力；亚洲银行依然存在种种缺陷，需要更好的官方监管和培育。

亚洲各经济体为建立区域债券市场做出了长期的努力，亚洲债

---

① 资本弱化是指企业通过加大借贷款（债权性筹资）而减少股份资本（权益性筹资）比例的方式增加税前扣除，以降低企业税负的一种行为。

券市场主要经历了四个结构变化：本币债券市场强劲发展；债务期限结构趋于长期；券种结构不断丰富；金融创新即信用衍生工具的使用。虽然亚洲债券市场有了一定的发展，但是，与发达国家相比，无论是从规模还是从深度来说，都需要亚洲各国做出进一步努力。为对亚洲股票市场有一个正确认识，本书采取多种指标对其进行衡量。亚洲股票市场无论在其规模、发展态势，还是在其活跃度，以及对于经济中的作用方面，都有了长足发展，但是，其发展并不均衡。

总体而言，正如 Gochoco – Bautista 和 Remolona（2012）的研究报告指出的："东盟+3 经济体的资本金融市场发展不太平衡。对于大部分经济体而言，银行部门和股票市场已经相当发达；除 5 个东盟小经济体外，政府债券市场也相当发达；虽然企业债券市场因为没能充分发展而没有对经济增长和稳定做出巨大贡献，但是，最近十几年企业债券市场的发展也不能为我们所忽视。"[1]

---

[1] Maria Socorro, Gochoco – Bautista and Eli M. Remolona, "Going Regional: How to Deepen ASEAN's Financial Markets", *ADB Economics Working Paper Series* No. 300, January 2012.

第六章 亚洲新兴经济体国际资本流动管理：资本管制

国际资本流入管理的冲销干预政策虽及时且灵活，但成本会不断攀升，而加强宏观经济政策和完善金融体系的国际资本流动管理政策虽然最具有可持续性，但往往需要较长的时间才能收到效果，因此，亚洲新兴经济体面对国际资本流入，在中短期内经常使用资本管制措施以弥补以上两种措施的不足。

第一节 1997年金融危机后亚洲新兴经济体资本管制态势

一 亚洲新兴经济体资本管制总体态势

为说明资本管制变化趋势，需要测度资本管制的强度变化。国际货币基金组织每年公布的《汇兑安排与汇兑限制年报》提供了各国资本项目管制措施的具体描述。Jong - Wha Lee（2010）据此对亚洲新兴经济体的资本管制分别计分，它们依次为0分、0.2分、0.4分、0.6分、0.8分、1.0分，分值越低，说明管制越放松（见图6-1）。

从图6-1可以看出，与其他亚洲新兴经济体相比，中国香港和新加坡的资本管制指数最低，亚洲金融危机前的指数几乎为0，1997年亚洲金融危机后逐步恢复一些管制，但是，即使恢复一些管制，其总体管制指数也没有超过0.2，这说明新加坡和中国香港实际上已经开放资本账户，这符合新加坡和中国香港作为国际金融中心的地位。与此同时，中国和印度的资本管制指数相对较高，这说明中国和印度一直都保持着较高的资本账户限制。

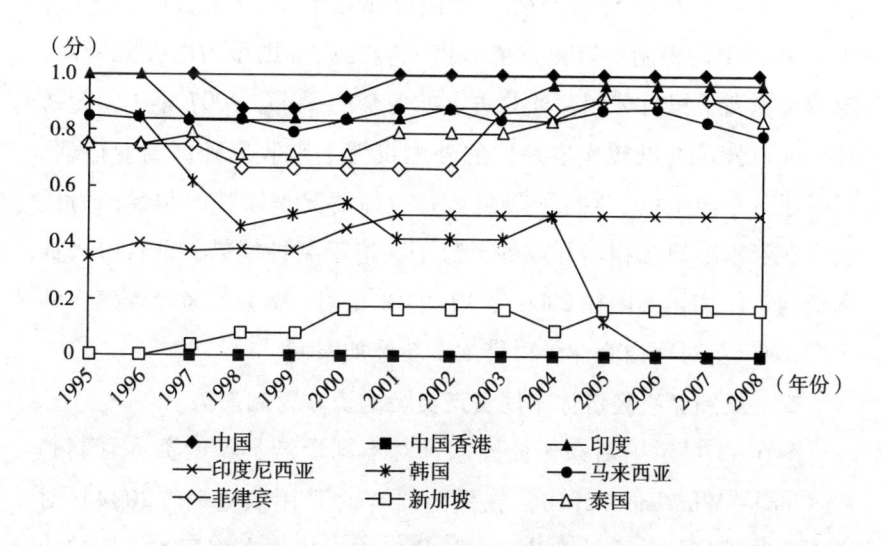

图 6–1　亚洲新兴经济体资本管制指数①

资料来源：国际货币基金组织：《汇兑安排与汇兑限制年报》。

以韩国为代表的亚洲新兴经济体在1997—1998年亚洲金融危机前呈现出快速资本账户自由化的进程，资本管制指数迅速下降。在一定程度上，资本账户的过度自由化可以看作亚洲金融危机爆发的主要因素，尤其是在遭受危机最严重的几个国家，如印度尼西亚、韩国、马来西亚、菲律宾和泰国。鉴于1997年亚洲金融危机，以韩国为代表的亚洲新兴经济体对资本账户自由化进程稍微做了修正与调整以适应国际货币基金组织设计的政策，1998—2000年，资本管制指数有所上升。随后，韩国为加强与国际资本市场的联系又进一步提出资本账户自由化，资本管制指数又出现下降趋势。在2005—2006年资本流入激增时期，资本管制又有所恢复。

---

① Maria Socorro Gochoco – Bautista, Juthathip Jongwanich and Jong – Wha Lee, "How Effective are Capital Controls in Asia?" *ADB Working Paper* No. 224, October 2010.

通过以上分析，我们可以发现，国际金融危机前，亚洲新兴经济体的资本管制主要分为两种情况。一种情况是以中国和印度为代表。由于对资本交易的严格管制使资本账户自由化的进程变缓。2006年，中国限制外资银行境外借入美元以资助境内的美元资产，随后又提高了银行美元存款的法定准备金的要求。2007年，印度通过对国内公司可以转换成卢比的外汇设置上限收紧外部商业借款。印度还对参与票据①进行了限制。另一种情况是以韩国和泰国为代表。在资本账户已相当开放的形势下，迫于某种情势，重新引入资本管制。比如，泰国在2006年12月18日引入无息准备金制度，韩国在2007年对国内企业外币借款重新施加限制。

二 亚洲新兴经济体不同资产类型的资本管制态势

图6-2显示了新兴亚洲国家针对不同资产类型的资本管制趋势。Jong-Wha Lee（2010）在做此研究时采用欣德勒（2009）对资本管制进行指数化的方法。在该研究中，作者在将资本管制按照资产类型进行划分（股票、债务、集体投资、金融信贷、外国直接投资）的基础上进行指数化，对不同资产类型的管制分别计分为0.2分、0.4分、0.6分、0.8分和1.0分，与以前的方法相比，这种方法将资本管制和与之相对应的资产类型配对研究，能够使我们获得资本管制多方面的差异化信息。但是，这种研究中并没有对金融账户中的"其他投资"一项给出明确的说明。虽然如此，这种研究却给出了针对"集体投资"和"金融信贷"的资本管制指数，而集体投资和金融信贷属于"其他投资"的组成部分。集体投资包括股票和注册表项或其他任何代表集体投资机构证券投资者利益的证明，如信托资金和单位投资基金。信贷是指所有居民的信贷，包括银行向非居民提供和非居民向银行提供的信贷。本书利用集体投资资本管制和金融信贷资本管制作为"其他投资"的代理变量。

---

① 参与票据是一种由已经注册的外国机构投资者出售给未注册的投资者的衍生工具。

(分)
[图表：亚洲新兴经济体针对不同资产类型的资本管制指数，横轴1995—2008年份，纵轴0.2—1.0，曲线包括股票、债务、集体投资、金融信贷、外国直接投资、总体]

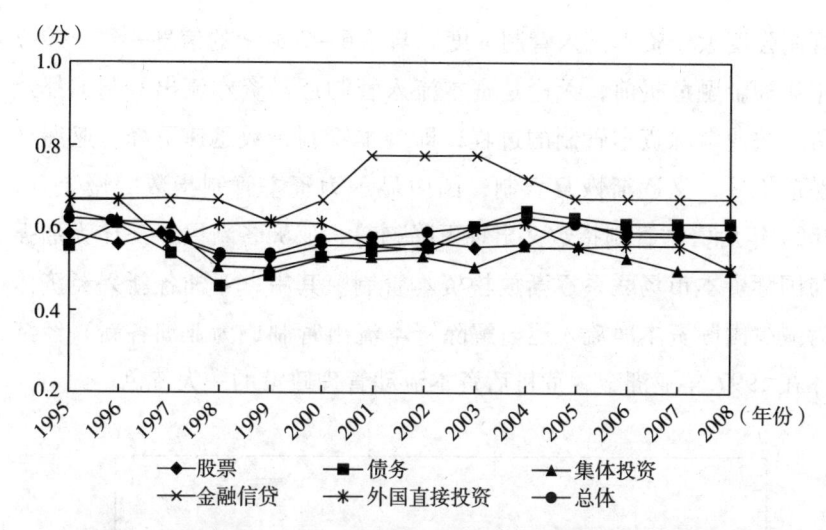

图6-2 亚洲新兴经济体针对不同资产类型的资本管制指数[①]

资料来源：国际货币基金组织：《汇兑安排与汇兑限制年报》。

图6-2显示，亚洲新兴经济体所有资产类型，包括股票、债务、金融信贷、外国直接投资和集体投资，在亚洲金融危机前基本都经历了快速解除资本管制的过程，其中，对债务和股票资本管制解除的速度与力度最为明显。鉴于1997年亚洲金融危机，亚洲各新兴经济体稍微做出修正与调整，对各种资产类型逐渐恢复资本管制。如图6-2所示，1998—2004年，各资产类型的资本管制指数逐渐上升。2004年后，亚洲各新兴经济体为加强与国际资本市场的联系，又进一步提出资本账户自由化，各资产类型的资本管制指数有的持平，有的逐渐下降。其中，债务和股票的资本管制趋势大约一致。外国直接投资的资本管制自2002年后逐渐放松。金融信贷和集体投资的资本管制波动比较明显。

三 亚洲新兴经济体不同资本流动方向的资本管制态势

图6-3显示了亚洲新兴经济体国家资本流入管制和资本流出管制变化趋势。图6-3显示，总体而言，亚洲新兴经济体的资本流出

[①] Maria Socorro Gochoco-Bautista, Juthathip Jongwanich and Jong-Wha Lee, "How Effective are Capital Controls in Asia?" *ADB Working Paper* No. 224, October 2010.

管制强度大于资本流入管制强度。与图6-2显示的信息一致，1997年亚洲金融危机前，无论是资本流入管制还是资本流出管制，都经历了快速解除资本管制的过程，即资本管制指数迅速下降。亚洲金融危机后，又逐渐恢复管制，图中显示为资本管制指数缓慢上升，2004年后资本管制指数又出现下降趋势，亚洲各新兴经济体为加强与国际资本市场联系逐渐放松资本管制。其中，亚洲各新兴经济体为减少国际资本净流入逐渐解除资本流出管制成为亚洲各新兴经济体在1997年亚洲金融危机后资本流动管理政策的一大特色。

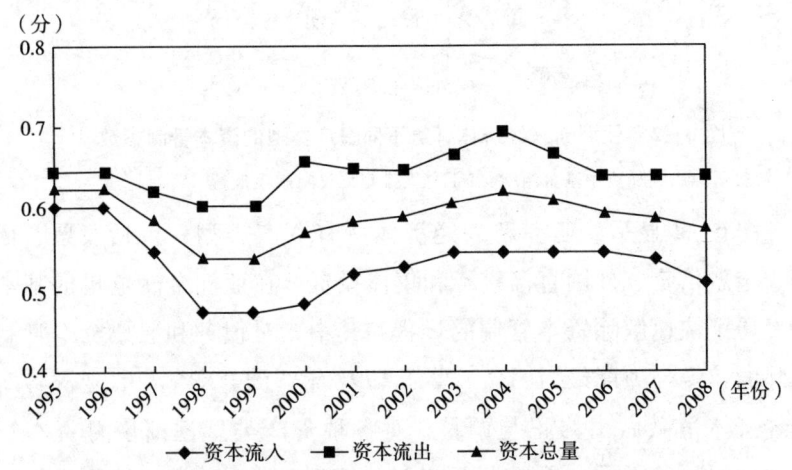

图6-3 亚洲新兴经济体资本流入管制和资本流出管制指数[①]

资料来源：国际货币基金组织：《汇兑安排与汇兑限制年报》。

第二节 1997年金融危机后亚洲新兴经济体资本管制经验

本节重点探讨资本账户已相当开放经济体的资本管制。按照资本流动方向划分，资本管制可分为资本流入管制和资本流出管制两

---

① Maria Socorro Gochoco – Bautista, Juthathip Jongwanich and Jong – Wha Lee, "How Effective are Capital Controls in Asia?" *ADB Working Paper* No. 224, October 2010.

种类型。

一 资本流入管制

资本流入管制又分为两种情形:一种情形是在资本账户已相当开放条件下重新引入资本管制措施(见图6-4),比如,泰国在2006年12月18日引入无息准备金制度,韩国在2007年对国内企业外币借款重新施加限制。另一种情形如马来西亚,为应对1997年亚洲金融危机而加强资本管制,危机过后又逐渐放松管制(见图6-5)。

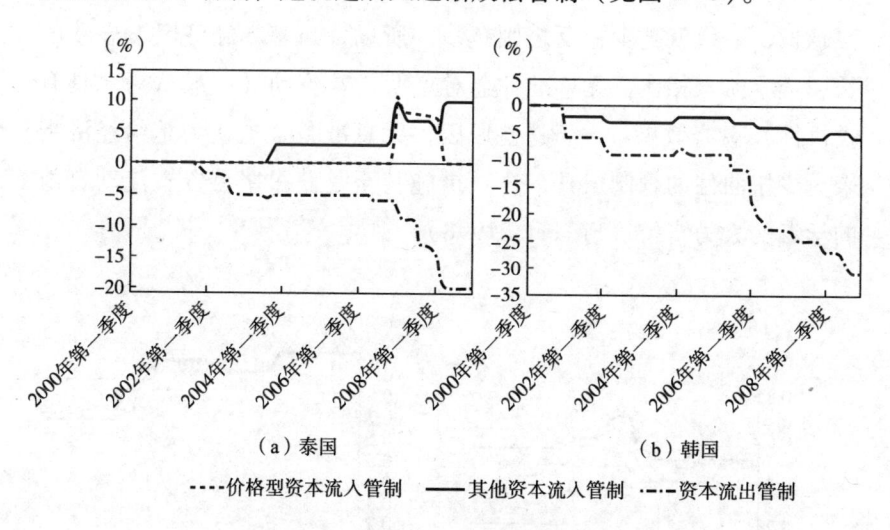

(a)泰国　　　　　　　　(b)韩国

----价格型资本流入管制　——其他资本流入管制　-·-·资本流出管制

图6-4　泰国和韩国的资本管制[①]

资料来源:国际货币基金组织:《汇兑限制与汇兑安排年报》。

(一)泰国和韩国:重新引入资本流入管制

1. 泰国

泰国重新引入资本管制的典型措施为无息准备金制度。根据各国实践,无息准备金制度成为价格型管制手段中最常用的一种形式。[②] 无息准备金(Unremunerated Reserve Requirement, URR)制度

[①] Chikako Baba and Annamaria Kokenyne, "Effectiveness of Capital Controls in Selected Emerging Markets in the 2000s", *IMF Working Paper* No. 11/281, December1 2011.

[②] 唐珏岚:《无息准备金:管理短期资本流动的重要工具》,《上海经济研究》2008年第5期。

不同于传统管制措施，它是某一经济体为防止外来短期资本冲击所采取的一种价格型调控手段，它要求把流入资金的一部分无息地存放于中央银行，以提高短期资金流入成本，达到抑制短期资本流动的目的。无息准备金至少在三个方面不同于其他传统管制措施。第一，无息准备金是管理而不是阻止资本流入。第二，无息准备金起作用不是通过行政手段，而是对国际投资者采取价格激励。第三，对资本流入的征税与资本流入的期限呈负相关关系，即资本流入期限越长，征税就越少；反之则越多。所以，与基本经济因素导致的长期资本流入相比，无息准备金对短期资本流动（一般认为更具有投机性）更有效果。出于这些原因，无息准备金被认为是给经济带来更少扭曲性的管制工具，这项措施甚至是获得坚持资本流动自由的学者的大力支持（Fischer，1998）。

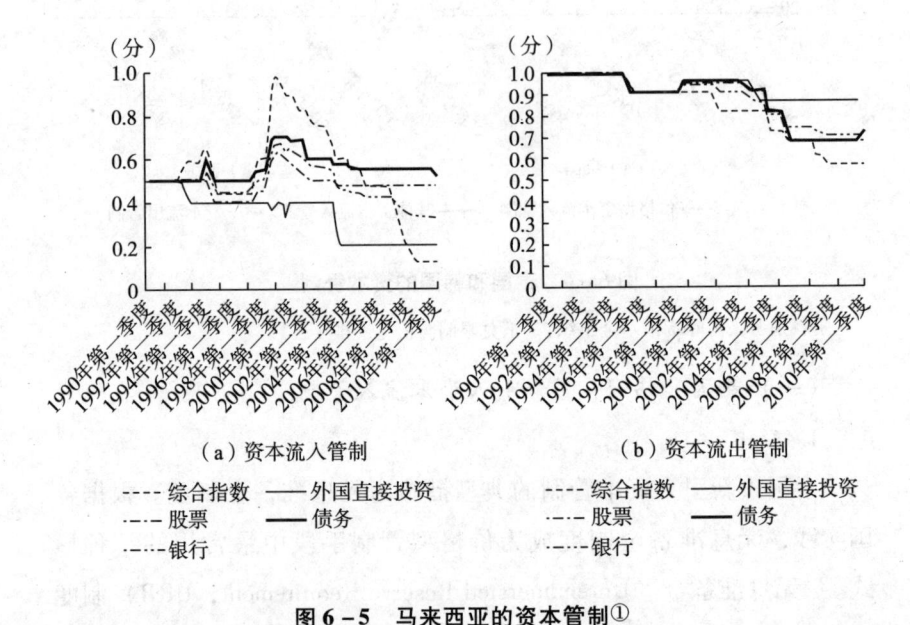

图 6-5 马来西亚的资本管制①

资料来源：国际货币基金组织：《汇兑安排与汇兑限制年报》。

---

① Maria Socorro Gochoco – Bautista, Juthathip Jongwanich and Jong – Wha Lee, "How Effective are Capital Controls in Asia?" *ADB Working Paper* No. 224, October 2010.

2006年12月18日，泰国对所有股票和期限少于一年的短期证券投资流入征收30%的无息准备金，但是，在随后一天即取消了对股票资本流入的限制，而针对固定收益类资本流入的措施则一直保持到2008年3月。统计数据显示，该措施使资本流入纷纷转化为股票资本流动，但是，Gochoco – Bautista 和 Jongwanich（2010）的计量分析表明，无息准备金也降低了泰国的总体资本流入规模，大约占GDP的0.75%。

2. 韩国

1997年亚洲金融危机后到此次国际金融危机的十年间，韩国经济强劲复苏。在这一时期，韩国出口拉动经济增长，经常账户盈余下降。韩国稳定的宏观经济基本面以及开放且发达的金融市场吸引了大量资本流入。在有管理的浮动汇率制度和不定期的外汇市场干预下，韩国积累了大量外汇储备。

自2006年开始，主要以外国银行分行借款的形式存在的短期外债急剧增加。借款主要与当地造船公司出口收入对冲增加和主权债券市场上的一些套利机会有关。2004年，韩国造船业才开始对冲其外汇风险，并且在预期韩元升值的情况下增加其对冲比重。此外，对于那些只需遵守风险管理标准而不用受流动比率要求或其他管制规定（本地银行必须遵守）的当地外国银行的分支机构，借入短期美元，然后在现货市场上抛售这些美元获得韩元，再用韩元购买定期存单或其他国内债券，然后在远期市场抛售获得美元盈利。在短期外债持续增加的背景下，2007年，韩国对国内企业外币借款重新施加限制，限制外资银行通过对外借入美元与韩元进行互换，这些措施旨在减缓外资银行对韩国分支机构的融资。

（二）马来西亚：放松资本流入管制

目前学术界一致认为，马来西亚通过重新引入资本管制成功地应对了亚洲金融危机。马来西亚对资本管制的重新引入被认为是对亚洲金融危机爆发前资本账户过度自由化的一种纠正与调整。

如图6-5所示，马来西亚资本管制指数在亚洲金融危机期间上升,尤其资本流出管制指数上升相对明显。马来西亚于1998年9月1日宣布实施资本管制以阻止短期资本外流和林吉特投机活动,具体措施包括:(1)林吉特(RM)对外汇率固定为3.80林吉特兑1美元;(2)林吉特的离岸交易被撤销;(3)林吉特不准在境外流通;(4)从1998年10月1日起,外国组合投资资本被冻结12个月。资本管制的一系列措施及时阻止了私人短期资本的继续外流,同时也阻止了对冲基金炒作林吉特的活动,稳定了国内经济和金融形势。马来西亚通过重新引入资本管制成功地应对了亚洲金融危机。

面对金融形势的好转,为了缓解资本管制的冲击效应,马来西亚政府迅速调整管制措施,决定从1999年2月15日起实行:(1)撤销对2月15日以前入境资金的冻结管制,以撤资税取而代之,规定入境资金7个月以内流出的征收30%的税,7—9个月流出的征收20%的税,9—12个月流出的征收10%的税,12个月以后流出的不收税;(2)2月15日以后入境的资金流出时豁免撤资税,它所赚得的利润从利润赚得的日期算起12个月内汇出时必须征收30%的税,一年后汇出的利润则被征10%的税。为此,国家还设立特别对外账户记录2月15日以后入境的资金,以与受管制的资本相区别。

1999年9月1日,马来西亚解除资本管制后,股市平静,并未发生大规模资本外逃。为了表示对外资的关心,政府9月21日再次改革资本管制措施。撤销特别对外账户,对所有的汇出利润一律征收10%的税。同时,马哈蒂尔总理宣布从国家利益出发,马来西亚短期内不会完全撤销资本管制,仍然禁止林吉特境外交易和对汇出利润征收10%的税,目的是限制短期资本的流动,稳定国内经济形势,以免再受游资冲击。随后,马来西亚又逐步解除资本流入管制,并于2005年7月21日,马来西亚宣布放弃固定汇率制度,实行有管理的浮动汇率制度。正如图6-5(a)所示,马来西亚资本流入管制指数逐步下降。

二 资本流出管制

1997年亚洲金融危机后,亚洲新兴经济体资本流出管制的最大特色在于为减少净资本流入，亚洲各国纷纷放宽资本流出限制，鼓励本地居民海外投资。以适当的速度和次序逐步解除对于资本流出的管制，不仅可以创造更加平衡的资本流动状态，而且还可以实现资产持有多样化和风险分担，从而能够从经济和金融一体化中获得更大的收益。事实上，与其他地区新兴经济体相比，亚洲新兴经济体的国外资产持有量相对较低。[1] 因此，其在全球市场上投资获益的空间很大。在亚洲，积极鼓励资本流出最为典型的两个国家为韩国和泰国。

（一）韩国

2001年，韩国消除对本国居民在国外存款的限制，增加对非居民贷款的限制，开放居民个人资本转移。2002年，提高了商业贷款的上限。2005年，个人对外直接投资的上限提高到300万美元，海外购买房地产的上限提高到50万美元。通过进一步提高上限，2006年3月，韩国取消了个人对外直接投资和海外购买房地产的限制。韩国进一步放宽资本交易利润遭返回国的规则。2006年1月，关于资本交易的审批要求变更为只要通知有关当局即可。向非韩国居民提供贷款上限在2006年提高到100亿美元，2007年提高到300亿美元。2007—2008年，进一步放宽了对本国居民海外购买房地产以及海外成立银行分支的限制。

（二）泰国

亚洲金融危机过后，泰国银行宣布了一系列政策措施，逐步放松对资本流出的限制，这些措施主要是为泰国居民提供国外的投资机会并促其投资于国外。2002年，允许泰国居民参与员工股票期权计划并允许其投资国外房地产以及可以向附属公司提供贷款等。2003年，泰国银行允许居民和公司通过合格机构投资者在提前公布的年度配额下投资于国外有价证券[2]，并推动投资于亚洲债券的互

---

[1] Yunyong Thaicharoen and Nasha Ananchotikul, "Thailand's Experiences with Rising Capital Flows: Recent Challenges and Policy Responses", BIS Papers No. 44, 2008.

[2] 投资于国外的年度配额在七种类型的机构投资者中进行分配：政府养老基金、社会保障基金、保险公司、专门的金融机构、互惠基金、公积金和证券公司。

惠基金的成立。2006年5月3日，泰国财政部（MOF）允许外国公司在国内发行以泰铢计价的债券，要求债券最低期限是3年。

（三）菲律宾

2003年，菲律宾对银行长期外汇头寸的限制有所减少，并且远期外汇和掉期合约的期限受相关外汇债务和汇率风险影响。投资于附属于国外的银行子公司需得到中央银行批准。2007年，菲律宾居民对外直接投资以及对外证券投资的额度增加到每年每个投资者0.12亿美元，2008年增加到0.3亿美元。机构投资者也同样受到此限制。

（四）马来西亚

为了缓解资本流入激增的不利影响，马来西亚鼓励本地居民和企业进行海外投资。马来西亚逐步放开外汇管理规定，允许本地居民可以将更多的资金投资于海外。2005年4月，马来西亚中央银行规定，没有国内货币借贷的公司可以自由地进行海外投资。2007年4月，取消了银行外汇净敞口头寸必须相当于银行资本金20%的限制，这极大地增加了境内银行从事外汇业务的灵活性，允许境内银行投资于所有上市和非上市公司或股票。但是，马来西亚中央银行规定，总体投资于股票的金额不得超过银行资本金的25%。2005—2006年，马来西亚的对外投资几乎翻了一番，达到60亿美元。马来西亚本地居民和企业的高额对外直接投资几乎能够与直接投资的流入相抵消。马来西亚通过逐步放宽对资本流出的管制排除金融体系中过剩的流动性，从而降低林吉特的升值压力。当然，在鼓励资本流出的同时，也必须采取措施确保资本流入保持在合理水平，以保证官方储备不会下降。虽然马来西亚海外直接投资数额相当大，但是，组合证券投资的海外投资却非常小。这主要是因为国内投资者不愿意到国外进行投资，其原因可能是海外资本的低回报率以及国内金融机构缺少必要的投资技巧（技术）。

对于大多数亚洲新兴经济体，从2006年开始，对于组合股权和债务流动的资本管制开始收敛。整体而言，亚洲各国都在遵循不同的资本账户开放策略，只是在某些情况下紧缩资本账户。

2000—2007年亚洲新兴经济体的资本管制措施总结如表6-1所示。

表6-1　　2000—2007年亚洲新兴经济体的资本管制措施

亚洲新兴经济体	资本管制	
	资本流入	资本流出
印度尼西亚	政府努力吸引外资。2007年3月的投资法规定：平等对待国内外投资者；实施国际仲裁制度；土地使用权达95年（以前为35年）；延长投资者的居住期限。为限制投机活动，印度尼西亚限制印度尼西亚盾和外汇交易	
韩国	重新限制韩国公司的外币借款	海外房地产投资最高金额为300万美元；2005年，政府对海外组合证券投资给予税收优惠
马来西亚		政府对投资者的资本、利润和股息的汇回不施加任何限制；银行在遵守法律的情况下可以海外投资；没有国内债务的个人、机构和公司可以自由海外投资；得到全面监管审查的投资银行可以承担外币业务
泰国	2006年12月18日，对所有少于1年的短期资本实施30%的无息准备金要求；第二天免除股票市场；2008年3月，最终取消无息准备金制度	政府放宽国内机构的海外证券投资；允许在泰国证券交易所注册的公司购买最高额为1亿美元的海外资产和外汇

资料来源：国际货币基金组织：《汇兑安排与汇兑限制年报》。

第三节　亚洲新兴经济体资本管制
实施效果的经验研究

面对大量的资本流入，亚洲新兴经济体之所以选择资本管制，主要原因或是新兴经济体存在诸如卡尔沃和莱因哈特（2002）、麦金农和施纳布尔（Mckinnon and Schnabl，2004）以及马古德和莱因哈特（2006）所说的"浮动恐惧症"，或者担忧储备累积带来的货币政策非自主性，或者难以承受冲销政策带来的高成本，或者不愿意实施紧缩性的财政政策来对冲短期资本流入的影响，尤其是考虑到政治因素和财政政策的时滞时更是如此。但问题是，面临大规模国际资本的流入，资本管制能够起到防火墙的作用吗？资本管制能限制资本流入或改变资本流入的结构吗？

最近20年来，国际经济学界有大量的经验研究来分析新兴市场国家实施资本管制的有效性，并达成了一些共识：第一，资本流入管制的有效性较短，通常不到1年；第二，相对于减少资本流入总量，资本管制在改变资本流入期限结构方面的效果更加显著，即能够降低短期资本在资本流入总额中的比重；第三，资本项目管制的数量型手段与价格型手段相比，前者对经济造成的扭曲更大；第四，对资本流入的管制要比对资本流出的管制更为有效。

Jong – Wha Lee（2010）对亚洲新兴经济体（中国、中国香港、印度、印度尼西亚、韩国、马来西亚、菲律宾、新加坡和中国台湾）资本管制政策的效果进行了系统实证研究，为估计资本管制对资本流动总量、特定资产类型（直接投资、组合投资及其他投资类型）、资本流入和资本流出（资本流动的结构）的影响，构建了以下回归方程：

$$\text{资本流动占}\ GDP\ \text{比重}_{it} = c + \delta\ \text{资本管制指数}_{it} + X'_{it}\theta + \varepsilon_{it} \quad (6.1)$$

其中，资本管制指数使用欣德勒（2009）构建的时间跨度为

第六章 亚洲新兴经济体国际资本流动管理：资本管制

1995—2008 年的数据集。如前文所述，此数据集是将国际资本流动按照资产类型和资本流动方向进行划分的基础上对资本管制进行指数化，即资本管制按照资产类型依次被划分为直接投资资本管制、证券投资资本管制、股票投资资本管制和其他投资资本管制。资本管制按照资本流动方向依次被划分为资本流入管制和资本流出管制两种类型。与以前方法相比，这种方法将资本管制和与之相对应的资产类型配对研究，可以使我们获得资本管制多方面的差异化信息。

X'_{it} 是控制变量，包括实际人均 GDP、股票市值占 GDP 比重、国际利率（以 3 个月美国国库券的收益率代表）。

为比较收紧资本管制与放松资本管制的效果，构建以下回归方程估计：

$$\text{资本流动占 } GDP \text{ 比重}_{it} = C + \delta \text{ 资本管制指数}_{it} + \gamma D_i + X'_{it}\theta + \varepsilon_{it}$$

(6.2)

式（6.2）引入虚拟变量 D_i。当资本管制指数$_t$ - 资本管制指数$_{t-1}$ ≥ 0，即加强资本管制时，$D_i = 1$。否则，$D_i = 0$。当 $D_i = 1$ 时，γ 的估计结果为负，则加强资本管制的效果要好于放松资本管制的效果。

关于资本流动（时间跨度为 1995—2008），Jong – Wha Lee 采用比尼西·哈奇森和欣德勒（2010）的计算方法，数据来源于 Lane 和 Milesi – Ferretti（2007）数据库的更新与扩展版。

Jong – Wha Lee（2010）关于亚洲新兴经济体（中国、中国香港、印度、印度尼西亚、韩国、马来西亚、菲律宾、新加坡和中国台湾）资本管制实证研究的结果显示[①]：

（1）资本管制对资本流动总量影响显著。亚洲新兴经济体资本管制显著减少资本流动总量（99% 的置信度），使东道国经济体内

---

① Maria Socorro Gochoco – Bautista, Juthathip Jongwanich and Jong – Wha Lee, "*How Effective are Capital Controls in Asia?*" ADB Working Paper No. 224, October 2010.

经济免受资本流动总量增加的影响。研究结果还显示，资本管制之所以显著减少资本流动总量，主要是因为显著减少了股票投资和债券投资（99%的置信度），而对其他投资似乎影响不太强烈。股票市值占 GDP 比重对国际资本流动的影响符合预期效果，即股票市值占 GDP 比重越大，国际资本流入就越多（99%的置信度）。美国利率越高，就越有利于减少组合债务证券和其他投资资本流入（99%和 95%的置信度）。这个结果反映了与信贷相关的资本流动（源于银行跨境交易的其他投资的组成部分）对国际利率（以美国利率作为替代变量）反应敏感。随着国际利率的上升，亚洲新兴经济体往往会经历或预期组合债务证券和其他投资资本的流出。

（2）资本流出的限制性管制能够显著减少资本流出。对股票资本、债务资本和直接投资资本流出的限制性管制能显著减少资本流出。股票资本流出管制和直接投资流出管制比债务资本流出管制效果显著。

（3）资本流入的限制性管制似乎没有显著减少资本流入，尤其是在阻止证券投资资本流入方面无效。

Jong – Wha Lee（2010）的研究结果与以往结果的不同之处在于发现资本管制对资本流动的规模也有显著的影响，即资本管制能够有效限制资本流入总量。总体上看，资本管制基本上能够起到"防火墙"的作用。但是，需要注意的是，投机者可能通过外国直接投资的渠道来规避一国对证券投资等资本的管制，从而导致该结构上的调整效果欠理想，甚至失效。

Jong – Wha Lee（2010）的研究结果基本支持了资本管制颇具有效性，既能限制资本流入总量，又能调节其内在结构。但同时也说明，除非精心设计，否则通过资本管制措施抑制短期投机性资本流入可能是无效的，甚至即使它们是有效的，但它们的效果可能也只是暂时的。改变资本流入期限结构，即抑制短期投机性资本流入，支持长期资本流入的更有效、更长久的方法应该是改善国内投资环境和发展国内金融市场，特别是本地货币债券市场的发展。

第六章　亚洲新兴经济体国际资本流动管理：资本管制

总之，为应对国际资本流入风险，在资本流入方面，大多数亚洲新兴经济体都不同程度地采取了资本管制，如泰国对所有资本流入实行30%的无息准备金要求（最后逐步取消）；韩国重新限制韩国公司的外币借款；印度尼西亚限制印度尼西亚盾交易和外汇交易以抑制投资性活动。在资本流出方面，亚洲金融危机后的最大特点是多数新兴经济体都采取了放松资本流出管制和鼓励居民海外投资的政策。总体来看，亚洲新兴经济体的资本账户是更加趋于开放的。关于资本管制的效果，关键的研究结论是，相对于减少资本流入总量而言，资本管制在保持国内外利率差以及改变资本流入的结构方面效果更加显著。

第七章　亚洲新兴经济体国际资本流动管理效果分析

正如前文所述，国际资本流动在给东道国带来各种潜在利益的同时，也会给东道国宏观经济和金融稳定带来诸多风险。21世纪初，亚洲新兴经济体迎来新一轮资本流入浪潮，亚洲新兴经济体吸取1997年亚洲金融危机的教训，从宏观、金融和资本管制角度采取各种资本流动管理措施，积极应对大规模资本流入的风险。那么，最终国际资本流入的风险是否得到很好的控制呢？本章将选取各种指标分别分析亚洲新兴经济体的宏观经济风险、金融风险以及资本流动逆转的风险。

第一节　国际资本流入的宏观经济风险分析

1997年亚洲金融危机爆发后，亚洲新兴经济体实行了一系列的政策措施来降低国际资本流入的风险，但是，在2007—2008年再次遭遇国际金融危机。国际金融危机可以看作对亚洲新兴经济体的压力测试。因此，对国际资本流入的宏观经济风险分析除包括国际金融危机前的发展情况外，还包括其在国际金融危机期间的表现。

本节主要从宏观角度出发，指标选取要求具有很强的代表性和概括性，主要考虑宏观经济运行状况、汇率波动情况、通货膨胀情况、国内流动性和信贷规模情况以及对外负债情况五个方面。

第七章 亚洲新兴经济体国际资本流动管理效果分析 | 173

一 宏观经济运行状况

本书选取的反映宏观经济运行状况的指标包括人均 GDP 及其增长率。作为各经济体，国际货币基金组织的主要指标之一，GDP 增长率代表着一国经济增长速度，可以明确地反映一国宏观经济的运行。如一国的宏观经济基础良好、实力雄厚，必然能有效地抵御外部冲击，坚定投资者的信心，防范大规模国际资本流入发生逆转与金融危机的爆发。2010 年，国际货币基金组织统计数据表明，亚洲 GDP 总量已超过欧洲，亚洲经济已经崛起。

图 7-1 和图 7-2 显示了部分亚洲新兴经济体的人均 GDP 和人均 GDP 的增长率。人均 GDP 可以剔除因人口增长对经济增长产生影响的部分，客观地反映一国经济增长的质量，因此，本书选择人均 GDP 及其增长率来作为衡量经济增长的指标。

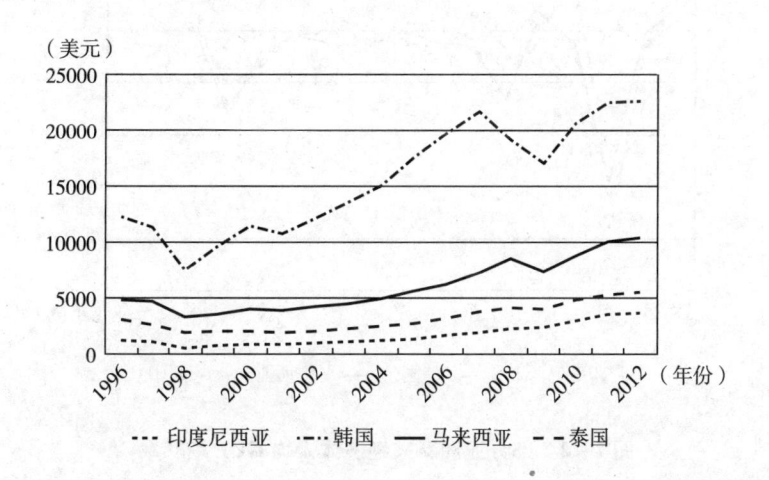

图 7-1 部分亚洲新兴经济体人均 GDP

资料来源：世界银行。

就人均 GDP 而言，韩国在亚洲新兴经济体中一直处于遥遥领先地位。之后，依次为马来西亚、泰国和印度尼西亚。韩国的人均 GDP 从 1998 年的 7463 美元上升到 2007 年的 21590 美元，虽然在 2009 年受国际金融危机的影响有小幅回落，但是，在 2010 年很快就呈现恢复趋势，2011年超过国际金融危机前水平。虽然印度尼西亚的人均GDP相对比较低，但是，毕竟其在1997年亚洲金融危机时遭受最大的冲击，有此恢复已属不易。印度尼西亚人均GDP受1997年亚洲金融危机影响，在1998年只有470美元，2012年上升到3557美元，最值得欣喜的是，在这4个亚洲金融危机期间遭受最严重冲击的经济体中，印度尼西亚是唯一一个在国际金融危机期间人均GDP保持增长而没有跌落的经济体。就人均GDP的增长率而言，亚洲金融危机期间，4个经济体人均GDP增长率全部降为负值，从1999年开始逐步恢复。2000—2012年，只有个别经济体在2001年和2009年出现负增长。

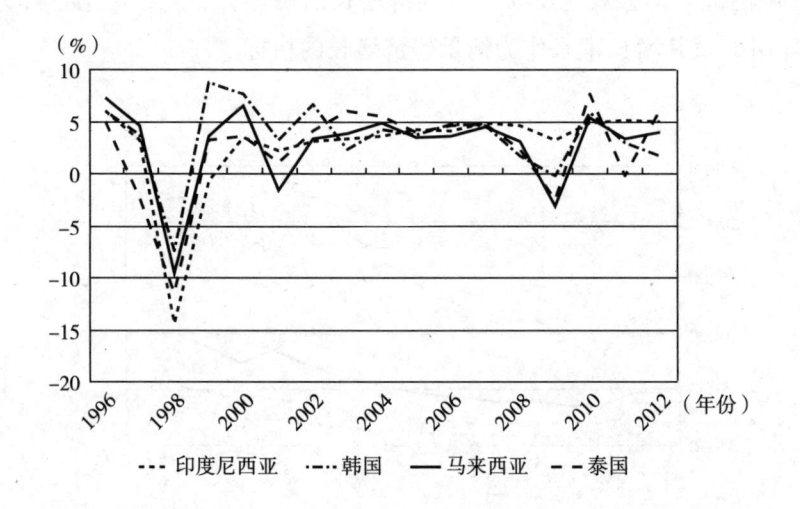

图7-2 部分亚洲新兴经济体人均GDP增长率

资料来源：世界银行。

总体而言，亚洲新兴经济体在1997年亚洲金融危机后保持了较高的增长，在国际金融危机初期即美国次贷危机时期（2007年7月至2008年8月），新兴实体经济并未受到国际金融危机较大的冲击，经济增势明显好于发达经济体，新兴经济体市场一度被认为与美国次贷危机"绝缘"，且新兴经济体经济增长已经逐步与发达经济体"脱钩"。但是，在美国次贷危机升级为国际金融危机时期（2008年9月至2009年3月），国际金融危机通过贸易渠道影响亚洲新兴经济体的经济增长。受益于大规模经济刺激政策、金融市场稳定以及巨额国际资本回流，亚洲经济自2009年3月底开始迅速反弹，并领先其他新兴市场步入温和复苏。总体而言，国际金融危机对亚洲经济的整体负效应最小。

二 汇率波动情况

国际资本流入导致的宏观经济风险之一，就是实际有效汇率的升值。同时，实际有效汇率升值也可以作为经济是否过热的指标，虽然它对于反映经济过热而言并不是一个完美指标，但是，相比较而言，其他指标的缺陷可能更加明显。就通货膨胀来说，有时通货膨胀的下降并不是由于经济过热的退去，而是因为国际通货膨胀的下降。还有证据表明，反通货膨胀的成功会吸引更多资本流入。还有产出缺口这一指标的关键基础是未知的，如潜在GDP、新兴市场赶超先进国家收入水平的可行性等。[1]

本书选取的反映亚洲新兴经济体汇率情况的数据来源于国际清算银行（BIS）计算的有效汇率指数。BIS目前有两个有效汇率指数体系。1993年开始计算的狭义有效汇率指数体系包含27种货币，主要为发达经济体货币。2006年开始计算的广义有效汇率指数体系包含61种货币，除狭义组的27种货币外，还包括亚洲、拉美、中东欧、非洲等新兴经济体货币。

亚洲金融危机后，印度尼西亚、韩国和泰国都选择了更加灵活的汇率制度，即面对国际资本流入，允许汇率升值。2002年印度尼西亚的外国资本呈现净流入后，卢比大约升值6%。但是，现实情况是，印度尼西亚经常受到货币贬值而不是货币升值的威胁，如

---

[1] Susan Schadler, "Managing Large Capital Inflows: Taking Stock of International Experiences: *ADB Institute Discussion Paper* No. 97, March 2008.

2005年的印度尼西亚卢比持续贬值的危机。① 韩元自2002年开始升值，但汇率升值以及资本流入的时间非常温和。泰国自2006年面临泰铢强劲升值压力。但是，2006年12月实行的无息准备金制度（URR）缓解了泰铢投机压力，对保持货币稳定起到了重要作用。马来西亚自2005年7月起采用有管理的浮动汇率制度。尽管2006年马来西亚短期资本净流入激增，但是，由于马来西亚鼓励对外直接投资，所以，对外币有强烈需求，再加上偿还对外贷款以及利润和利息汇回对外币的需求，冲淡了资本流入激增对汇率的影响。总体来看，马来西亚林吉特、泰铢、印度尼西亚卢比和韩元的真实有效汇率尚未恢复到1997年亚洲金融危机以前的水平。韩元在2005年年初一直到2007年年初这段时间曾一度超过金融危机前的水平，但随后却大幅下滑。

图7-3显示，国际金融危机期间，韩国韩元和印度尼西亚卢比贬值最严重。2007年，受美国次贷危机的影响，韩元开始迅速贬值。韩国的压力主要是因为短期外债增加过快。其增加的一个重要原因是造船业需要对未来的外汇收入进行避险。从2007年下半年开始，印度尼西亚卢比也迅速贬值。印度尼西亚的压力主要来自巨额的可流动外资（外资持有的国内债券和股票）。美国次贷危机导致全球金融市场充满不确定性，外国投资者开始从印度尼西亚撤出资本，导致印度尼西亚大量外国资本流出。印度尼西亚卢比开始承受下行压力。

图7-3显示，国际金融危机期间，马来西亚林吉特与泰铢的有效汇率在危机期间出奇稳定。2007年，汇率受到国际上组合证券投资清算的影响。但是，由于马来西亚中央银行为确保有序市场秩序而进行外汇市场干预，所以，汇率波动相对较小。"泰国在国际金

---

① 2005年，由于国内外投资者对印度尼西亚政府应对世界石油价格上涨的可持续性的担忧，印度尼西亚发生小型危机。由于政府和中央银行对于国内外投资者的担心并未做出回应，投资者很容易地对印度尼西亚经济失去了信心。印度尼西亚卢比开始持续贬值。

第七章 亚洲新兴经济体国际资本流动管理效果分析 | 177

融危机之前曾因担心国际资本流入过多而引入一些限制性手段（无息准备金），从而减少了国际金融危机发生后资本市场的波动。不过，更重要的可能是马来西亚与泰国在国际金融危机爆发时均拥有非常健康的经常账户盈余。"①

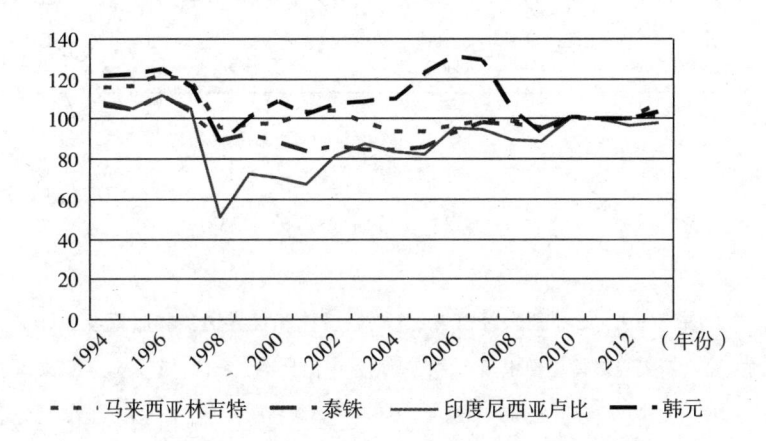

图 7-3 马来西亚林吉特、泰铢、印度尼西亚卢比和韩元的真实
有效汇率（1994—2013 年）（2010 = 100）

资料来源：国际清算银行。

三 通货膨胀情况

图 7-4 显示，与世界水平和 G3 经济体相比，新兴亚洲经济体的通货膨胀一直低于世界平均水平，仅在 2003—2004 年、2007—2009 年高于世界平均水平。而同期（2003—2004 年、2007—2009 年）国际大宗商品价格大幅上涨，作为以制造业为主的亚洲新兴经济体，其通货膨胀必然上涨，所以，新兴亚洲经济体的通货膨胀并不能仅仅归因于国际资本流入。

虽然印度尼西亚的通货膨胀与该地区其他新兴经济体相比还是很高的，但是，印度尼西亚的通货膨胀趋势确实正在下降，而且下

---

① 黄益平：《亚洲汇率波动及政策挑战》，《国际金融研究》2009 年第 5 期。

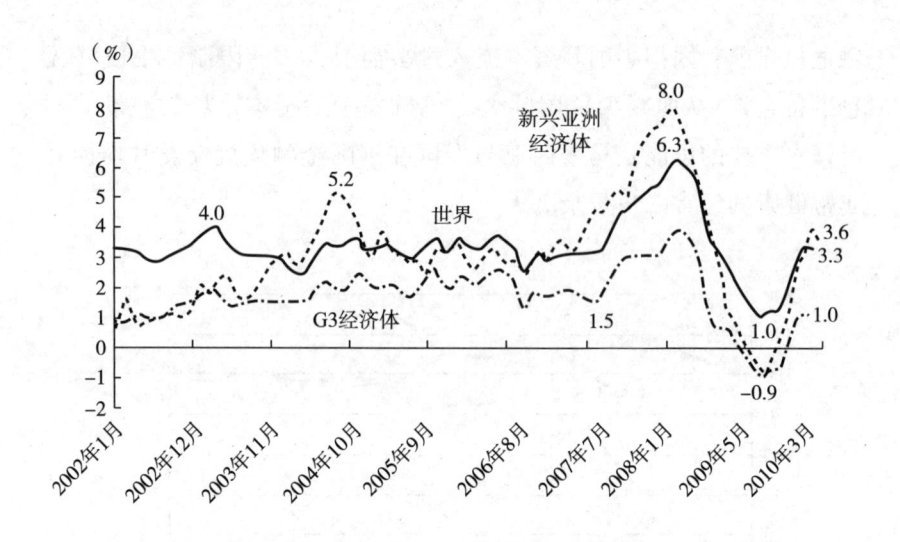

图 7-4　亚洲新兴经济体、G3 经济体和世界通货膨胀率①

注：亚洲新兴经济体包括中国、中国香港、中国台湾、韩国、新加坡、马来西亚、泰国、印度、菲律宾、印度尼西亚和越南。G3 经济体包括欧元区、日本和美国。

资料来源：《世界经济展望》，2010 年 4 月；国际货币基金组织；CEIC 数据库。

降幅度最为明显，从 1998 年的 58.4% 下降为 2000 年的 3.7%、2004 年的 6.2%、2010 年的 5.1%。2001—2004 年，印度尼西亚通货膨胀一直保持下降趋势，但是，2005 年，通货膨胀率再次上涨到 10.5%，2006 年上涨为 13.1%。值得注意的是，印度尼西亚通货膨胀上涨并不是由国内需求旺盛引致的，即使印度尼西亚国内需求过度，政府所实行的财政紧缩政策也已经缓解了国内需求过度的情况。国际市场上持续不断的石油和食品价格上涨压力是推动印度尼西亚通货膨胀上涨的重要原因②，仅 2005 年，印度尼西亚燃料价格就上涨 114%。因此，印度尼西亚通货膨胀上涨是源于供给方面的压力，包括国际大宗商品价格的上涨以及实体经济（经济成本高、

---

① Asian Development Bank, *Asia Capital Markets Monitor*, May 2010.
② Hayashi, M., "Structural Changes in Indonesian Industry and Trade: An Input – output Analysis", *The Developing Economies*, Vol. 63, No. 1, March 2005, pp. 39 – 71.

缺乏基础设施、劳动问题）的问题等。以上这些问题的存在已经给印度尼西亚国内经济带来了流动性过剩的困难。

图7-5显示，印度尼西亚、泰国、马来西亚和韩国的通货膨胀率在亚洲金融危机后都明显下降，且在2000—2012年保持在一个可管理的范围内，并没有超越亚洲金融危机期间的水平。

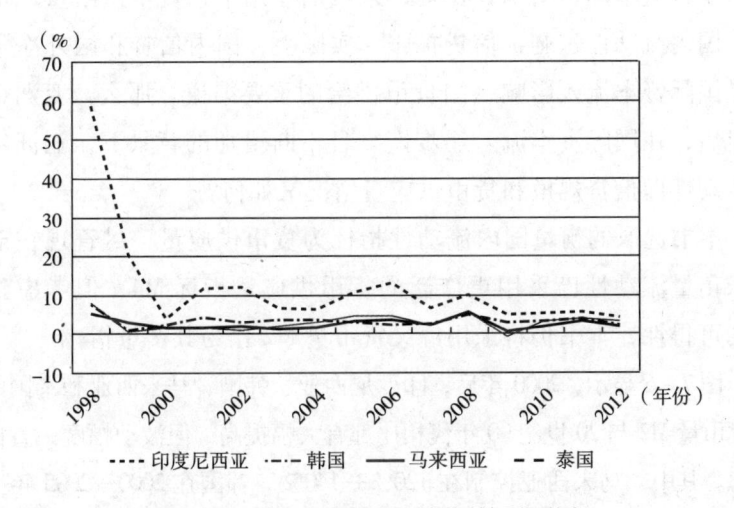

图7-5 部分亚洲新兴经济体的通货膨胀

资料来源：世界银行。

马来西亚的通货膨胀状况在1999年其实施资本管制后得到了一定程度的缓解，2000年的消费者价格指数（Consumer Price Index，CPI）增长率仅为1.5%。其高增长低通货膨胀的形势一直持续到2003年。自2004年开始，由于证券投资流入和不断增加的经常账户盈余使马来西亚的货币供应量和外汇储备双双增加，同时国际原材料价格持续上扬，这让马来西亚的CPI开始快速升高。但是，马来西亚在2006—2007年采取了相对灵活的汇率制度后，林吉特汇率的缓慢升值从一定程度上缓解了通货膨胀压力，这使马来西亚CPI指数增长速度有所放缓。

综上所述，亚洲新兴经济体的通货膨胀在亚洲金融危机后基本保持在一个可管理的范围内，即使个别国家通货膨胀在个别时期有所上升,其上升也不仅仅是由资本流入引起的国内需求过剩所导致的,通货膨胀由许多资本流入以外的其他因素造成,其中国际大宗商品价格的上涨是通货膨胀的主要原因。

四 国内流动性和信贷规模情况

当国际资本大规模流入时,外汇储备增加,进而导致国内基础货币发行量增加,结果,在货币乘数的作用下,货币供给量成倍增加,国内流动性过剩,信贷扩张。实际上,国内信贷和国外净资产又是国际资本流入影响一国货币供给的重要渠道。那么,亚洲金融危机后,在国际资本流入逐步恢复且不断增加的背景下,亚洲经济体流动性即信贷规模和货币供应量情况又如何?

本书选取的衡量国内流动性指标为货币供应量,尽管现在部分国家衡量流动性已采用更广泛的货币供应量指标 M4,但考虑到数据的可得性,本书仍将采用广义货币量 M2 作为其衡量指标。

图 7-6 显示,2000 年后,印度尼西亚、韩国、马来西亚和泰国的广义货币量 M2 与 20 世纪 90 年代相比都有大幅提高,但波动幅度一直比较平稳。其中,马来西亚控制在 120%—140%。韩国在 2000—2005 年一直保持在 120% 左右,2005—2008 年从 100% 增长到 140%。与韩国、泰国和马来西亚比起来,印度尼西亚 M2 占 GDP 比重一直处于比较低的水平。

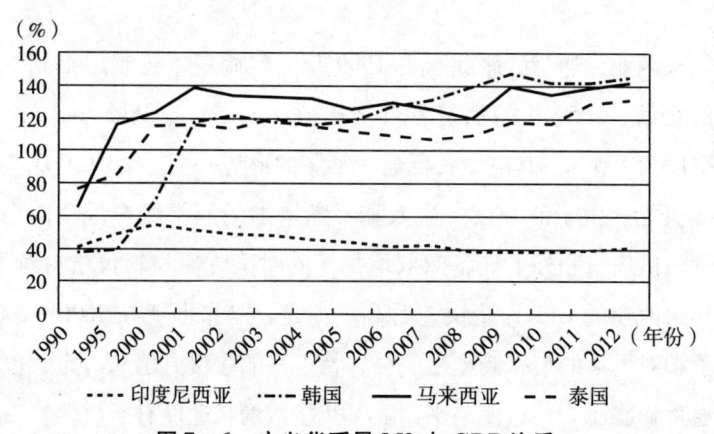

图 7-6 广义货币量 M2 占 GDP 比重

资料来源:世界银行。

第七章 亚洲新兴经济体国际资本流动管理效果分析

本书选取净国内信贷①占 GDP 比重来反映国内信贷指标。尽管国内信贷规模的快速扩张可能导致投机的出现，但是，若这一规模占 GDP 比重较小，那么，该扩张会引起国内投资资金增加，为快速经济增长提供资金来源，只有其相对规模较大时，才能引起投机的扩大，进而扩大金融风险。国内信贷应与 GDP 保持适当比重，其相对规模可以更为准确地表明信贷扩张程度。

图 7-7 显示了部分亚洲新兴经济体国内信贷占 GDP 比重情况。图 7-7 显示，印度尼西亚、马来西亚和泰国在亚洲金融危机后的国内信贷占 GDP 比重一直呈下降趋势，而韩国从 2000 年开始一直呈上升趋势。韩国、马来西亚和泰国的国内信贷占 GDP 比重均保持在 100%—140%，尤其在资本流入激增的 2002—2007 年，保持在 100%—120%。印度尼西亚的国内信贷占 GDP 比重一直很低，保持在 60% 以下，这与印度尼西亚国内投资的不景气密切相关，虽然印度尼西亚政府采取了很多措施以鼓励国内投资，但是，这在短期内还无法见效。

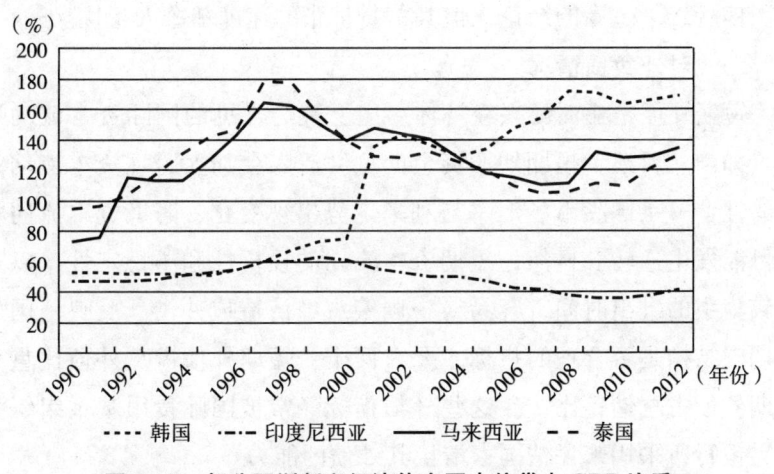

图 7-7 部分亚洲新兴经济体净国内信贷占 GDP 比重

资料来源：世界银行。

---

① 净国内信贷是向非金融公共部门提供的净信贷、向私营部门提供的信贷以及其他账户的总和。

如前文所述，大规模国际资本流入会导致国内信贷扩张，那么亚洲新兴经济体信贷占 GDP 比重是否过高？信贷是否扩张？在与其他新兴经济体对比之前，我们需要牢记亚洲新兴经济体经济具有的两个特点：其一，亚洲新兴经济体的融资结构——银行在亚洲金融体系中依旧处于主要地位。因此，最重要的融资渠道是银行信贷，而非银行金融机构和资本市场所起的作用相对较小。其二，亚洲新兴经济体自身的经济结构——经济增长在很大程度上依赖于投资，这也意味着企业债务融资的重要性远远超过居民债务。亚洲新兴经济体信贷是否存在扩张呢？首先，印度尼西亚国内并不存在信贷扩张，相反，政府一直在鼓励投资。在其他经济体中，韩国信贷扩张的速度与规模值得注意，但是，也并不能说其信贷水平过高。数据显示，2010 年，美国由存款性公司发放的国内信贷余额占 GDP 比重仅略高于 100%，而韩国最高时达到 170% 左右。但是，美国经济的整体信贷水平，包括那些来自高度发达和复杂的金融市场（以及银行的表外信贷）的部分，2010 年占 GDP 比重超过了 340%。尽管很难得出韩国信贷水平过高的结论，但其信贷扩张的速度却令人担忧。

五 对外负债情况

短期外债是亚洲新兴经济体历史上最为常见的国际资本流动形式。如前文所述，短期外债资金的过度流入会加大跨境资本流动的脆弱性，一旦国际市场汇率与利率走势出现变化，跨境资本流向将有可能发生逆转。显然，短期资本流动的投机性和不稳定性，以及比较集中的进出时间，容易对一国宏观经济造成冲击。反映一国外债期限结构是否合理的指标主要有两个：短期外债占总外债比重和短期外债占总储备比重。这些外债指标经常被国际货币基金组织和世界银行所采用来评估国家清偿其外债的能力。

国际上通行的短期债务占全部外债比重的警戒线为 25%，如图 7-8 所示，印度尼西亚、马来西亚和泰国的短期外债占总外债比重在进入 21 世纪后呈现下降趋势，而且在 2000—2005 年各国都将短期外债占总外债比重控制在国际警戒线附近。短期外债占总外债比重从 2006 年开始持续增长,其中,马来西亚和泰国攀升速度较快,尤其是泰国在 2010 年达到 58.2%。但是,与 1997 年亚洲金融危机时相比,由于高水平的外汇储备,亚洲新兴经济体还是显示出了较好的外债清偿能力(见图 7-9)。

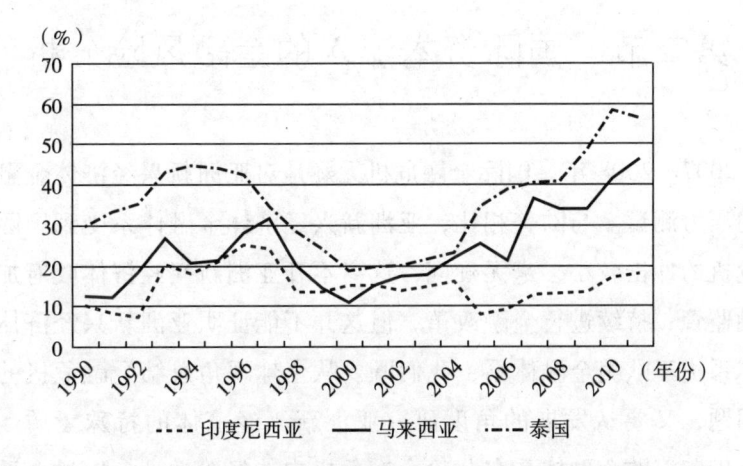

图 7-8　部分亚洲新兴经济体短期外债占总外债比重

资料来源:世界银行。

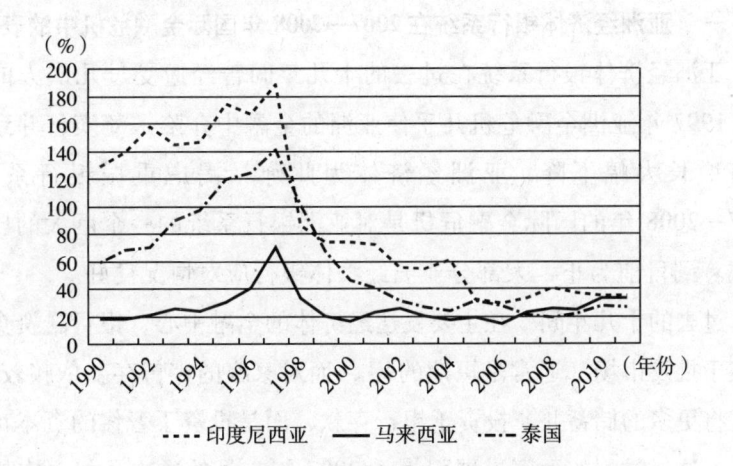

图 7-9　部分亚洲新兴经济体短期外债占总储备比重

资料来源:世界银行。

1990 年,亚洲新兴经济体持有外汇储备达到 2140 亿美元,占 GDP 的 5%;2010 年升至 4.8 万亿美元,占 GDP 的 44%,其中,中国贡献了60%。高额储备使亚洲新兴经济体的短期外债占总储备比重自1998年起开始下滑，表现出很好的偿债能力。2006年和2007年，大多数亚洲新兴经济体经历了货币供给的快速增长，这表明冲销并不完全。

第二节　国际资本流入的金融风险分析

2007—2008年，国际金融危机无疑是对亚洲新兴经济体金融市场的压力测试。与欧美相比，亚洲新兴经济体金融体系受到国际金融危机的冲击较小，毫无疑问，这离不开亚洲新兴经济体政府加强金融监管、持续进行金融改革，但这并不能证明亚洲新兴经济体金融体系优于欧美金融体系，我们既要从全球视角总结金融危机的共性问题，又要从发展的角度研究亚洲新兴经济体的特殊矛盾。因此，借鉴美欧金融体系在此轮金融危机中的经验教训，探讨今后一个时期亚洲新兴经济体资本市场的建设与发展意义重大。

一　亚洲经济体银行系统在2007—2008年国际金融危机中的表现

亚洲经济体银行系统在过去的十几年间曾经遭受过几次大的冲击，1997年亚洲金融危机几乎使亚洲的金融中介陷入瘫痪，并致使经济增长大幅下降，亚洲经济体为此殚精竭虑重振银行系统。2007—2008年的国际金融危机是对亚洲银行系统的一个巨大的压力测试。到目前为止，大部分亚洲经济体银行应对情况良好。

过去的十几年间，在主要发达经济体的金融中心，银行融资愈加依赖于批发市场（通常是短期的）[①]，而对家庭的零售存款依赖较少。家庭将更多的储蓄并非投资于银行存款，而是投资于奢侈的资本市场产品。这一过程的无序进展引爆了2007年8月的这次危机。在银行危机史中，压力首次在银行借贷的批发市场中扩散开来。经过我们的

---

① 所谓"批发融资"是指银行除了核心活期存款之外的用于融资和风险管理的工具与方法，其来源主要包括联邦基金、公共基金、外币存款和经纪存款等。

第七章 亚洲新兴经济体国际资本流动管理效果分析

分析可以发现，发达经济体金融中心的这一去中介化的过程对大部分亚洲经济体银行影响不大。亚洲经济体的银行系统始终以其传统而基础的商业模式而著名。在该模式中，贷款资金主要源自本国的储蓄（银行存款）。在亚洲新兴经济体，2001—2007年存款占GDP比重反而增加14.8%，明显高于之前6年的水平。强劲的存款增长表明，亚洲新兴经济体融资不需要或较少需要国内外的批发市场，贷存比在很多亚洲新兴经济体一般低于100%（见图7-10）。与资金来源主要依靠批发市场的银行模式相比，基于本国（地区）储蓄的银行业务模式更不易受到资金突然紧缩的影响。相比于西方同行，拥有该特征的亚洲经济体银行在应对本轮国际金融危机时无疑具有一定优势。但韩国在本轮国际金融危机中的表现表明，部分银行忽视了主要风险：公司和家庭正在采取更大风险的融资战略。另外，许多经济体对家庭信贷风险存在严重的管理缺陷（如缺少历史信贷风险的数据）。

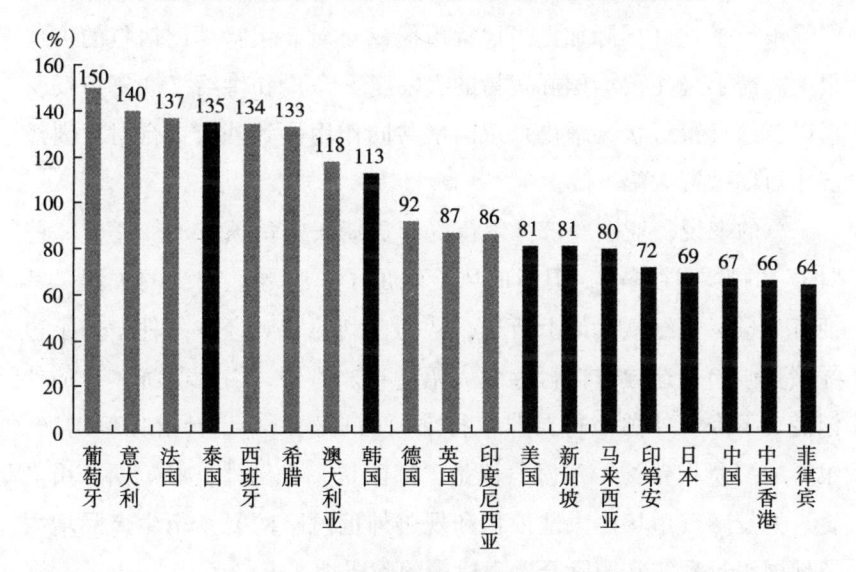

图7-10　2011年部分经济体银行的贷存比[①]

资料来源：环亚经济数据、美国联邦储备委员会、国际货币基金组织、国际金融统计数据库。

[①] 白川方明：《亚洲银行业和资本市场面临的挑战》，《中国金融》2012年第9期。

在 2007—2008 年国际金融危机中，亚洲经济体银行系统表现出了严重的脆弱性，即银行簿记中的结构性"期限错配"。在 2003 年左右，国际银行通过国际批发市场融资，大规模增加其美元借贷，该贷款流动性相对较差。在一些，国际货币融资用于发放国内本地货币的贷款。银行通过使用跨货币掉期市场或外国货币管理潜在的汇率和"期限错配"。该战略的成功在于银行间市场中美元负债随时的借新还旧。当 2008 年中期这些市场中流动性突然蒸发，对主要国际银行偿债能力出现深度不确定，掉期市场和批发融资损害严重。

亚洲经济体银行的脆弱性因其对短期融资暴露的不同而有所差异。2008 年上半年，对亚洲经济体的国际银行借贷快速上升，短期构成部分在中国、印度尼西亚、韩国以及印度都很高。压力的另一点是在一些经济体，尤其是马来西亚以及韩国，由外资银行发放的国际银行贷款（国际加上当地货币债权）对非银行部门信贷的占比很大。需求（主要为国际贸易的大幅度下降）和供给（融资市场受损以及外资银行状况恶化）双因素共同作用导致外资银行对亚洲经济体短期融资大幅下降。

总的来说，亚洲经济体银行资产负债表中负债方的变化使一些"旧"的脆弱性减少，但新的风险增加了。脆弱性减少的关键是其拥有大量零售存款。如上所述，特别有利的宏观经济条件增加了边际储蓄倾向，这导致银行存款大幅增长。另外，因为经济体净的外汇借贷下降，外国银行对非银行部门的贷款以本币计价比例增加，银行的"货币错配"下降。但是，韩国是一个例外，对短期外币借贷、批发融资市场更大地依赖和规避外汇风险的复杂衍生产品增大了韩国银行系统在国际金融危机中的脆弱性。

二 亚洲经济体资本市场在 2008—2009 年国际金融危机中的表现

国际金融危机对亚洲经济体资本市场的影响出现得较早。2008 年，亚洲股市价格平均下跌了 50%，这一幅度甚至远超过金融地震

第七章 亚洲新兴经济体国际资本流动管理效果分析 | 187

中心的发达经济体市场。债券市场的变化也大致类似，亚洲主权债券的利差在2008年增加了600个基点，说明亚洲债券的风险溢价大幅度上升。图7-11显示了东盟5国在2008—2010年股票价格波动情况。2008年，东盟5国股票价格波动加大，2008年9—12月，波动幅度最大，进入2009年后，波动趋缓。国际金融危机之前，因为东亚股票飙升得太高，在危机期间回落也属正常，即"由于金融市场的稳定以及金融机构相对稳健的运行，股票价格在国际金融危机期间一般会从其高点回落"。①

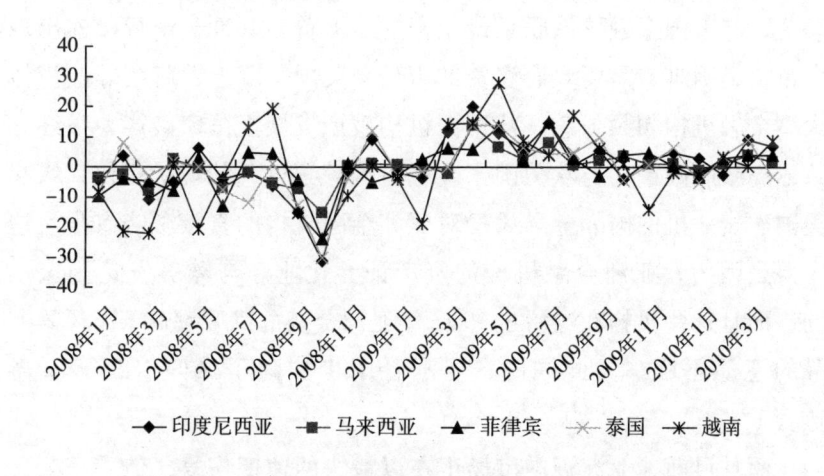

图7-11 东盟5国国际金融危机期间股票价格波动②

资料来源：https://zh.tradingeconomics.com。

亚洲金融资产价格大幅波动主要是由组合证券资本流入逆转导致的。国际金融危机发生后，投资者争相从亚洲证券市场中退出，资产价格下降。组合证券资本流入逆转主要是由以下三个方面的原因造成的：（1）原来在亚洲市场投资的全球金融机构由于资产负债表出现问题而被迫实行"去杠杆化"，即收缩信贷和抛售风险性资产；（2）国际金融危机爆发后，投资者自动调整风险配置，美国尽

---

① Asian Development Bank, *Asia Capital Markets Monitor*, May 2010.
② Ibid..

管是金融危机的中心，但美元依然是世界货币，美国国债仍是世界上最安全的金融产品；（3）尽管原来很多投资者议论所谓的脱钩理论，但金融危机爆发后，亚洲因与美国间紧密的经济与金融联系被认为是高风险地区。

尽管亚洲金融资产价格在本轮国际金融危机中波动较大，但相对欧美国家而言，金融机构相对运行稳健，而且目前正在以最快的速度恢复。2008年9月初，美国"两房"出现困境并被政府接管；9月14日，雷曼兄弟申请破产，引爆了华尔街乃至国际金融市场的动荡，与美国金融体系联系最紧密的欧洲首当其冲，银行接连出现大量资金困难、需要政府注资的事件，英国、瑞士、荷兰等经济体大型金融机构频频告急。甚至由机构破产发展至国家破产，最终导致冰岛政府破产。与欧美国家金融机构频频告急的现状相比，缘起美国次贷危机的国际金融风暴对亚洲金融机构的直接影响有限。这主要是因为，亚洲金融机构的资产证券化业务与欧美发达国家不同，而且这些机构在经历过1997年亚洲金融危机后投资于高风险产品的意愿不强。与此同时，亚洲各国也加强了风险管理等金融监管。

而且目前，亚洲资本市场正在以最快的速度恢复，似乎正处于良性循环之中。区域内外的公司都在亚洲资本市场寻求融资。例如，世界著名商品交易商嘉能可（Glencore）2011年在中国香港和伦敦同时上市，这充分表明亚洲股票市场的活力。通过增加股票市场作为融资平台的吸引力，亚洲能为全球企业提供丰富的储蓄资源。另外，亚洲的投资者将会有更大的机会进行海外投资。亚洲资本市场要获得进一步发展，必须基于本区域的投资者与全球企业的良性互动，所以，有必要在区域层面来协调金融监管和市场基础设施。

当然，亚洲金融体系自身所具备的特点也是其经受住国际金融危机冲击的重要因素。亚洲金融结构相对简单，金融机构的杠杆率与欧美金融机构相比较低，而且亚洲各国金融体系开放程度相对有限，对国际金融风险起到了"防火墙"作用。同时，亚洲国家普遍保持的规模庞大的外汇储备和较高储蓄率，为金融体系稳健运行提供了流动性支持。美国次贷危机是金融创新无序发展的结果。为了社会福利增加，金融创新应该围绕金融的核心功能——支付结算服务和中间业务来展开。假如不存在这层逻辑关系，金融创新通常难以通过提高生产率对经济增长加以促进。在次贷危机爆发之前，发达国家金融中心的一些再证券化产品就已偏离了这一基本原则，金融体系创新过度，脱离实体经济需求，大量表外业务和场外业务发展脱离金融监管等。甚至在回购这类简单且安全的交易中，相同的证券在一连串交易中被作为抵押品多次重复使用，从而使流动性得以加倍放大。也就是说，通过一系列回购交易，抵押品的周转速度呈现激增态势。不过，亚洲的金融机构并未过深地涉足这种金融产业链，从而其在面对日趋复杂的证券化产品及风险转嫁技术方面的风险暴露相当有限，这在一定程度上使其抵御住了国际金融危机的冲击。此外，如前文所述，大多数国家健全的银行系统能够有效地实施应对措施以协助维持国内流动性以及信贷的可用性。本币的流动性大致可以保持充足，银行间拆息下降或保持稳定。另外，债券市场虽然也受到较大的重创，但是，其恢复得很快。更进一步说，拥有较发达的本地债券市场在应对资本外流时更富有弹性，但这并不是一劳永逸的。总之，虽然亚洲金融体系经受住了此次国际金融危机。但是，从发展的角度看，亚洲金融体系还是面临着很多问题，需要亚洲政府不断努力，发展并深化金融体系。

第三节 国际资本流入逆转的风险分析

国际资本流入突然停止或逆转导致金融危机的总爆发。国际资本流入使经济体系的风险不断积聚。一旦外部冲击到来或者仅仅是由于国内外投资者预期的突然改变，积累于经济体系内的风险集中释放，会加剧经济环境的恶化。短期投机性资本最容易发生逆转。

一 1997年亚洲金融危机后亚洲国际资本流动结构的变化

1997年亚洲金融危机后，亚洲国家实行的健全的宏观经济政策和金融政策改变了亚洲国际资本流动的结构，使其在金融动荡中表现得更富有弹性。

（一）国际资本流入的结构变化

图7-12显示，亚洲金融危机前，亚洲占主导地位的资本流入类型是银行贷款；而危机后逐渐转变为以外国直接投资和组合证券投资为主。亚洲金融危机的教训基本可以解释这一变化。危机之后，亚洲银行和企业更多地依靠国内借贷，外国债权人在发放贷款时也更加谨慎，这导致以外债形式的资本流入大幅减少。同时，股票证券和债务证券投资流入的增加，一方面是因为亚洲大力发展和完善资本市场；另一方面可能是因为国际资本为了寻求更高的收益率从发达国家流向新兴市场，特别是亚洲新兴经济体。

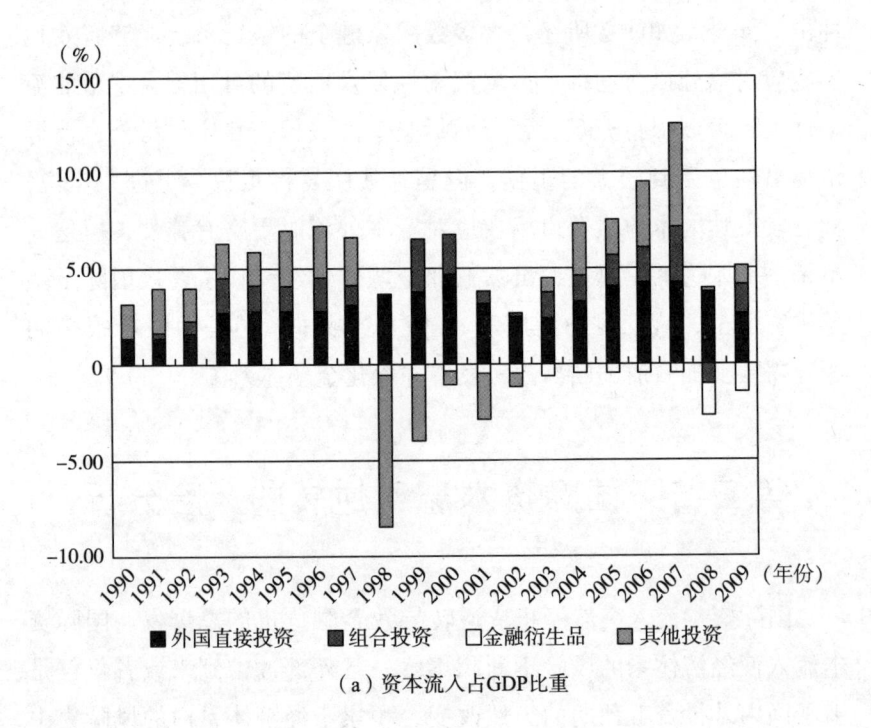

(a) 资本流入占GDP比重

第七章　亚洲新兴经济体国际资本流动管理效果分析　191

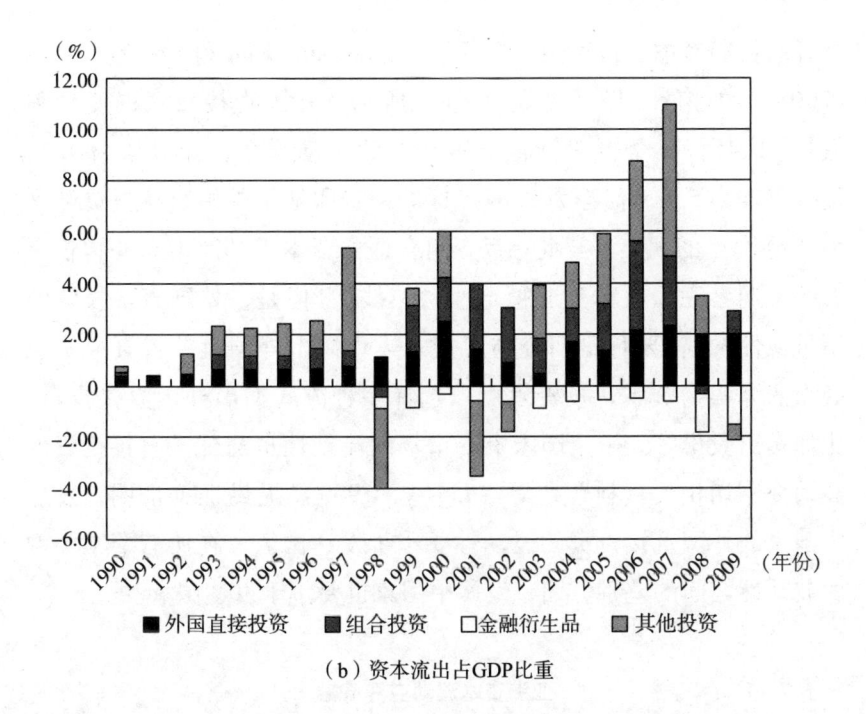

(b) 资本流出占GDP比重

图 7 – 12　1990—2009 年亚洲新兴经济体资本流动构成[①]

资料来源：国际金融统计（IMF）和世界发展指标（WB）。

首先，外国直接投资成为资本流入最稳定和最主要的类型。20世纪 90 年代中期，外国直接投资开始发挥关键作用（见图 7 – 12）。外国直接投资在 20 世纪 90 年代后期已经占亚洲新兴经济体所有私人资本流入的 50％ 以上。2008 年，亚洲新兴经济体外国直接投资流入达到 3200 亿美元。[②] 外国直接投资已经被证明是相对稳定的资本流入类型。亚洲政府一直鼓励外国直接投资的流入，如为外国公司在国内投资设厂提供特殊激励等。外国直接投资因其产生于外国投

[①] Masahiro Kawai and Mario B. Lamberte, "Managing Capital Flows: Emerging Asia's Experiences, Policy Issues and Challenges", *Managing Capital Flows: The Search for a Framework*, A Joint Publication of the Asian Development Bank Institute and Edward Elgar Publishing, 2010, pp. 9 – 45.

[②] Ibid. .

资者的长期考虑,被称为"冷钱"。如 Soyoung Kim 和 Doo Yong Yan (2008) 的计量结果(见表7-1)所示,外国直接投资的变异系数①为1.45,显著低于其他资本类型的变动系数,如股票为4.4,银行贷款为5.6,债券为2.04。这进一步印证了外国直接投资被称为"冷钱"的观点。与此相反,组合证券资本因其产生于外国投资者的短期考虑,被称为非稳定性"热钱"。但是,外国直接投资的不可逆性②也需要仔细研究与对待。毕竟撤出外国直接投资并不是必须清算实物资本,投资者可以选择多种方式撤出外国直接投资,比如卖出股份等。一个国家资本市场的流动性也与外国直接投资的波动性密切相关。利普塞等(Lipsey, 1999)提供证据证明,发展中国家的外国直接投资的波动性要小于发达国家。在所有资本类型的波动性之间的差别方面,发展中国家也要小于发达国家。③

表7-1　　　　　　　　亚洲资本流动变异系数

	外国直接投资	股票	债券	银行贷款
变异系数	1.45	4.44	2.04	5.60

资料来源:笔者计算而得。④

其次,组合证券资本流入显著增加。证券组合投资流入在亚洲金融危机之后出现增长。为了对非金融公司与问题银行进行重组,大部分亚洲经济体削减了股票市场投资壁垒,因此,股权类资本流

---

① 变异系数与级差、标准差和方差一样,都是反映数据离散程度的绝对值,其数据大小不仅受变量值离散程度的影响,而且还受变量值平均水平大小的影响。一般而言,变量值平均水平高,其离散程度的测度值也大;反之则减小。变异系数的计算公式为:变异系数 $C \cdot V = $ (标准偏差 SD ÷ 平均值 MN) ×100%。

② 即只要投资了,就不容易撤出资金。

③ Robert E. Lipsey, Robert C. Feenstra, Carl H. Hahn and George N. Hatsopoulos, "The Role of Foreign Direct Investment in International Capital Flows", *NBER Working Paper* No. 7094, June 2000.

④ Soyoung Kim and Doo Yong Yang, "Managing Capital Flows: The Case of the Republic of Korea", *ADB Institute Discussion Paper* No. 88, 2008.

入在1999年出现快速增长，然而，2000年势头出现的逆转在2003年有所恢复。股权类资本流入从2002年的100亿美元跃升至2007年的1090亿美元的巅峰。随着国际金融危机的深化，股权类资本流入在2008年转为负值，为-810亿美元，但在2009年却反弹强劲。与股权类资本流入相比，债务类资本流入在亚洲新兴经济体的资本流入中占的比重较小。本币债券市场的不发达被视为1997年亚洲金融危机爆发的一个主要诱因。为此，1997年亚洲金融危机后，亚洲各国采取一些政策措施以促进本币债券市场的发展，区域债券市场的规模一直在扩大。近几年，债券类资本流入随着时间推移逐步增加，尤其是韩国的表现比较明显。

最后，银行融资。1997年亚洲金融危机的前3年，亚洲银行融资规模很大。亚洲金融危机后，银行融资在亚洲新兴经济体的资本流入中所占比例微乎其微。2006—2007年，亚洲银行资本快速上升至近700亿美元，其中，韩国占资本流入总额的2/3。2008年，亚洲银行资本流入变为负值（-120亿美元），但韩国仍占据较大比重。

（二）国际资本流出的结构变化

1997年亚洲金融危机后，为减少净资本流入，降低国际资本流入易导致经济过热的风险，亚洲新兴经济体逐步放松资本流出管制，鼓励本地居民海外投资。结果，亚洲新兴经济体的国际资本流出总量不断增加，国际资本流出的结构也发生了变化。与1997年亚洲金融危机前相比，亚洲新兴经济体的组合证券资本流出占GDP比重显著增加。其中，股权类资本流出从2004年起持续增加，2007年达到2050亿美元，2008年下降为440亿美元。中国香港、中国台湾和韩国是亚洲新兴经济体中主要的海外投资者。债务类资本流出也从2004年开始持续增加。直接投资的流出在2007—2008年显著增加。

二 国际金融危机期间亚洲经济体国际资本流入逆转情况分析

与1997年亚洲金融危机相比，亚洲经济体更好地经受住了此次的金融风暴。事实上，直到 2008 年 9 月雷曼兄弟倒闭，亚洲经济体的资本流入依然强劲，这可能是因为许多国家实行了更有力的政策框架的结果。

其中，能够最大限度地吸引外国直接投资的经济体在此次危机中表现较佳。尽管 2009 年早期外国直接投资表现较弱，但是，总体而言，外国直接投资流量表现还不错。最近的研究表明，危机前大规模外国直接投资流入与危机中程度较轻的信贷紧缩相联系。在 2007—2009 年国际金融危机中发生流动方向逆转的两类资本是：组合股权资本和银行贷款资本。主要依赖这两类资本流动的国家没有做好应对金融危机中缺乏流动性的准备。股票投资在 2007 年最先受到影响，投资者争相从亚洲市场中退出，造成流动性不足。紧接着，亚洲经济体的净银行贷款在 2008 年大幅下降，部分原因是全球去杠杆化的趋势、重新出现的保护主义以及发达国家为了克服本国市场的流动性的严重短缺减少向亚洲国家贷款。

尽管亚洲经济体在此次危机中经历了全球银行资本和股权资本流动的逆转，但是，该地区在此次危机中比前一次危机要能更好地定位自己。而且，如前文所述，亚洲新兴经济体在 1997 年亚洲金融危机后，对发达经济体银行的负债有所下降，这使该地区较少受到外部银行金融危机影响。虽然组合证券负债的显著增加导致在 2007—2008 年组合股权的迅速撤离。然而，在 2009 年中期，股权流动迅速回升，股票市场强劲上扬。根据国际证券交易所联合会统计，2011 年亚太地区的股权融资规模占全世界总额的 46%。同期，全球有一半的首次公开募股（IPO）发生在亚太地区。亚洲股票市场的市值占全球总量的 31%，这表明它已成为自雷曼危机以来世界股票市场上恢复最快的地区（见图 7-13）。

总体而言，亚洲新兴经济体采取的国际资本流动管理政策，应该说还是行之有效的。在这一次国际金融危机之前，亚洲新兴经济体保持了 6 年的高速增长，金融体系也十分稳定。国际资本流入的宏观经济风险和金融稳定风险得到了一定程度的控制。虽然在国际

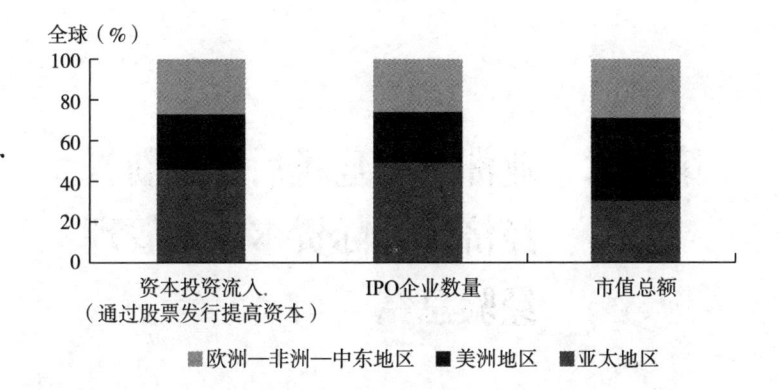

图 7-13　2011 年亚太地区在世界资本市场中所占比重①

资料来源：国际证券交易所联合会数据库。

金融危机期间亚洲宏观经济和金融市场遭受冲击，但是，与欧美国家相比，不仅金融机构运行相对稳健，而且经济增长也在以最快的速度恢复。当然，这并不能说明亚洲经济已经非常发达与完善，经本书分析，亚洲经济体能够经受住此次国际金融危机最大的原因可能是此次国际金融危机主要是发生在金融衍生品市场，而亚洲金融衍生品市场相对不发达，所以，能够最大限度地避过此次冲击。鉴于此，虽然过去亚洲经济和金融体系的改革取得了很大进展，但是，要说亚洲经济和金融的改革已经完成则为时尚早，亚洲经济和金融体系依然存在很多问题，需要亚洲各经济体政府继续努力。

---

①　白川方明：《亚洲银行业和资本市场面临的挑战》，《中国金融》2012 年第 9 期。

第八章 亚洲金融危机后亚洲新兴经济体国际资本流动管理经验总结

基于前文对亚洲新兴经济体国际资本流动管理的宏观经济政策、金融稳定政策和资本管制的具体研究，我们不难发现，在国际资本大规模流入时，短期内各新兴经济体均优先采用冲销干预，长期实施更富有弹性的汇率制度，加强宏观经济政策以及完善金融体系等。但是，由于冲销干预的成本会不断攀升，而且容易陷入内外均衡的两难选择——选择稳定利率还是稳定汇率，而完善汇率制度、金融体系等改革要想富有成效往往需要较长的时间。这样，各经济体会在中短期内选择资本管制以弥补上述两种措施的缺陷。

第一节 宏观经济政策

冲销干预因其极具灵活性且见效快的特点而成为亚洲各新兴经济体在短期内优先采用的政策，所不同的是各新兴经济体采用的冲销方式各有差异。如印度尼西亚利用1个月和3个月期的印度尼西亚中央银行证书（Bank Indonesia Certificates，SBI）进行部分冲销，韩国银行使用其自己发行的货币稳定债券（Monetary Stabilization Bonds，MSBs），泰国中央银行采用国债的形式在外汇市场上进行冲销干预。部分新兴经济体的冲销干预确实是取到了预想的效果，如马来西亚致力于缓解组合证券投资对本国货币冲击的冲销干预措施使净国内资产从 2004 年开始下降；泰国冲销干预政策联合其他措施（比如降低回购利率），使泰国的在岸汇率得到稳定。但是，冲销干预成本不断攀升的事实也不容忽视，比如随着不断对国际资本流入进行冲销干预，韩国的货币稳定债券存量不断增加，韩国政府不得不采取出售政府债券的方式来协助韩国银行进行冲销干预。印度尼西亚的情况更是特殊，其冲销手段，如印度尼西亚中央银行证书的利率保持在了 8% 以上，其利率水平高于世界平均水平，结果本想冲销资本流入影响的措施却吸引了更多的外国资本流入。

冲销干预的直接后果就是外汇储备激增，再加上，大多数亚洲新兴经济体认为，在国际金融体系进展缓慢和国内金融市场发展不尽完善的情况下，相较于其他政策，在应对资本外逃方面，巨额外汇储备是个不错的选择。所以，亚洲新兴经济体选择积累大量外汇储备，以此作为应对资本流入逆转风险时自我保护的工具。截至 2008 年年底，亚洲新兴经济体的总外汇储量占世界总外汇储量的一半以上。事实也证明，在应对国际金融危机方面，亚洲新兴经济体的巨额外汇储备发挥了很大作用。但是，目前学者和各国政府都越来越达成共识，即尽管外汇储备的积累可被视为资本流入突然停止或逆转的一种自我保护手段，但是，如果依据外汇储备充足的标准（如外汇储备相对于外债、国内生产总值或国内货币供应，进口商品和服务的比重）来衡量，亚洲新兴经济体的外汇储备量是过多的。虽然目前学者和政府很难拿出一个可靠的最优外汇储备量，但是，可以肯定的是，当前亚洲新兴经济体的外汇储备总额已经远远超过减缓突然资本逆转或外部融资所需的外汇水平。如果亚洲新兴经济体拥有一个至少在区域一级的可靠的外汇储备分账安排，那么国家对外汇储备量的需求可能会减少。比如范围扩大后的和更加多边化的《清迈倡议多边化协议》（CMI）就可以以集体的力量共同确保成员国免受短期资本逆转的风险，那么每个成员国就没有必要持有巨额的外汇储备（成本很高）。事实上，东盟 + 3 财长最近达成的 1200 亿美元《清迈倡议多边化协议》是实现区域货币和金融稳定合作的积极的重要的步骤。

当国内外巨大的利率差吸引大规模额外资本流入时,中央银行需通过降低国内利率来缩小这种差异,这就是各经济体对于货币紧缩政策采取谨慎态度的原因。以中国为例,当利率提高时,会确保人民币利率不超过美元利率3%,这样,既能避免大规模国际资本流入,又可让人民币以年均3%的速度稳步升值。实际上,降低利率的货币政策因其独立性问题一直颇受争议,但还是有部分国家货币当局在不改变其货币政策立场的情况下,降低国内利率以缩小国内外利差。从2006年1月至2007年12月,印度尼西亚中央银行逐步将利率从12.75%调低到8%,并且将8%的利率水平一直维持到2008年4月。2007年1—7月,泰国中央银行连续降息5次,将利息从4.75%调低到3.25%。

正如上文所述,无论是冲销干预还是利率政策都不具有可持续性,实际汇率升值是应对资本流入风险的具有持续性且最有效果的政策。根据大多数工业化国家的经验,在应对国际资本流入风险方面,汇率升值不仅能够克服其他政策的局限性,而且能够避免使用其他政策随之而来的负效应。但是,亚洲新兴经济体因其金融市场深度、产业多元化、风险承受能力方面都颇有局限,所以,都不愿汇率升值,对于亚洲新兴经济体来说,逐步推行更有弹性的汇率制度是一项长期而艰巨的任务。虽然允许汇率升值有诸多困难,但是,在亚洲金融危机过后的十几年间,亚洲新兴经济体都不同程度地推行更加灵活的汇率制度。印度尼西亚、韩国和泰国在亚洲金融危机后放弃了固定汇率制度。马来西亚也在2005年放弃了固定汇率制度,实行有管理的、更加灵活的汇率制度。在一个资本流动不稳定的世界里,实行更加灵活的汇率制度将会增加货币当局的回旋余地。然而,只靠增加汇率波动的灵活性,也不能抑制经济过热或阻止资产泡沫的发生。实施更加灵活的汇率制度是一种政策选择,但不是唯一的选择。

从理论上讲,财政政策也是应对国际资本流入风险的有效工具之一。但是，经过本书对亚洲新兴经济体国际资本流动管理经验的梳理发现，财政政策作为管理资本流入的工具尚未得到充分利用。本书目前所得到的资料显示，只有马来西亚和印度尼西亚积极采用财政政策结合其他措施来应对国际资本流入风险的问题。其中，马来西亚为减少下级政府基建的开支，大力鼓励私人融资和民间投资。印度尼西亚鉴于国内投资不景气的现状，积极改进国内投资环境。从理论上讲，紧缩性财政政策是应对资本流入激增（导致经济过热）的措施，但是，根据马来西亚和印度尼西亚财政政策的经验，我们可以发现，国际资本流动变化诡谲，国际资本流入的风险也会因国家不同而不同，所以，财政政策的设计更要根据具体国情、具体资本流入风险进行调整。

第二节 金融市场改革

国际资本流动管理的根本措施是要进行金融体制改革。金融体制改革并不是要减小资本流动总量，而是消除资本流入对经济体系的消极影响，防止危机发生。亚洲新兴经济体采取的金融市场改革措施，包括银行部门改革和资本市场深化以及完善审慎监管制度。虽然金融部门改革有助于降低资本流入所带来的金融稳定风险。但是，新兴市场国家需谨记，监管良好的金融机构以及富有效率的资本市场是不可能在一夜之间完成的。

1997年亚洲金融危机表明，在国际资本自由流动的形势下，若资本流入国银行体系不健康，那么这极易引爆金融危机。因此，亚洲新兴经济体中央银行花费大量精力重振银行系统，采取的措施包括整顿与合并经营不善的银行、剥离不良资产以及放宽对外国金融机构参与的限制，等等。通过一系列银行改革，亚洲新兴经济体银行体系取得的成绩包括：(1) 不良资产比重下降，资本与风险资产比重大幅上升，银行资产质量得以提高；(2) 融资模式的逐渐改变使亚洲新兴经济体银行在应对外部金融冲击、国际资本流动波动时更富有弹性；(3)"货币错配"问题得到缓解，降低了亚洲新兴经济体的风险外部暴露。亚洲新兴经济体银行体系的这些转型不仅提高了亚洲新兴经济体银行自身质量，还增强了银行抵御危机的弹性，为减少亚洲新兴经济体银行在本次国际金融危机中所受的损失做出了贡献。但是，经过我们的分析发现，在此次国际金融危机中，亚洲新兴经济体银行能够应对良好并不仅仅是因为亚洲新兴经济体银行体系自身质量的提高，主要是与此次国际金融危机的性质有着莫大的关系。

股票市场和债券市场的发展不仅有利于改变亚洲新兴经济体金融体系以银行为主的局面，而且能够调整国际资本流入的结构，尤其是当国际资本流入发生中断或逆转时，能够保证经济主体融资渠道的多元化，避免过度依赖银行融资。在1997年亚洲金融危机后的十几年中，亚洲各新兴经济体采取了多种措施，大力发展本地股票市场和债券市场。本书运用多种指标对亚洲股票市场和债券市场进行衡量。资本市场改革所取得的成绩包括：以本币计价的区域和国际债券发行的增加；债务期限结构日益趋于合理；股票市场大幅发展；公司融资渠道趋于多样化和国际化。在大力发展资本市场的同时，亚洲各国也积极加强金融监管，如韩国通过组合投资构成的限制、风险资本金要求、贷款损失准备金、市场风险压力测试等金融监管措施影响金融机构的冒险行为等。以上这些努力为亚洲新兴经济体资本市场能够经受住本轮国际金融危机的冲击做出了贡献。当然，亚洲新兴经济体金融体系自身所具备的相对简单以及尚未过深地涉足衍生品金融产业链的特点也是其经受住此次国际金融危机冲击的重要因素。

综上所述，虽然亚洲新兴经济体金融体系得到了长足发展，特别是银行部门和股票市场已经相当发达，且经受住了此次国际金融危机。但是，要说亚洲新兴经济体银行业的改革已经完成则为时尚早，亚洲新兴经济体政府不应对已经取得的成绩自满，且从发展的角度看，亚洲新兴经济体金融体系还是面临着很多问题，需要亚洲新兴经济体政府继续努力，发展与深化金融体系。改革的道路依旧任重而道远。就亚洲新兴经济体资本市场未来的努力方向而言，因为亚洲新兴经济体资本市场目前主要存在储蓄转化为风险投资的机制落后和防范风险能力薄弱两方面的不足，所以，亚洲新兴经济体资本市场的未来努力方向应是大力发展债券市场，特别是企业债券市场，以及加强金融监管两方面。

第三节　资本管制

宏观经济政策和金融稳定措施在管理资本流入风险方面存在各种各样的局限性。为了弥补以上两种措施的不足，亚洲各新兴经济体在中短期内选择资本管制。

在资本流入方面，大多数亚洲新兴经济体都不同程度地采取了资本管制。如泰国对所有资本流入实行30%的无息准备金要求（最后逐步取消）；韩国重新限制韩国公司的外币借款；印度尼西亚限制印度尼西亚盾交易和外汇交易以抑制投资性活动。

在资本流出方面，为减少净资本流入，亚洲新兴经济体以适当的速度和次序逐步解除对于资本流出的管制，并鼓励本地居民进行海外投资。如韩国2006年5月允许国内居民购买海外房地产，并将上限从100万美元提高到300万美元；泰国银行2003年允许居民和公司通过合格机构投资者在提前公布的年度配额下投资于国外有价证券。积极鼓励资本流出成为亚洲新兴经济体1997年亚洲金融危机后国际资本流动管理的一大特色。

1997年亚洲金融危机后，虽然印度尼西亚、泰国和韩国对大规模国际资本流入均采取了资本管制措施。但是，因各经济体实际的经济状况存在差异，所以，各自采取的具体管制措施也各不相同。就整体而言，控制大规模国际资本流入的资本管制政策具有以下五个方面的特点：

一 资本管制基本属于一种过渡性的政策安排

亚洲新兴经济体的经验表明，在大规模国际资本流入时，短期内各新兴经济体均优先采用冲销干预，长期实施更富有弹性的汇率制度、加强宏观经济政策以及完善金融体系等。但是，由于冲销干预的成本会不断攀升，且容易陷入内外均衡的两难选择——选择稳定利率还是稳定汇率，而完善汇率制度、金融体系等改革要想富有成效往往需要较长时间。因此，中短期内使用资本管制措施，不仅可弥补上述措施的缺陷，而且根据亚洲新兴经济体的经验，通过资本管制可以有效地调节大规模国际资本流入的结构和期限。但是，由于资本管制措施总存在一定的可以被规避的漏洞，并且该措施不可能从根本上改变市场预期，所以，资本管制在降低资本流入总量方面的效果甚微。

二 资本管制不能替代稳健的宏观经济政策、推行更有弹性的汇率制度和完善金融体系等制度改革

印度尼西亚、韩国和泰国的资本管制措施一般都是与其他资本流动管理政策同时实行的，甚至仅作为"一揽子"政策的一部分。且亚洲新兴经济体的经验表明，资本管制不可能从根本上消除大规模国际资本流入激增的经济诱因。在金融一体化逐步加深的形势下，资本管制很难将资本金融项目和经常项目完全区别开来。只要一国本外币利差和汇率调整预期因素存在，那么资本流入总会去寻找出规避资本管制的渠道，最终，实施资本管制将成为"限制—逃避限制—堵塞漏洞—寻找漏洞过程"的循环，资本管制的效果也将逐步下降。因此，一国经济抵御跨国资本流动造成的不利冲击的根本途径还是要进行卓有成效的结构性经济改革，解决存在的经济失衡基本问题。同时，中央银行还要推行更富有弹性的汇率制度，发挥价格机制在大规模国际资本流动中调节的基础作用。另外，还要深化金融改革，完善金融体系，严格货币和财政纪律，增强市场经济主体抗风险能力，提高国内外资源的配置效率。

三 实施资本管制需以审慎监管为辅助或替代政策

审慎的金融监管政策可以通过影响金融机构的决策行为,改变资本流动的结构、规模以及波动性,从而达到管理大规模国际资本流动风险的目的。因此,审慎的金融监管政策,不但可以稳定金融体系,而且还能辅助资本管制政策对跨国资本流动产生的风险进行管理。泰国、韩国以及印度尼西亚在实施资本管制措施的同时,都注重加强金融监管力度和金融体系建设。审慎的金融监管政策同其他宏观经济政策结合在一起,使这些亚洲新兴经济体相对安全地渡过了2000—2007年大规模国际资本流入的激增时期以及国际金融危机。

四 资本管制措施在各个国家不尽相同

亚洲各新兴经济体采取的资本管制措施主要有以下几种:缴纳无息准备金(URR);对短期资本交易征税或收费;限制持有外汇头寸的规模或短期外汇信贷;经中央银行批准才能进行某些类型的金融资产或外汇交易;对某些类型的金融资产交易提出最低持有期限要求,等等。尽管各新兴经济体采取的资本管制措施千差万别,但总体而言,各经济体都对波动剧烈的债务融资和证券投资采取较为严格的管制措施,高度关注银行等金融机构的行为,甚至对在岸与离岸市场实行分割管理。

五 资本管制只是在短时间内有效

亚洲各新兴经济体资本管制的经验表明,以市场为基础的资本管制能够延长资本流入的期限,但是,对资本流入的总量只有很小的影响。随着时间的流逝,投资者会找到规避资本管制的方法,所以,资本管制的效果也会随着时间的流逝而减退。同时,资本管制还会产生一些负效应。比如,增加国内融资成本、破坏市场秩序,导致金融资产低效分配,造成企业决策的扭曲,等等。在一定程度上说,资本管制只是在短时间内有效,所以,资本管制一般用于应对资本流入激增,而不是用于应对长期稳定的大规模资本流入。

总之，亚洲新兴经济体的经验表明，世界上并没有一项政策能够单独成为应对资本流入激增的灵丹妙药。资本流动管理要想达到预期效果，就必须综合运用各种政策措施，积极应对大规模国际资本流入。国际货币基金组织首席经济学家奥利弗·布兰查（Olivier Blanchard）也认为，没有一项管理大规模国际资本流入的政策措施是完美的，在国际资本大量流入时，需要同时综合采取各种应对措施。因此，有必要加强部门间的政策协调，积极研究综合采取各种措施。

亚洲新兴经济体的经验表明，资本流动管理并不存在"放之四海而皆准"的且一成不变的固定模式，且几乎每项大规模国际资本流动管理政策措施都有其局限性。资本流动管理要想达到预期效果，就必须要根据各国的具体情况（包括政策目标、资本流入的原因和持续性、资本流动管理工具使用的政治及其他局限性），进行适当权衡，以决定应对资本流入的合适的政策体系。亚洲新兴经济体的经验还告诉我们，资本流动管理要想达到预期效果，仅仅需要对各种政策工具的开发和利用，更需要政策制定者的智慧与勇气。

第九章 国际金融危机后亚洲新兴经济体国际资本流动管理

第一节 国际金融危机对亚洲新兴经济体国际资本流动管理的挑战与考验

国际金融危机对亚洲经济的冲击及国际资本流动的波动性增加使亚洲新兴经济体的国际资本流动管理变得相当复杂。

一 国际金融危机对亚洲经济的影响

如前文所述,1997年亚洲金融危机后强劲的经济增长是亚洲各新兴经济体大规模国际资本流动风险得以成功管理的坚强后盾。国际金融危机后,亚洲新兴经济体经济发展却受到多方面影响,包括出口市场萎缩、经济增长下降等。这无疑为亚洲新兴经济体国际资本流动的管理提出了挑战。

(一)出口市场

国际金融危机首先影响了发达经济体的消费支出,从而减少了对亚洲产品出口的需求。而发达经济体的产品市场一直是亚洲国家主要的出口方向,外部需求骤减,必然导致亚洲新兴经济体出口规模的下降。"2008年下半年,亚洲平均出口增长速度从20%下降到-20%。即使中国出口最终也没能逃避暴跌的命运,以电子产品为主的韩国和中国台湾地区的出口额更是一度以40%的速度下降。"[①]
同时，国际金融危机对于实体经济的冲击以及国际大宗商品价格迅
速下降，使亚洲各经济体的进口规模也大幅度下降。

（二）经济增长

近年来，亚洲新兴经济体经济增长仍主要以投资拉动和外部需
求为主。在外部需求方面，有学者认为，亚洲区内贸易连续增长，
这意味着亚洲新兴经济体经济增长可以主要依赖区内需求，美国或
欧洲对亚洲新兴经济体经济增长重要性将会逐步下降。但问题是，
亚洲区内贸易的80%为中间产品贸易，因此，亚洲区内贸易繁荣所
反映的并不是区内需求的经济增长，而仅仅是产业链迁移的结果。
约60%亚洲最终产品出口到美国、日本和欧盟地区，20%出口到世
界其他地区，仅有20%留在亚洲区内市场。这表明亚洲新兴经济体
经济增长对欧美发达经济体市场的依赖并未出现明显的下降，仍然
是外需依赖型经济结构。就投资而言，亚洲地区房地产投资以及基
础设施逐渐失去以往的持续能力，传统产能的扩张又受到环境、资
源以及外需的制约。所以，国际金融危机爆发后，美欧内需减缓，
势必会对新兴经济体出口和经济增长造成沉重打击。

（三）外部经济条件

国际金融危机爆发后，亚洲各新兴经济体企业在股票市场和债
券市场均陷入融资困境，这将使本国经济出现紧缩。同时，全球经
济增长速度明显放缓，部分经济体经济陷入衰退，失业人口急剧增
加。国际经济组织普遍认为，一个高增长、低通货膨胀的全球化黄
金时代已终结，美欧经济将维持较长时间的低迷，世界经济将明显
下滑。

二 国际金融危机后亚洲国际资本流动更加复杂

国际金融危机后的国际资本流入不仅速度较快、波动性增强，
而且风险较高的资产组合流入占比较高，这些特点都使亚洲各新兴

[①] 黄益平：《亚洲汇率波动及政策挑战》，《国际金融研究》2009年第5期。

经济体的国际资本流动管理变得异常复杂。

2010年以来，新兴经济体资本流入总量已超出前20年平均值的20%。有学者依据世界历史上出现的1975—1981年（石油美元回流）、1990—1997年（新兴经济体泡沫）和2003—2008年（套利交易泡沫）全球三次大规模国际资本流动的经验，预测2008年国际金融危机后的新兴市场国家资本流入，可能会形成第四次全球大规模资本流动（Frankel，2011）。原因主要有两方面：一是由于美国等发达经济体经济复苏的前景不明朗，导致国际资本需要寻找具有较高溢价的投资机会；二是亚洲新兴经济体的经济率先复苏以及良好发展前景成为吸引国际资本流入的基础条件和直接动因。

而且目前的国际资本流动表现出了更大的复杂性。

其一，风险较高的资产组合流入占比较高。就数据统计而言，单季度流入新兴经济体的证券投资资本占国内生产总值比重从0.3%提高到1.2%，上升了4倍，但外国直接投资占比仍低于2008年国际金融危机前的水平，国际银行借贷恢复也相对缓慢，这表明发达经济体实体经济疲弱，金融机构资产负债表修复尚需时日。就各类流动资本的波动性而言，证券投资资本明显大于外国直接投资和国际银行借贷资本，并且波动逐步增大（IMF，2011a）。总的来说，尽管新兴经济体与发达经济体在资本流入流出方面具有类似性，但前者资本流动的波动趋势明显高于后者，所以，新兴经济体更易遭受大规模国际资本流入和逆转流出冲击的风险。

其二，受全球经济不确定性的影响，大规模国际资本流动波动频率加大。在1997年亚洲金融危机结束后的2002—2007年，流向发展中国家的国际资本大幅增加。但自雷曼兄弟破产之后，国际资本迅速流回美国，这使发展中国家流动性短缺、信贷紧缩并导致经济衰退。在2009年下半年至2011年上半年，由于发达经济体中央银行集体实施零利率与量化宽松货币政策，国际资本又重新流入发展中国家，致使发展中国家通货膨胀和资产泡沫急剧恶化。在2011

年9月之后，欧债危机的恶化又致使大规模国际资本迅速流出发展中国家，回流美国（国债市场避险）和欧洲（商业银行去杠杆化）。国际金融危机爆发以来的短短几年间，国际资本流动就出现了三个变化周期，这无疑会给国际资本流动管理工作带来难度。

第二节 2010年以后亚洲新兴经济体国际资本流动管理

根据以往的经验，宏观经济政策工具和金融市场改革在大规模国际资本流入管理上需较长时期效果才能显现。那么，面对国际金融危机后的大规模国际资本流入，亚洲新兴经济体采取了何种措施呢？在政策空间受限的情况下，2008年国际金融危机后，一些亚洲新兴经济体通过引入审慎监管和资本管制来影响大规模国际资本流入和外汇头寸。

一 审慎性和其他监管措施

亚洲新兴经济体通过引入审慎监管和其他监管措施以应对国际金融危机后的大规模国际资本流入。

2010年6月，韩国对与金融机构资本基础相关的外汇衍生品头寸施加限制，加强对国内银行外币流动比例的监管，并进一步限制国内银行使用外币贷款；2010年12月，韩国中央银行宣布对银行的外汇借款征税，并且对政府债券的利息收入重新征收预扣税；从2011年1月起，韩国对海外投资者重新征收购买资产和金融稳定债券40%的预扣税。

印度尼西亚于2010年6月对中央银行票据（SBI）施加1个月的持有期限，同时宣布（从8月或9月）引入9—12个月的长期中央银行票据；2011年1月，印度尼西亚中央银行宣布，为监管银行短期借款再次引入限额管理①；2011年5月，印度尼西亚中央银行将中央银行票据持有期限从1个月延长至6个月；2011年7月，印度尼西亚中央银行对银行投资国内市场发行的外币债券施加限制，以避免对外币贷款限制措施的规避行为。

2010年10月，泰国对持有外国债券所获利息收入和资本收益重新征收预扣税。

二　资本管制

国际金融危机后，新兴经济体资本管制在实践中有了新的变化，并且达成了新的共识，即由以前反对实施资本管制转变为支持资本管制。

国际金融危机后，亚洲新兴经济体资本管制在实践中的变化表现如下：更加倾向于旨在减少净资本流入的措施。这一措施并不是由于加重了资本流入管制措施（如对资本流入征税），而是放缓资本流入自由化措施（继续保留以往资本流入管制措施）。而且旨在减少净资本流入的措施也有结构性变化：国际金融危机前，资本流出自由化措施是减少净资本流入的主要措施，而危机后，资本流出自由化措施变得不那么重要了。总的来说，国际金融危机前资本账户自由化的趋势已经停滞。② 资本管制的使用主要是出于维持宏观经济和金融稳定的考虑。自2004年以来，大多数新兴市场经济体多采用纯粹的资本管制而不是采用审慎政策，这表明过去的十多年中，亚洲新兴经济体并没有以促进金融稳定作为其直接目标。

国际货币基金组织最近承认资本管制应作为资本流动管理的最后手段。其态度的转变具有重要象征意义，这个在20世纪90年代资本账户自由化的最大推动者现在认为：资本项目自由化是一项长期任务，但并非不问时间、国别一概适用；可以对大规模国际资本

---

① 主要针对资本金，要求银行将所持外汇进行高比例拨备用作储备。
② Gurnain Kaur Pasricha, "Recent Trends in Measures to Manage Capital Flows in Emerging Economies", *The North American Journal of Economics and Finance*, Vol. 23, Issue 3, December 2012, pp. 286 – 309.

流入进行管理,在危机前、危机中对资本流出进行管理也无可厚非。

20世纪90年代,国际货币基金组织积极鼓吹资本账户自由化,企图要求所有成员国放弃对跨境资本流动的管理限制,实现资本项目自由化。但是,因墨西哥金融危机与亚洲金融危机相继发生,国际货币基金组织的企图受到许多发展中国家的抵制。2008年国际金融危机爆发后,国际货币基金组织承认,对跨境资本进行调控的国家是所有受国际金融危机冲击影响最小的国家。[①] 国际经济学界也对资本管制达成新的共识,即尽管国际资本流入对一国经济增长必不可少,但某些形式的国际资本流动,如套利套汇交易、短期债务和相关的衍生交易等,通常会导致金融和经济的不稳定。甚至就连长期资本流动也可能是高度顺周期的,因而这也会导致金融和经济的不稳定。因此,限制和管理资本跨境流动的主张自然也就被相继提出。

在过去反对对国际资本流动进行管制的多种理由中,资本管制无效论最具有代表性。但是,在2010年2月的报告中,国际货币基金组织承认,在过去的15年中,资本管制对于资本流入的管理是相当有效的。[②] 美国国民经济研究局(NBER)2011年的一项研究发现,资本流入管理可增加货币政策的有效性,促进资本流入的长期化,减轻实际汇率的升值压力。资本流出管理也同样是有效的。[③] 发展中国家可以运用资本账户管制来增强经济稳定性这一观点正在成为一个不断强化的共识。甚至连原来以促进资本市场开放为己任的国际货币基金组织,现在也支持使用资本管制(至少在特定情形下)。

[①] Jonathan D. Ostry, Atish R. Ghosh, Karl Habermeier, Marcos Chamon, Mahvash S. Qureshi and Dennis B. S. Reinhardt, "Capital Inflows: The Role of Controls", *IMF Staff Position Note* SPN/10/04, February 19, 2010.

[②] Ibid..

[③] Nicolas E. Magud, Carmen M. Reinhart and Kenneth S. Rogoff, "Capital Controls: Myth and Reality—A Portfolio Balance Approach", *NBER Working Paper* No. 16805, February 2011.

第三节 亚洲新兴经济体资本流动管理的努力方向

目前,亚洲新兴经济体面临的国际资本流动管理形势严峻。未来如何应对?之前的措施是否应该继续?是否还有其他措施可以调动?在区域层面以及全球层面是否有集体行动的可能性?

一 继续强化前期资本流动管理措施

国际金融危机前,亚洲各新兴经济体采取的国际资本流动管理措施应该说还是行之有效的。未来亚洲各新兴经济体应继续强化前期措施。

(一)冲销干预

在抑制汇率升值以及经济过热方面,冲销干预一直是许多亚洲新兴经济体喜爱的工具。2000—2007 年,外汇市场干预一直是单向的,这使冲销干预抑制经济过热的成本不断攀升。那么,未来该如何设计冲销干预,使其成本降到最低呢?首先,必须明确冲销干预是一种短期性政策,长期还是要依靠加强宏观经济政策和推行更灵活的汇率制度。为解决冲销干预的成本——外汇储备规模不断攀升的问题,应积极推动外汇储备共享安排,如《清迈倡议多边化协议》。

(二)推行更灵活的汇率制度

在冲销干预成本不断攀升的背景下,为更好地应对资本流入激增,实现最优的资本流动管理,一国实现灵活性更大的汇率制度安排就变得非常迫切。对亚洲新兴经济体而言,积极通过区域合作推动实现灵活汇率制度是一个非常具有吸引力的政策选择,也是一个非常具有挑战的政策选择。

(三)继续强化金融市场审慎监管措施

1997 年亚洲金融危机以及 2008 年国际金融危机给予亚洲新兴经济体的重要教训就是银行和其他金融机构必须得到良好的治理,

必须使其拥有很高的风险管理能力。所以,现在每个国家都很重视金融监管,以引导银行和非金融机构用审慎的方式管理大量资本流入。

鉴于资本流动的投机性和波动性,金融监管当局面临减缓资产价格波动的挑战,特别是股票和房地产市场价格的波动。因为资产泡沫出现会导致宏观经济基本面变动。面对不断增加的跨境资本流动以及资产泡沫形成的可能性,监管当局制定及时和适当的经济审慎政策的能力和容量仍然是一个挑战。

随着国际经济和国际金融体系的一体化,减缓从一个经济体传染到本国的压力和风险的过程显得越来越复杂。一个典型的例子就是2007—2009年的国际和区域金融市场高度的波动性。由于美国次贷危机导致全球经济高度不确定性,从而导致国际投资者的撤资行为,进而触发国际和区域金融市场高度的波动性。

国际金融危机再次强调了资本流动母国和东道国之间协调与合作有效机制的重要性。资本流动母国和东道国之间协调与合作的重点在于提供能够促进宏观经济和金融稳定的信息。跨境金融集团的日益增多产生了组织结构的不一致性和迁移①决策。虽然目前的协调与合作机制也得到了广泛认可,但其有效性还是未经验证。

因为金融机构努力维持资产回报率和盈利能力,信贷业务竞争的加剧可能会导致更高的风险偏好。这些再加上金融创新和金融工程快速的发展可能会导致错误定价、风险积聚和流动性假象。因此,中央银行的挑战就是促进银行体系竞争和效率的平衡,使用必要的审慎措施,保障市场环境的稳定性和有序性。

总体而言,以下几方面还需要亚洲新兴经济体做出努力:一是

---

① 企业或公司迁移的实质就是企业区位再选择的过程,是企业调整的一种特殊形式,它是改变企业在市场中的位置、消费者偏好、环境规则、技术进步的可行途径。从狭义的角度说,企业迁移是指企业把经营活动从一个地方转移到另一个地方;从广义的角度说,企业迁移是指企业在一个新的生产地点开始其经营活动。也有研究把企业迁移看成是企业价值链上生产活动的空间变化,即企业迁移是企业价值链活动中的部分活动或全部活动转移到其他地区。

完善审慎监管法规。比如限制向企业和个人集中贷款，银行和其他金融机构必须保证充足的资本，等等；二是通过提高透明度以及更好地公布制度，确保金融机构的治理能力和风险管理能力；三是提高金融监管机构的能力以及协调能力。①

（四）继续发展和深化资本市场

为加快国内金融市场对大量资本流入的吸收能力，亚洲新兴经济体必须加快发展和深化国内资本市场，积极建设有效的金融市场基础设施。国内资本市场的发展能够为国内充足的储蓄以及外资提供多种投资渠道，这有助于缓解银行压力。"亚洲债券市场倡议（ABMI）"会促进各国积极进行上述改革。

（五）资本流入管制

资本管制是亚洲新兴经济体限制资本流入的最常用工具。对于资本账户已经开放的国家，应精心设计以市场为基础的资本管制以避免出现具有广泛行政控制特点的资本管制系统。资本账户已经实现自由化的国家再次返回资本账户严格管制时代的可行性已经不存在。② 对于金融未开放的国家，资本账户开放必须循序渐进且需与国家机构的发展相辅相成。

资本管制的设计和实施必须谨慎。有效实施资本管制需要高执行能力和高监控能力的国家监管部门，因为具有投机性的短期资本随时可能通过各种渠道进入，所以，国家监管部门需要随时保持警惕，随时随地监控资本流入。

（六）继续鼓励资本流出

许多亚洲新兴经济体，比如韩国、日本、中国台湾，都尝试通

---

① Masahiro Kawai and Mario B. Lamberte, "Managing Capital Flows: Emerging Asia's Experiences, Policy Issues and Challenges", *Managing Capital Flows: The Search for a Framework*, A Joint Publication of the Asian Development Bank Institute and Edward Elgar Publishing, 2010, pp. 9 – 45.

② Masahiro Kawai and Mario B. Lamberte, "Managing Capital Flows: Emerging Asia's Experiences, Policy Issues and Challenges", *Managing Capital Flows: The Search for a Framework*, A Joint Publication of the Asian Development Bank Institute and Edward Elgar Publishing, 2010, pp. 9 – 45.

过放宽对资本流出的限制以减少净资本流入。① 放宽对资本流出的限制可以产生资本外流，从而减少净资本流入量，缓解汇率升值压力。

但是，随着这一政策应用得越来越广泛，有一个问题需引起亚洲新兴经济体的注意，即资本流出的自由化会引来更多的资本流入。所以，为了使其发挥其应有的效果，亚洲新兴经济体在应用这一政策时应配合其他政策的使用，如加强金融部门的监管等。

二 积极利用财政政策

到目前为止，财政政策作为管理资本流入的一种工具，在亚洲新兴经济体尚未得到充分利用。财政政策对资本流动的影响，虽然并没有明确的理论假定，但是，各经济体的经验证据表明，在管理大量资本流入的负效应方面，使用财政紧缩的国家往往比其他国家表现要好。② 紧缩型财政政策，或者更一般地说，财政政策与资本流入激增呈反向发展，有利于降低经济过热的风险以及国内货币的上行压力。而且在冲销干预成本不断攀升且效果并不理想的情况下，财政政策的使用还会减小货币当局在外汇市场进行冲销干预的需要。所以，探索管理资本流入的财政政策方法，应该得到重视。

那么，该如何设计紧缩型财政政策，才能使其有效地管理资本流动呢？在国际金融危机前，亚洲绝大多数经济体都保持财政盈余，即使不是盈余，也是保持很小的财政赤字。所以，只要政府愿意放弃一些基础设施投资或基本服务的提供，财政紧缩就可以实现。在面对大量资本流入以及与之相关的经济过度繁荣时，一个比较实际的办法就是利用财政预算的自动稳定器功能。也就是说，政府可以在不增加开支的情况下，通过增加税收或提高资本流入的税率，有计划地完成基础设施投资。这种自动的财政紧缩政策可以抵

---

① Robert N. McCauley, "Managing Recent Hot Money Inflows in Asia", *ADB Institute Discussion Paper* No. 99, March 2008.

② Susan Schadler, "Managing Large Capital Inflows: Taking Stock of International Experiences", *ADB Institute Discussion Paper* No. 97, March 2008.

消资本流入激增所导致的经济过度繁荣，使宏观经济趋于稳定。

三 集体行动

根据前文对韩国、马来西亚、印度尼西亚和泰国的资本流动管理经验的回顾与总结，我们发现，各个国家使用的资本流动管理工具并不是万能的，每一个工具都会带来相应的成本以及对其他相关政策的挑战。如果个别国家资本流动管理政策的效果有限，那么在应对大规模资本流入方面，亚洲新兴经济体有没有集体合作的空间呢？令人惊讶的是，目前学术界和政府很少提及亚洲新兴经济体在应对资本流入激增方面的集体合作问题，经济学家和政府决策人员对此存在普遍怀疑。但是，鉴于目前在国家层面缺乏有效的资本流动管理政策，而资本流动管理又是相当迫切，所以，亚洲新兴经济体有必要开始考虑集体合作来应对大规模资本流入。

（一）全球合作

从全球范围来看，过去几十年的全球资本流动具有一定的周期性，特定新兴经济体的资本流入模式基本与新兴和发展中经济体的全球资本流入模式相一致。所以，在应对大规模资本流入方面，一个全球性的解决方案就是减小全球资本流动的周期性。

最近几年，全球资本流动管理的工作重点主要放在加强各国经济透明度方面，以此作为减缓资本流动的波动性的方法。全球加强透明度倡议背后的理念为：更高质量的信息可以使全球资源基于各国基本面进行分配，从而使全球资本流动更有效和更稳定。虽然增加各经济体之间的透明度可以减少不利信息的突然来临，从而减少资本流入突然逆转的可能性，但是，仅仅依靠加强透明度并不能完全消除全球资本流动的繁荣—衰败周期。[①]

有学者认为，全球资本流动的波动性可能是全球金融市场运行

[①] Masahiro Kawai and Mario B. Lamberte, "Managing Capital Flows: Emerging Asia's Experiences, Policy Issues and Challenges", *Managing Capital Flows: The Search for a Framework*, A Joint Publication of the Asian Development Bank Institute and Edward Elgar Publishing, 2010, pp. 9 – 45.

过程中固有的特点。他们认为，支持此种观点的证据为：虽然全球各经济体之间的透明度有所提高，但是，金融危机发生的概率并没有显著下降，美国次贷危机的发生就印证了这种的观点。信息不对称是产生"羊群效应"，进而产生市场短视的关键因素。有学者提出，作为资本供应方的发达经济体的金融市场改革是解决方案之一。例如，Ocampo 和 Chiappe（2003）就曾提出，发达经济体的金融中介和资本流动应包括反周期的因素。[①] 但是，目前来看，资本来源国即发达经济体并没有对资本流动监管进行大刀阔斧的改革，估计在未来得到广泛支持的可能性非常小。

（二）区域合作

如果没有有效的全球应对方案，亚洲新兴经济体可以在区域层面寻求合作方案。特别是当国内政策不足以应对资本流入激增时，陷入困境的国家可以寻求区域合作。在区域层面，集体行动可以扩大各经济体应对资本流入的政策选择。亚洲地区区域合作可以有汇率合作、金融市场一体化和金融监管能力构建三个努力方向。

在汇率合作方面，若国际竞争力下降成为一国不允许本国货币升值的原因，那么该国可以与竞争者在类似的情形下开展合作以同时采取行动[②]，这将使这一地区在面对持续的资本流入时采取一致性货币升值。一致性货币升值可以使亚洲新兴经济体在保持宏观经济和金融稳定以及不影响国际经济竞争力的情况下有效地吸收大规模资本流入。这样的集体行动可以在区域层面上承担汇率调整成本，从而降低每个国家的调整成本。为了使一致性货币升值具有可行性，亚洲地区必须建立一个经济体之间可以进行深入政策对话和合作的有效机制。现有的各经济体领导人之间的对话过程（如东盟+3、东亚及太平洋地区中央银行会议）在促进这一机制的形成

[①] Jose Antonio Ocampo, "Capital - Account and Counter - Cyclical Prudential Regulations in Developing Countries", *WIDER Working Paper Series* No. 82, 2002.

[②] Kawai Masahiro, "Toward a Regional Exchange Rate Regime in East Asia", *Pacific Economic Review*, Vol. 13, Issue 1, January 2008, p. 83.

过程中发挥重要的作用。

在区域金融市场一体化合作方面。亚洲金融危机爆发背后的主要原因之一是国际投资者的情绪波动（所谓的"羊群效应"）和金融市场的"传染效应"。为了缓解国际投资者的"羊群效应"和金融市场的"传染效应"，亚洲新兴经济体必须在金融市场的监管和信息的互通有无方面进行合作。而且单个经济体发现单独进行资本流动管理已变得愈加困难，集体行动会从以下两个方面获益。

首先，这些资本流动管理措施或者作为地区努力的一部分被引入，或者由地区共同决议批准，从而不易遭受来自国际投资者的惩罚性反应，如2006年12月的泰国案例。又如《清迈倡议》，虽然《清迈倡议》的可用资金现在还是很少，但对亚洲新兴经济体而言，这总比接受国际货币基金组织的强硬条件要好得多。

其次，"这些资本流动管理措施如果对于一国是有效的，将会使更多的资本流入转向地区邻国，如果没有一个地区性合作框架，限制资本流入而实施的审慎性和其他管制措施将会转变为以邻为壑的政策工具"。[①] 东盟+3最近达成的关于金融监管合作协议是一个不错的发展。亚洲地区在建设有效的金融市场监管机构和积极推动金融市场深化与整合方面进行集体行动（包括直接的资本管制措施）已经迫在眉睫。通过建立以高层次的"亚洲金融稳定性对话"为基础的区域金融部门可以很好地完成集体合作（ADB，2008）。"亚洲金融稳定性对话"论坛将调动所有有关部门（包括财政部、中央银行等）的积极性以解决金融脆弱性、区域资本流动以及金融监管等问题。

在金融监管能力构建方面。为促进金融市场稳定、管理区域资本流动以及降低系统性风险，亚洲区域需要建立一个良好的监

---

① ［日］河合正弘、［美］马里奥·兰伯特、［日］高木伸二：《资本流动管理：亚洲新兴经济体近期的经验教训》，《国际经济评论》2012年第5期。

管框架。专业监管人员在一个健全的、良好的监管框架中起着关键作用，所以，必须加快金融监管专业人员培养和引进，以使他们做好应对金融风险以及金融危机的准备。本着这种精神，亚洲新兴经济体需要加强金融监管者和监督者能力建设的区域合作。各国可以先在国内金融教育和培训方面提供相应的专业训练课程，提升金融从业人员专业素质，并且提供到国外发达的金融中心实习、学习的机会，掌握先进的金融监管经验。同时，注意吸引国外专业金融监管人才。

四 推动经济平衡增长

为了更好地管理资本流动带来的影响，需要调整亚洲新兴经济体的经济发展动力，即经济发展应从依靠外部需求向依靠内部需求转变。为了刺激国内需求，亚洲新兴经济体需要逐渐增加私人投资，同时应将公共投资应用于基础设施建设看作短期内刺激国内需求的措施。刺激国内需求的措施的目的不是抑制或缓解大规模资本流入，而是可以通过减少经常账户盈余而最大限度地减小汇率升值压力。

参考文献

[1] 白晓燕、王培杰：《资本管制有效性与中国汇率制度改革》，《数量经济技术经济研究》2008年第9期。

[2] 曹荣湘：《风险与金融安排》，社会科学文献出版社2004年版。

[3] 陈璐：《新兴市场国家银行并购重组的经验》，《西安金融》2005年第7期。

[4] 陈旭峰：《亚洲债券市场发展研究》，硕士学位论文，北京外交学院，2012年。

[5] 程正军：《论资本管制和实现资本账户可兑换》，《人文杂志》1998年第1期。

[6] 程祖伟：《资本管制与蒙代尔——弗莱明模型》，《经济经纬》2003年第6期。

[7] 丁志杰：《价格型资本管制方法的比较分析》，《对外经济贸易大学学报》2005年第3期。

[8] 鄂志寰：《资本流动与金融稳定相关关系研究》，《金融研究》2000年第7期。

[9] 冯晓明：《资本管制能抵御金融危机吗？——评智力模式的资本管制》，《国际经济评论》2001年第4期。

[10] 傅强、孙章杰：《中央银行最优目标、资本管制与均衡汇率》，《经济科学》2012年第6期。

[11] 高安健一：《东亚银行市场结构的变化》，《南洋资料译丛》2006年第1期。

[12] 高安健一：《东亚的银行改革》，《南洋资料译丛》2007年第

4 期。

[13] 贺慧：《中国资本管制有效性研究》，硕士学位论文，湖南大学，2008 年。

[14] 黄玲：《资本管制是防范金融危机的有效手段？》，《经济学》（季刊）2011 年第 2 期。

[15] 黄玲：《综合考量资本管制效果和代价》，《中国金融》2011 年第 6 期。

[16] 黄志龙：《20 世纪 90 年代以来巴西资本项目开放与资本管制有效性研究》，《拉丁美洲研究》2009 年第 3 期。

[17] 黄志龙：《哥伦比亚资本项目开放与 1993—1998 年资本管制有效性研究》，《拉丁美洲研究》2009 年第 4 期。

[18] 江时学：《论资本管制》，《太平洋学报》2002 年第 1 期。

[19] 江时学：《托宾税和资本管制异曲同工》，《中国改革》2002 年第 3 期。

[20] 金荦：《中国资本管制强度研究》，《金融研究》2004 年第 12 期。

[21] 金荦、李子奈：《中国资本管制有效性分析》，《世界经济》2005 年第 8 期。

[22] 李凌波、汪阳寿：《资本管制及其对中国金融市场发展的影响分析》，《国际技术经济研究》2004 年第 2 期。

[23] 刘莉亚、程天笑：《资本管制对资本流动波动性的影响分析》，《国际金融研究》2013 年第 2 期。

[24] 刘仁伍：《东南亚经济发展地图》，社会科学文献出版社 2007 年版。

[25] 刘卫东：《中国资本管制有效性实证分析》，《中山大学学报论丛》2004 年第 6 期。

[26] 刘文：《关于资本管制的反思——IMF 对资本管制的态度似有松动》，《国际金融研究》2000 年第 3 期。

[27] 马超：《马来西亚的资本管制效果分析》，《国际金融研究》

2000 年第 2 期。

[28] 莫易娴:《国际资本管制的启示》,《特区经济》2004 年第 2 期。

[29] 莫易娴:《资本项目自由化进程中的资本管制》,硕士学位论文,广西大学,2003 年。

[30] 倪克勤、尹宇明:《资本管制与宏观经济政策的配合》,《财经科学》2003 年第 5 期。

[31] 裴平:《国际金融学》,南京大学出版社 1999 年版。

[32] 綦建红、鞠磊:《关于资本管制有效性的理论与经验分析》,《东岳论丛》2008 年第 1 期。

[33] 钱荣堃:《国际金融》,四川人民出版社 1994 年版。

[34] 桑飒:《中国资本管制的有效性研究》,博士学位论文,厦门大学,2007 年。

[35] 佘晓叶:《试论马来西亚的资本账户自由化与资本管制及其启示》,博士学位论文,上海外国语大学,2009 年。

[36] 盛斌、陈镜宇:《亚太新兴经济体资本流动与资本管制政策的新动向——兼论对 APEC 金融合作的启示》,《亚太经济》2013 年第 4 期。

[37] 宋林峰:《1991—1998 年智利资本管制的经验》,《拉丁美洲研究》2001 年第 12 期。

[38] 宋林峰:《20 世纪 90 年代巴西资本管制的经验与启示》,《拉丁美洲研究》2002 年第 6 期。

[39] 孙立坚、孙立行:《资本管理的有效性和政策的配套性》,《金融研究》2003 年第 1 期。

[40] 孙鲁军:《从国际经验看资本管制的有效性》,《中国货币市场》2008 年第 5 期。

[41] 王晋斌、袁忆秋:《资本管制能够起到防火墙的作用吗?——来自新兴经济体跨国面板数据的证据》,《安徽大学学报》(哲学社会科学版) 2013 年第 3 期。

[42] 王礼红:《中国资本管制研究——管制程度和有效性分析》,博士学位论文,苏州大学,2005年。

[43] 王信:《中国资本管制有效性辨析》,《国际金融研究》2008年第8期。

[44] 吴俊杰:《资本管制研究:国际经验与中国实践》,硕士学位论文,浙江工商大学,2007年。

[45] 向文华:《资本账户自由化进程中的适应性资本管制》,《湖南师范大学社会科学学报》2004年第5期。

[46] 项卫星、王达:《国际资本流动格局的变化对新兴市场国家的冲击》,《国际金融研究》2011年第7期。

[47] 肖凤娟:《1978年以来我国的外汇管理体制改革与资本管制政策》,《中央财经大学学报》2011年第5期。

[48] 邢毓静:《掌控大规模流入资本——智利资本流入管制政策的反思》,《国际贸易》2000年第10期。

[49] 徐明东、解学成:《中国资本管制有效性动态研究:1982—2008》,《财经研究》2009年第6期。

[50] 杨海珍、石昊:《资本管制有效性实证研究述评》,《管理评论》2007年第4期。

[51] 姚莉:《论发展中国家实施资本管制的制度基础》,《南开经济研究》2001年第3期。

[52] 叶春明、许新亚:《资本管制与金融危机——智利模式与中国实践的分析》,《经济社会体制比较》2005年第2期。

[53] 叶辅靖:《新兴市场国家对资本流动的监管》,《经济研究参考》2002年第57期。

[54] 余永定、张明:《资本管制和资本项目自由化的国际新动向》,《国际经济评论》2012年第5期。

[55] 张斌:《如何评价资本管制有效性——兼评中国过去的资本管制效率》,《世界经济》2003年第3期。

[56] 张斌:《增进中国资本管制有效性的研究——从宏观经济稳定

视角出发》,《管理世界》2002 年第 12 期。

[57] 张纯威:《汇率浮动后的资本管制策略》,《郑州大学学报》(哲学社会科学版)2006 年第 1 期。

[58] 张立文:《管制与放松管制:从亚洲金融危机看中国政府关于国际资本流动的政策取向》,《世界经济》2000 年第 12 期。

[59] 张明、郑英:《透视新一轮资本管制浪潮》,《中国金融》2011 年第 9 期。

[60] 张明:《从泰国金融动荡看资本管制和汇率政策》,《中国外汇》2007 年第 1 期。

[61] 张婷:《亚洲发展中国家的资本管制对经济发展与金融稳定的影响分析》,博士学位论文,吉林大学,2009 年。

[62] 张旭欣:《汇率波动与国际资本流动结构》,硕士学位论文,复旦大学,2012 年。

[63] 张莹:《资本管制经济效应的对比分析与当今国际资本管制的突出问题》,《辽宁经济》2009 年第 9 期。

[64] 周超:《中国资本管制有效性分析与政策思考》,博士学位论文,福州大学,2006 年。

[65] 周平剑:《论资本管制阻止资本外逃的效力》,《中国软科学》2003 年第 2 期。

[66] 朱蕾:《我国资本项目可兑换进程中的资本管制研究》,博士学位论文,郑州大学,2007 年。

[67] Ashoka Mody and Antu Panini Murshid, "Growth from International Capital Flows: The Role of Volatility Regimes", *IMF Working Paper* No. 11/90, April 1, 2011.

[68] Benedict Clements and Herman Kamil, "Are Capital Controls Effective in the 21st Century? The Recent Experience of Colombia", *IMF Woring Paper* No. 11/30, February 1, 2009.

[69] Bernardo S. de M. Carvalho1 and Márcio G. P. Garcia, "Ineffective Controls on Capital Inflows under Sophisticated Financial Mar-

kets: Brazil in the Nineties", *NBER Working Paper* No. 12283, May 2006.

[70] Bruno Coelho and Kevin P. Gallagher, "Capital Controls and 21st Century Financial Crises: Evidence from Colombia and Thailand", *PERI Working Paper* No. 213, 2010.

[71] Calvo, Guillermo A., "The Perils of Sterilization", *IMF Staff Papers* 38 (4), December 1991.

[72] Cardoso A. Eliane and Goldfajn Ilan, "Capital Flows To Brazil: The Endogeneity of Capital Controls", *IMF Working Paper* No. 10/235, October 1, 2010.

[73] Chikako Baba and Annamaria Kokenyne, "Effectiveness of Capital Controls in Selected Emerging Markets in the 2000s", *IMF Working Paper* No. 11/281, December 1, 2011.

[74] Dennis Reinhardt, Luca Antonio Ricci and Thierry Tressel, "International Capital Flows and Development: Financial Openness Matters", *IMF Working Paper* No. 10/235, October 1, 2010.

[75] D. Filiz Unsal, "Capital Flows and Financial Stability: Monetary Policy and Macroprudential Responses", *IMF Working Paper* No. 11/189, August 1, 2011.

[76] Eduardo Levy Yeyati, Sergio L. Schmukler and Neeltje Van Horen, "Crises, Capital Controls, and Financial Integration", *World Bank Policy Research Working Paper* No. 4770, November 2008.

[77] Eduardo Levy Yeyati, Sergio L. Schmukler and Neeltje Van Horen, "International Financial Integration Through the Law of One Price: The Role of Liquidity and Capital Controls", *Journal of Financial Intermediation*, No. 18, 2009, pp. 432 – 463.

[78] Enrico Perotti, Lev Ratnovski and Razvan Vlahu, "Capital Regulation and Tail Risk", *IMF Working Paper* No. 97/115, September 1, 1997.

[79] Erlend W. Nier, Jacek Osiński, Luis I. Jácome and Pamela Madrid, "Towards Effective Macroprudential Policy Frameworks: An Assessment of Stylized Institutional Models", *IMF Working Paper* No. 11/250, November 1, 2011.

[80] Francisco Gallego, Leonardo Hernández and Klaus Schmidt-Hebbel, "Capital Controls in Chile: Effective? Efficient?" *Econometric Society World Congress*, 2000 *Contributed Paper* No. 0330, 2000.

[81] Graciela Laura Kaminsky and Carmen M. Reinhart, "Financial Crises in Asia and Latin America: Then and Now", *American Economic Review*, Vol. 88, May1998.

[82] Guillermo, Le Fort V. and Carlos, Budnevich L., "Capital Account Regulation and Macroeconomic Policy: Two Latin American Experiences", *Levy Economics Institute Working Paper* No. 162, May 1996.

[83] Gurnain Kaur Pasricha, "Recent Trends in Measures to Manage Capital Flows in Emerging Economies", *The North American Journal of Economics and Finance*, Vol. 23, Issue 3, 2012.

[84] Hwee Kwan Chow, "Managing Capital Flows: The Case of Singapore", *ADB Institute Discussion Paper* No. 86, 2008.

[85] International Monetary Fund (IMF), "Global Financial Stability Report: Meeting New Challenges to Stability and Building a Safer System", *IMF Policy Paper*, 2010 (4).

[86] International Monetary Fund (IMF), "Recent Experiences in Managing Capital Inflows—Cross-Cutting Themes and Possible Guidelines", *IMF Policy Paper*, 2011 (2).

[87] International Monetary Fund (IMF), "Macroprudent Policy: An Organizing Framework", *IMF Policy Paper*, 2011 (3).

[88] Ira S. Titiheruw and Raymond Atje, "Managing Capital Flows: The Case of Indonesia", *ADB Institute Discussion Paper* No.

9, 2008.

[89] Jean-Louis Combes, Tidiane Kinda and Patrick Plane, "Capital Flows, Exchange Rate Flexibility, and the Real Exchange Rate", *IMF Working Paper* No. 11/9, January2011.

[90] Jean-Marc Suret, Cameron Morrill and Janet Morrill, "Availability and Accuracy of Accounting and Financial Data in Emerging Markets: The Case of Malaysia", *Asia-Pacific Journal of Accounting*, Vol. 5, Issue 1, 1998.

[91] Jonathan D. Ostry, Atish R. Ghosh, Karl Habermeier, Marcos Chamon, Mahvash S. Qureshi and Dennis B. S. Reinhardt, "Capital Inflows: The Role of Controls", *IMF Staff Discussion Notes* No. 10/04, 2010.

[92] Jonathan D. Ostry, Atish R. Ghosh, Karl Habermeier, Luc Laeven, Marcos Chamon, Mahvash S. Qureshi and Annamaria Kokenyne, "Managing Capital Inflows: What Tools to Use?" *IMF Staff Discussion Notes* No. 11/06, 2011.

[93] José Antonio Cordero and Juan Antonio Montecino, "Capital Controls and Monetary Policy in Developing Countries", Center For Economic and Policy Research, April 2010.

[94] José De Gregorio, Sebastian Edwards and Rodrigo O. Valdés, "Controls On Capitals Inflows: Do They Work?" *NBER Working Paper* No. 7645, April 2000.

[95] José De Gregorio, "Tackling the Capital Inflow Challenge", *Economic Policy Papers* Central Bank of Chile No. 35, 2010.

[96] Josef T. Yap, "Managing Capital Flows: The Case of the Philippines", *Philippine Institute for Development Studies Discussion Paper* No. 2008-04, February 2008.

[97] Joseph E. Stiglitz, "Capital Market Liberalization, Economic Growth and Instability", *World Development*, No. 28, 2000, pp.

1075 – 1086.

[98] Joshua Aizenman, "Trilemma and Financial Stability Configurations in Asia", *ADBI Working Paper* No. 317, 2011.

[99] Jürgen von Hagen, Iulia Siedschlag, "Managing Capital Flows: Experiences from Central and Eastern Europe", *Economic and Social Research Institute Working Paper* No. 234, 2008.

[100] Kanit Sangsubhan, "Managing Capital Flows: The Case of Thailand", *ADB Institute Discussion Paper* No. 95, 2008.

[101] Karl Habermeier, Annamaria Kokenyne and Chikako Baba, "The Effectiveness of Capital Controls and Prudential Policies in Managing Large Inflows", *IMF Staff Discussion Note* SDN. 11/14, 2002.

[102] Kawai, M., "Toward a Regional Exchange Rate Regime in East Asia", *Pacific Economic Review*, Vol. 13, No. 1, 2008.

[103] K. K. Foong, "Managing Capital Flows: The Case of Malaysia", *ADB Institute Discussion Paper* No. 93, 2008.

[104] Lane, P. R. and G. M. Milesi – Ferretti, "The External Wealth of Nations Mark II: Revised and Extended Estimates of Foreign Assets and Liabilities, 1970 – 2004", *IMF Working Paper* No. 06/69, March 2006.

[105] Mahir Binici, Michael Hutchison and Martin Schindler, "Controlling Capital? Legal Restrictions and the Asset Composition of International Financial Flows", *IMF Working Paper* No. 09/208, September 1, 2009.

[106] Mahmood Pradhan, Ravi Balakrishnan, Reza Baqir, Geoffrey Heenan, Sylwia Nowak, Ceyda Oner and Sanjaya Panth, "Policy Responses to Capital Flows in Emerging Markets", *IMF Staff Discussion Note* No. 11/10, 2011.

[107] Maria Socorro Gochoco – Bautista, Juthathip Jongwanich and Jong – Wha Lee, "How Effective are Capital Controls in Asia?"

ADB Working Paper No. 224, October 2010.

[108] Mary Kathryn Campion and Rebecca M. Neumann, "Compositional Effects of Capital Controls: Evidence from Latin America", *North American Journal of Economics and Finance*, No. 15, 2004, pp. 161 – 178.

[109] Masahiro Kawai and Mario B. Lamberte, *Managing Capital Flows: the Search for a Framework*, Cheltenham: Edward Elgar Publishing Limited, 2010.

[110] Masahiro Kawai and Shinji Takagi, "A Survey of the Literature on Managing Capital Inflows", *ADB Institute Discussion Paper* No. 100, March 2008.

[111] Mike Kennedy, Angel Palerm, Charles Pigott and Flavia Terribile, "Asset Prices and Monetary Policy", *OECD Economics Department Working Papers* No. 188, 1998.

[112] M. S. Mohanty and Philip Turner, "Banks and Financial Intermediation in Emerging Asia: Reforms and New Risks", *BIS Working Papers* No. 313, June 2010.

[113] Murtaza Syed and Jinsook Lee, "Japan's Quest for Growth: Exploring the Role of Capital and Innovation", *IMF Working Paper* No. 10/294, December 1, 2010.

[114] Norman Loayza and Romain Ranciere, "Financial Development, Financial Fragility, and Growth", *Journal of Money, Credit and Banking*, Vol. 38, No. 4, 2006.

[115] Olivier Blanchard, Giovanni Dell'Ariccia and Paolo Mauro, "Rethinking Macroeconomic Policy", *IMF Staff Position Note* SPN. 10/03, 2010.

[116] Philip Suttle and Catalina Krauss, "Capital Flows to Emerging Market Economies", *The Institute of International Finance Research Note* No. 4/15, 2010.

[117] Philip Turner, "Are Banking Systems In East Asia Stronger?" *Asian Economic Policy Review*, No. 2, 2007, pp. 75 – 95.

[118] Pritha Mitra, "Capital Flows to EU New Member States: Does Sector Destination Matter?" *IMF Working Paper* No. 11/67, March 1, 2011.

[119] Punam Chuhan, Stijn Claessens and Nlandu Mamingi, "Equity and Bond Flows to Latin America and Asia: The Role of Global and Country Factors", *Journal of Development Economics*, No. 55, 1998, pp. 439 – 463.

[120] Rakesh Mohan and Muneesh Kapur, "Liberalization and Regulation of Capital Flows: Lessons for Emerging Market Economies", *ADBI Working Paper* No. 399, 2010.

[121] Reinhart Carmen and Magud Nicolas, "Capital Controls: An Evaluation", *NBER Working Paper* No. 11973, January 2006.

[122] Reinhart Carmen and Montiel Pete, "Do Capital Controls Influence the Volume and Composition of Capital Flows? Evidence From the 1990s", *Journal of International Money and Finance*, No. 18, 1999, pp. 619 – 635.

[123] Reinhart Carmen and Smith R. Todd, "Too Much of a Good Thing: The Macroeconomic Effects of Taxing Capital Inflows", *MPRA Paper* No. 13234, 1998.

[124] Reuven Glick and Michael Hutchison, "Stopping 'Hot Money' or Signaling Bad Policy? Capital Controls and the Onset of Currency Crises", *EPRU Working Paper* Series No. 14, 2000.

[125] Reuven Glick and Michael Hutchison, "The Illusive Quest: Do International Capital Controls Contribute to Currency Stability?" *International Review of Economics and Finance*, Vol. 20, Issue 1, 2011.

[126] Robert N. McCauley, "Managing Recent Hot Money Inflows in

Asia", *ADB Institute Discussion Paper* No. 99, 2008.

[127] Schindler and Martin, "Measuring Financial Integration: A New Data Set", *IMF Staff Papers* Vol. 56, Issue1, April 2009.

[128] Sebastian Edwards, *Capital Controls, Exchange Rates, and Monetary Policy in the World Economy*, Cambridge: Cambridge University Press, 1995.

[129] Sebastian Edwards and Roberto Rigobon, "Capital Controls on Inflows, Exchange Rate Volatility and External Vulnerability", *Journal of International Economics*, No. 78, 2009, pp. 256 – 267.

[130] Soyoung Kim and Doo Yong Yang, "Managing Capital Flows: The Case of the Republic of Korea", *ADB Institute Discussion Paper* No. 88, 2008.

[131] Susan Schadler, "Managing Large Capital Inflows: Taking Stock of International Experiences", *ADB Institute Discussion Paper* No. 97, 2008.

[132] Sushil Bikhchandani and Sunil Sharma, "Herd Behavior in Financial Markets", *IMF Staff Papers* Vol. 47, No. 3, 2001.

[133] Yunyong Thaicharoen and Nasha Ananchotiku, "Thailand's Experiences with Rising Capital Flows: Recent Challenges and Policy Responses", *BIS Papers* No. 44, 2008.

[134] Zhang Zhiwei and Wei Shang – Jin, "Collateral Damage: Exchange Controls and International Trade", *IMF Working Paper* No. 07/8, January 2007.

后　记

笔者对国际资本流动管理问题的关注始于2012年，彼时全球仍未彻底走出金融危机的阴影，学术界对国际金融危机后续问题的讨论还在继续。众所周知，金融危机的爆发与国际资本流动联系密切。国际金融危机后，新兴经济体国际资本流入速度之快以及风险较高的资产组合流入所占比重之高令人担忧。当时，新兴经济体普遍采取资本管制来抑制国际资本的进一步流入。但各新兴经济体实施管制的手段并不相同，并可能会相互产生影响。为避免各新兴经济体采取资本管制政策的溢出效应，国际货币基金组织基于以往新兴经济体应对国际资本流入的经验，提出了管理资本流入的政策框架，以期加强世界各国的政策协调。

在资料收集和整理过程中，亚洲新兴经济体的国际资本流动管理开始越来越多地进入笔者的视野。亚洲新兴经济体经历过1997年亚洲金融危机后对资本流动风险认识深刻，在面对2000—2007年大规模国际资本流入时，它们积极采取措施，对资本流动进行管理。其结果是，虽然亚洲新兴经济体在2007—2008年国际金融危机之前普遍经历了大量的国际资本流入，但是，在危机爆发时，大部分亚洲经济体并没有像东欧和波罗的海国家那样遭受资本流出的严重损害。亚洲新兴经济体，既遭受了1997年亚洲金融危机，又经历了国际金融危机的洗礼，它们必然在国际资本流动管理方面能够提供很多经验教训，那么这些经验教训是什么？其效果又如何呢？对我国的资本流动管理又有哪些借鉴意义？笔者对这一问题充满好奇，因此，开始着手对这一问题进行研究。

本书与国际资本流动管理政策框架相对应，结合亚洲新兴经济体的具体情况，依次从宏观经济政策调整、金融体系改革和资本管制三个方面，考察亚洲新兴经济体对国际资本流动的管理政策措施，并进一步着重探讨各项资本管理措施的有效性。

　　本书的完成得益于笔者的导师刘洪钟教授的悉心指导。在本书付梓之际，笔者怀着崇敬的心情向刘洪钟教授致以诚挚的谢意！书中的许多观点和见解得益于与笔者的丈夫王忠福博士的讨论，笔者也要向他表示谢意。本书的出版也要感谢中国社会科学出版社卢小生主任。同时，在写作的过程中参考众多学者的文献，无法一一列举，在此一并感谢。

冯艳红
2019 年 2 月